vedānta

古老智慧的现代实践

辨喜论吠檀多

［印］斯瓦米·维韦卡南达（辨喜）　著

张励耕　译

作家出版社

目 录

吠檀多的精神

—

总　序

一、根本性的问题

　　无论身处任何时代、任何地方，总有一些根本性的问题不断困扰着我们。有时它们会以比较简单的形式出现，比如"你是谁？""你从哪儿来？""你到哪儿去？"这样的"保安三问"；有时会呈现出比较复杂的样子，比如"人生的意义是什么？""生死究竟是怎么一回事？""爱是什么？""灵魂到底是什么？""宇宙是否就是我们肉眼看到的样子？""变动不居的世界中是否有不变的东西？"等等。无论具体形式如何，也无论对日常生活的留恋和面对更高级的存在时的怯弱如何阻止我们去直面这些问题，我们在内心最深处都明白：它们是最为根本性的，绝不是无意义的妄想。但令人极为困惑的是，发达的科学技术、繁琐的宗教仪式、浩如烟海的书本，最终都无法在这些问题上给出完全令我们满意的回答，更不用说对财富、权力、名望和享乐的追逐了。我们仿佛被困在一种难以摆脱的困境中，最终不得不选取某种并不满足的答案接受下来，甚至把内心最深处的疑惑隐藏起来，假装它们不存在，在昏暗的自欺中匆匆走完这趟人生之旅。

既然这些问题不会随着时代的改变而发生根本性的变化，我们也会很自然地发现，古老的智慧对它们的回答往往更直接、更富于启发性。很多事情的确会随着时代的发展而演化，但对这些根本性问题的解答则不然。与向现代发达的科学技术求助相比，去古老的思想中寻求答案可能是一条更有希望的道路。但另一方面，作为现代人，我们也会苦于无法拉近和古人的距离。古往今来，语言、说话方式、生活形式、思维习惯等都发生了天翻地覆的变化，究竟该如何越过这些障碍、直击思想的核心呢？语言、文献、历史等都是和思想有关的，但也都不是我们最终的目标；只有穿过这些沼泽，才能得到思想的宝珠。所以，用现代的方式表述出来的古老智慧的精髓，才是我们真正想要的。

其实，从来都不缺乏做出这样努力的人。在人类的思想史上，古今之间的对话也始终都是备受关注的话题。在这样一个从未有过如此巨大而深刻变革的时代，这种对话显得尤为重要和可贵。而在做出这样努力的人中，辨喜无疑是最杰出的代表之一。

二、辨喜及其思想特点

辨喜（Vivekānanda，也译作"维韦卡南达"，1863—1902）是著名的印度教僧侣、哲学家。尽管他只走过了不到四十年的生命历程，真正用来进行自己事业的时间只有不到十年，却是向西方乃至世界传播印度瑜伽和吠檀多（Vedānta，意为"吠陀的终结"）思想的第一人。他师从在印度极具影响力的瑜伽士罗摩克里希那（Ramakrishna / Ramokṛṣṇo［孟加拉语］，1836—1886），并在 1893 年赴美国芝加哥参加世界宗教大会而一举成名。此后他一方面在西方传播古老东方的思想、文化和哲学，主要采取演讲或讲座的形式，然后由弟子或其他人员记录下来并出版；另一方面在印度建立组织，推动罗摩克里希那思想的实践和印度社会的改革。他的思想在印度和世界范围内都产生了巨大的震撼，包括甘地、阿罗频多（Arabinda，也译作"奥罗宾多"）在内的无数人深受他的影响，世界上很多地方都成立了与他有关的传道会或研究中心。

为什么辨喜的思想具有如此强大的力量呢？这个问题需要亲自阅读他留下的文献、接触他的理念才能解答，但译者在此可以先概括介绍一下，与人们通常印象中的印度思想相比，他的思想至少在三个方面有着独特的魅力。

其一是完备的系统性。印度的思想文化丰富而复杂，无论是在历史、哲学还是文艺领域，想讲清楚和印度相关的东西都不是件容易的事情，特别是浓厚的宗教因素，给这些领域或多或少蒙上了神秘色彩，让读者们难以捕捉其背后的真正精神。相比之下，辨喜为我们提供了一个十分清晰的体系，他把吠檀多——这也是本丛书第一卷的主题——作为自己思想的旗帜，把印度最核心的思想和智慧概括为四种瑜伽：智瑜伽（jñāna yoga）、王瑜伽（rāja yoga）、奉爱瑜伽（bhakti yoga）和业瑜伽（karma yoga）——这些则是本丛书其他卷会涉及的主题。有了这个框架，我们就可以更方便地把关于印度的知识填充到其中，形成自己的

"记忆宫殿"。

其二是充分的现代性。辨喜为什么能够比其他思想者更出色地完成阐述印度思想的任务呢？这恰恰是因为他接受了良好的现代教育，精通西方哲学和基督教思想，能以更贴近当今生活的方式更严谨地阐发古老的智慧。尼基拉南达（Nikhilananda，1895—1973）撰写的较为权威的《辨喜传》（*Vivekananda: A Biography*）的第四章曾这样概括辨喜的贡献："无论多么有价值的钱币，如果仅仅属于已经过去的历史时期，就不能再作为货币流通了。神在不同时代会采取不同的形式，以服务于当时的独特需求。"古老的思想必须现代化才真正有价值，但这也的确面临着双重困难：一方面，传统思想的传承和阐释有其自身的习惯和优点，但也有其不足之处，特别是印度过强的宗教色彩、浓厚的神秘主义和对上师（guru）的过分推崇，实际上可能导向迷信、反智的极端；另一方面，接受现代教育的人往往又很难准确地理解印度传统思想中的精华部分，要么戴着有色眼镜、以轻视的态度对待，要么陷入浩如烟海的学术知识不能自拔。在这一点上，辨喜很好地克服了传统习俗的缺陷，又汲取了现代模式的长处，真正做到了取其精华去其糟粕，为我们提供了印度古老智慧的现代范本。可以说，他的方法和思路也值得我们在发掘包括中国在内的所有传统智慧时参照学习。

其三则是"全程高能"。在日常生活中我们常常可以发现，思想的力度与震撼人心的感染力并不是一回事，往往是分开的，而真正同时包含这二者的作品可谓凤毛麟角，以至于有人认为它们是相冲突的、不可兼得的。在复杂而精巧的哲学中，虽然充斥着理智上的精彩之处和思辨的力量，但我们的心灵却很少得到真正的震撼；在艺术等领域内，我们的灵魂可能会被崇高感或美感击穿，却又找不到能持续指引我们的思想力量。相比之下，辨喜留下的文字既不是干巴巴的哲学或说教，也不是让人一时满足的心灵鸡汤，而是同时具备精致的思想和震撼人心的力量。译者清楚地记得自己第一次读到辨喜的文字时，在思想和情感上受到的双重震撼，而且在后来的翻译和研究中也一直感受着这样的力量。这的确是与其他思想、哲学或宗教文献非常不同的，让读者始终觉得像是在辨喜身边，聆听他将最高的智慧娓娓道来——"坐在老师身旁"，这恰恰是"奥义书"（upaniṣad）一词本来的意思。可以说，通过辨喜的话语，我们似乎直接与更高层的存在产生了某种连接。至于这种连接到底是怎样的，就请读者们自己去体会吧。

此外，值得注意的是，在辨喜所处的时代，印度其实面临着和同时代的中国相似的问题。作为文明古国，中印两国都是在西方文明入侵的背景下被迫开始了近代化的进程。这无疑是一种痛苦的过程，面对看上去完全异质的西方文明的冲击，无论在中国还是印度都产生了各种互不相同的思潮。有人主张全盘接受西方而摈弃传统，有人则主张固步自封而完全排斥进步和改变。历史和实践却一再证明，只有既坚持传统中合理的、精髓的部分，又吸收外来文明的优秀成果并不断发展，古老的文明才能得以保存和进步，人类社会也才能维持丰富多彩的特性并持续焕发生机。

但问题的关键在于：究竟该如何既坚持传统又吸收外来文明？具体应该抛弃哪些东西、保留哪些东西、接受哪些东西？在这方面，辨喜同样经历过艰难的探索，也做出了卓有成效的工作，这些工作的成果也将在本丛书中得到较为充分的体现。而且，辨喜对于同为文明古国的中国抱有极大的好感。他曾到过广州，为在一座寺庙中看到了以在印度早已不再使用的悉昙梵文书写的佛教经文而激动不已。因此，向中国读者系统介绍辨喜的著作，不仅能让大家更好地了解古老东方的智慧，也会有助于我们更好地推动中国思想文化的繁荣。

三、本丛书的选编思路

那么，具体选取哪些文献翻译介绍给国内读者呢？这并不是个容易的选择。辨喜本人留下了大量的演讲记录、文章、书信、诗歌等，其中最重要的部分是根据他的各种演讲和讲座记录整理而成的著作。本丛书以印度加尔各答不二论净修林（Advaita Ashrama）出版社的九卷本《辨喜全集》（*The Complete Works of Swami Vivekananda*）为底本，选取其中最重要的部分来译介。译者按照主题对这些文献进行了新的编排，此次出版的是前三卷，主题分别是：吠檀多、智瑜伽、王瑜伽与《瑜伽经》，未来还将出版奉爱瑜伽和业瑜伽等卷。这样既尊重辨喜已出版的重要著作的原貌，又使得每一卷围绕一个主题展开，便于阅读和理解。

此外，译者还编写了每一卷中重要的梵语术语表，以供有兴趣的读者进一步探究。

　　还想请读者们注意的是，虽然辨喜宝贵思想财富的重要性是不应当被低估的，但无论在任何时候，对一个人丧失理性的盲目崇拜都是不可取的。印度传统文化中的宗教色彩极为浓厚，这固然意味着信仰、奉献等正面品质，但也往往掺杂着不少迷信和盲从。在印度和其他一些地方，罗摩克里希那和辨喜等人已经成为新的偶像被崇拜，但他们真正的主张反而被忽略甚至弃之不顾，恐怕就违背了辨喜的初心，这也是在人类思想的历史上一再发生的事情。对于辨喜的很多具体观点，译者也并非完全赞同，同样是抱着批判和尽可能公正的态度加以对待。

　　真理有两个最大的敌人：一是固步自封，不接受任何与自己的成见不同的理念；二是迷信盲从，不加批判地接受一个人的所有主张。当我们放弃了自己的常识、理性和分辨力而把灵魂完全交给某个人时，真理也就永远离我们而去了。健全的常识、理性和分辨力才是上天最大的恩赐，一个人的思想如果包含了任何真理的话，一定也是符合这些的。所以，对待任何人留下的思想资源，既要有开放、真诚的态度，也始终要保有清醒的理智。辨喜所处的时代距今已经又过去了一百多年，有些具体的论述（比如他对"以太"这个术语的使用）已经不再适合。而且每个人具体的想法、面临的问题、追求的目标等都不尽相同，这也意味着我们对同一个人、同一种思想的理解会千差万别。因此，希望大家既带着开放和真诚的心态，又秉着理性的态度去面对辨喜、面对古老东方的智慧，这样才符合辨喜本人真正的精神。

四、何为瑜伽

可能有的读者会发现，前面说到的智瑜伽、王瑜伽、奉爱瑜伽、业瑜伽这四种瑜伽，与一般大家熟悉的瑜伽练习似乎不太一样，这是因为随着漫长历史过程中的不断演变，"瑜伽"这个概念逐渐有了极其复杂、丰富的含义。在译者看来，这些含义可以被简要梳理为如下五个方面。

（一）瑜伽的本意。从词源学上看，梵语中的"yoga"一词与英语中的"yoke"同源，字面意思是"轭"，表示调控、驾驭、连接、结合等意思，中国古代也译作"相应"。瑜伽的雏形可以追溯到公元前二三千年，在印度河流域出土的这一时期的石刻上，就有一些人物的姿态类似于静坐冥想，被认为有可能是当时的修行者。在吠陀的衍生文献奥义书中，已经明确出现了瑜伽的概念，如《伽陀奥义书》谈及"摆脱污垢和死亡""达到梵"的"完整的瑜伽法"，《白骡奥义书》提到通过收摄感官、控制呼吸来看清自我本质、看到梵的"禅瑜伽"，《弥勒奥义书》则讲述了达到与梵合一的方法是瑜伽六支，这同后来《瑜伽经》中瑜伽八支的后六支非常相似。[1]这几部奥义书的产生年代约在公元前五六世纪至公元初，可以看出，这一时期的瑜伽主要包括两项内容：一是冥想，二是通向梵的修行方法。

1　参阅黄宝生《奥义书》导言第12页。

（二）作为精神方面练习的瑜伽。随着时间的发展，人们开始对瑜伽进行系统性的论述和阐发，此类著作的第一部代表性成果是帕坦伽利的《瑜伽经》，研究一般认为其成书年代在公元二世纪至五世纪之间。《瑜伽经》在理论上以数论哲学为基础，认为人生有很多烦恼和痛苦，因此需要修习冥想（dhyāna/meditation，中国古代译作"禅那"）和三摩地（samādhi，中国古代译作"定"或"三昧"，与"禅那"一起合称为"禅定"），最高目标是通过三摩地达到独存，也就是解脱（mokṣa）。在实践上，介绍了包括调息（prāṇāyāma，即控制呼吸）、选择特定的冥想对象等在内的修习方法，分类总结了不同状态的三摩地，还要求修习者遵守一定的伦理道德规范——所有这些方法被归结为"瑜伽八支"。帕坦伽利的瑜伽体系在后来被称作王瑜伽，指以调息、冥想等为具体方法，致力于心理和精神方面提升的瑜伽，这个意义上的瑜伽类似于汉语中的"禅修"。

（三）作为一个哲学流派的瑜伽。《瑜伽经》的哲学理论即瑜伽派的哲学，是印度正统六派哲学之一（六派哲学包括数论—瑜伽、正理—胜论、弥曼差—吠檀多，所谓"正统"即承认吠陀经典的权威性），它与哲学色彩更浓厚的数论派是成对的：数论派侧重哲学和理论，瑜伽派侧重具体的修行实践。但是，冥想等方法并不为瑜伽派所独有，而是在各个流派中被广泛接受，甚至非正统的佛教和耆那教也使用这样的修习方法，而《瑜伽经》中的一些内容也受到过佛教的影响，这说明瑜伽实践和瑜伽背后的理论是可以分开的，瑜伽练习并不必然与瑜伽派哲学结合在一起，其后来的发展也证明了这一点。

（四）作为修行途径的瑜伽。 瑜伽的发展还有不同的路径，《摩诃婆罗多》的插话《薄伽梵歌》就代表了另一种对瑜伽的理解。《摩诃婆罗多》是印度两大史诗之一，成书于公元前四世纪至公元四世纪。《薄伽梵歌》虽只是其中很小的一部分，却以诗歌的形式生动精彩地讲述了宗教哲学方面的深刻道理，因而也被单独奉为一部经典，在印度家喻户晓。这部经典的核心思想就是业瑜伽、智瑜伽、奉爱瑜伽（黄宝生译本译为"信瑜伽"），分别指通过行动、通过知识和智慧、通过虔信和崇拜的方式，最终实现与梵合一、获得解脱。可以看出，这个意义上的瑜伽的含义较为宽泛，指的就是修行途径，以冥想为代表的"瑜伽"只是这些途径中的具体方法之一，而且并不是必须的。

（五）作为身体练习的瑜伽。 到了近现代之后，瑜伽练习也变得更加多元化，并且进一步与人们在日常生活和身体健康方面的诉求相结合，这其实属于哈他瑜伽（haṭha yoga）。现在最常见到的瑜伽馆里的瑜伽，不管是较为传统的体系，还是阿斯汤加、艾扬格等诸多现代瑜伽派别，都是在哈他瑜伽的基础上发展出来的。"haṭha"的字面意思是"力"；也有解释说"ha"指太阳，"ṭha"指月亮。哈他瑜伽最早可追溯到十一世纪，主要经典包括成书于约十五世纪的《哈他之光》（*Haṭhapradipika*）等。传统的哈他瑜伽主要包括体式、清洁法、契合法、收束法等身体方面的练习，对调息的方法也有更多发展；而现代瑜伽基本以体式为主。《哈他之光》说，哈他瑜伽是攀登王瑜伽的阶梯，但也说哈他瑜伽与王瑜伽是相辅相成的,哈他瑜伽的练习要以王瑜伽为目的,其第四章《三摩地》的内容更是与冥想、修行直接相关。辨喜在提到哈他瑜伽时也说过,让物质身体变强壮固然很好,但灵性上的成长才是最重要的。总之,现代的瑜伽更多的是一种体育运动,既脱胎于原初意义上的瑜伽,又与之有不少区别,特别是在目的上有不一致之处。

通过上述梳理可以看出,在印度文明的悠久历史中,"瑜伽"始终是一条极为重要的脉络,结合了理论和实践,串联起对智慧、解脱、至高存在等最重要事物的追求。或许正因如此,深谙印度智慧之精髓的辨喜,才将四种瑜伽——《薄伽梵歌》中的业瑜伽、智瑜伽、奉爱瑜伽以及源自帕坦伽利体系的王瑜伽——作为自己思想的核心线索。这类似于上述第四个方面的含义,但赋予了瑜伽这一概念更为综合性的意义,指的是修炼身心、自我提升的途径。例如,辨喜在《一种普遍宗教的理想》[1]中概述了这四种瑜伽,并将瑜伽定义为"结合"(union):"对于行动者来说,这是人与整个人类的结合;对于神秘主义者来说,这是他较低级的自我和更高级的大我的结合;对于爱者来说,这是他自己和爱之神的结合;对于哲学家来说,这是一切存在的结合。这就是瑜伽的意思。"辨喜更是将瑜伽思想传播给世界的第一人。

在实践方面,辨喜教授过一些王瑜伽的具体练习方法,如调息、冥想等,但不涉及哈他瑜伽中关于身体的练习。虽然在辨喜

1　见本丛书卷一《古老智慧的现代实践——辨喜论吠檀多》。

之后，众多以体式为主的瑜伽风靡西方乃至世界，但这其实不符合他的本意。在理论方面，辨喜解释了冥想背后的原理，即《瑜伽经》的哲学，但他同时认为这是一种二元论哲学，而坚持一元论的吠檀多不二论才更为彻底、融贯，因此他的立足点还是同为印度正统六派哲学之一的吠檀多哲学，这也验证了我们此前所说的：作为练习方法的瑜伽是可以为不同哲学流派接受并与之融合的。

简而言之，从瑜伽的本意衍生出了不同的瑜伽概念，它们主要沿着两个方向发展：一个方向是改善身心的练习实践，在古代仅指以冥想为主的、精神方面的王瑜伽，在近现代则出现了以身体练习为主的哈他瑜伽和各式各样的现代瑜伽；另一个方向是作为修行途径的人生道路，即《薄伽梵歌》所说的三种瑜伽和辨喜所说的四种瑜伽。至于与王瑜伽相关的瑜伽派哲学，可以算作辨喜所说的智瑜伽的范畴，但智瑜伽也可以采取不同的哲学主张，例如，《薄伽梵歌》里的智瑜伽以数论和奥义书的哲学为背景，辨喜讲述的智瑜伽则建基于吠檀多哲学。

无论如何，各种不同的"瑜伽"汇聚成了一座巨大的宝库，这里既有丰富的思想资源，也有适合不同个体的修习方法。读者们在厘清瑜伽含义的基础上，可以根据自身的需求和喜好选择契合本人的道路和具体方法，实现自我的提升。

五、对翻译的说明

在本丛书的翻译过程中主要有两方面的困难。其一是关于引文。辨喜的演讲、著作等，基本是以英语为主体，其中也大量援引了吠陀、奥义书、《瑜伽经》、《薄伽梵歌》等印度经典文献，这些经典原本是以梵语写成，而辨喜在转述时通常将这些翻译为英语，所以有些部分会和梵语原文有所出入。对于这些引文，译者是从辨喜的英译再转义为汉语。如果能确定其来源的，译者都尽量在译注里给出了准确出处，感兴趣的读者可以以此为线索，进一步参阅从梵语直译过来的文本[1]；其余引文的出处只能付之阙如。为了更好地贴近西方听众，辨喜也时常引用《圣经》中的话，对于这些引文，本丛书则直接采用和合本《圣经》的汉译。

其二是关于术语。目前对印度尤其是瑜伽相关术语的汉译存在不少较为混乱的情况，有时同一个概念有多种译法，也有某些概念的汉译又有其他方面的意思。这个问题由来已久，中国古代就翻译过很多印度文献，当时的一些译法现在已经不好理解；现代以来不同的学界前辈对同一个词也有过不同的翻译；还有一些学界外的译者在选取语词时比较随意，没有考虑到已经有其他更

---

1 主要涉及以下从梵语翻译为汉语的印度经典文献，具体出版信息在正文译注中不再赘述：
   巫白慧译解《〈梨俱吠陀〉神曲选》，商务印书馆 2010；
   黄宝生译《奥义书》，商务印书馆 2012；
   黄宝生译《瑜伽经》，商务印书馆 2016；
   黄宝生译《薄伽梵歌》，商务印书馆 2010；
   姚卫群编译《印度古代宗教哲学文献选编》，商务印书馆 2020。

好的译法存在。因此译者在翻译术语时尽可能采用目前通行的权威翻译，对一些瑜伽练习中常出现的术语则倾向于采用更为人所熟知的译法，力图做到既准确又易于理解。辨喜也曾将一些梵语概念译为英语，译者会参考他的英译，但还是会以已有的、直接的汉语翻译为准。在这里，译者先就一些较为重要的术语的翻译做出必要的说明。

首先是一些英语术语。

辨喜将最高级的存在者直接称为"God"或"Lord"，这里的首字母大写表示其崇高地位和唯一性，译者分别将其译作"神"和"万物之主"，但在某些涉及基督教的语境下会将"God"译为"上帝"。这种唯一的至高存在者与一般所说的"gods"不同："God"只有一个，"gods"却可以有很多；译者将后者译为"神祇"，以同"神"相区别。

使用首字母大写来表示尊敬的方法在西方语言中很常见，但在汉语中则不太好表现。辨喜另一处运用这种技巧的地方是在指称神时使用"He""Him""His"，对此译者将其译作具有独特含义的"祂""祂的"。

还有一些使用首字母大写以示尊崇的情况，如"Self""Soul""Seer"等词，表示人最高级的灵魂或世界的观察者，大致相当于梵语中的"ātman"。译者将这些英文单词分别译作"大我""大的灵魂""见者"，将"ātman"译作真我，以弱化其宗教色彩。

动词"realise"及其名词形式"realisation"（现在一般拼写

为"realize"和"realization")是辨喜的核心概念之一,译者将其统一译作"亲证",但在某些较为日常的语境下也会译为更普通的意思"实现"或"意识到"。

"gross"和"fine"是一对经常被用到的概念,译者将其译作"粗大"和"精微"。

"reality"是一个在哲学中常见的术语,辨喜也是在较为哲学化的意义上使用该词的,因此译者遵循哲学中的通行译法将其译作"实在"。

"virtue"通常可以被直接译作"道德""美德"等,但同样为了照顾其较为哲学性的一面,译者将其译作"德性"。

辨喜用英文中的"work"来翻译梵语中的"karma"一词,后者就是佛教中所说的"业"(古代也音译为"羯磨"),因此译者也会尽量把用来表示"karma"的"work"翻译为业。但这无法适用于所有语境,因此有时译者也会将"work"译为"行动""工作""事业"等。此外,"karma"本身还有"仪式"的意思。

"mind"在哲学中通常被译为"心灵",尽管它的含义和"心"(heart)并没有什么直接关系。辨喜用它来翻译梵语中的"manas"一词,译者还是遵循习惯将"mind"译作"心灵",但在个别语境下也会译为"头脑",此时它主要指的是神经中枢的总和或类似大脑的一种官能。而"manas"就不宜再被译作"心灵"了,它同时也是一个大乘佛教术语,被玄奘音译为"末那",但译者最后还是决定采取意译,将其译为"意根",以同佛教术语相区别。

"灵性"是辨喜使用的核心概念之一，它的形容词形式是"spiritual"，名词形式是"spirituality"。虽然在如今的灵修或宗教领域可以见到对这个词的大量使用，但其实很少有人可以准确澄清其含义。译者也无法在这里对其意思做出确切的概括，但可以看出，它显然属于和通常所说的物质、身体或感官相区别的另一个范畴，主要属于精神的领域。这就涉及另一个与之相近的概念"spirit"，但它并不是灵性的意思，译者将其译作"精神"，而在某些涉及基督教的语境中会译为"灵体"（"三位一体"中的"圣灵"概念即是"Holy Spirit"）。

　　辨喜反复宣扬的一个理念就是"一体性"，与之有关的是两个单词，即"One"和"Oneness"。译者有时会直接将前者译为"一"，将后者译为"一体性"，以示区别，可惜前者的译法可能有些不太符合汉语的使用习惯。

　　与一体性密切相关的一个观念是"显现"，被用来解释"一"如何成为"多"，其动词形式是"manifest"，名词形式是"manifestation"。

　　另一组需要说明的概念是动词"involve"及名词"involution"。辨喜对这个词的使用是比较独特的，因为"involve"的字面意思是"卷入""涉及"，"involution"则是如今很流行的"内卷"一词。但显然，辨喜把它们作为同一组概念使用，并与"evolve""evolution"（进化）相对。因此，译者将"involve"和"involution"统一译作"退化"，以契合辨喜的原意。

　　"intelligent"一词被译为"有智能的"，其名词形式

"intelligence"被译作"智能"。但辨喜显然不是在简单的诸如"人工智能"这样的意义上使用这个词,而是将其视作一种比感知和思维更高级的官能,甚至直接说神是有智能的。希望大家在阅读时能理解他的独特用法。

"vibrate/vibration" 被辨喜用来翻译梵语中的 "eja"(动词)/ "ejati"(名词),但也被用来翻译 "spandana"(名词),译者将其译为 "振动",但在某些语境下,如在谈及心念或湖水时,根据汉语习惯译为 "波动"。

接下来谈梵语的概念。

首先需要说明的是"四瑜伽"的名字。如今对这四种瑜伽的翻译可谓花样繁多,译者最终还是采取了自己认为最为稳妥的译法,分别将其译为"智瑜伽""王瑜伽""奉爱瑜伽""业瑜伽"。其中最难把握的是"奉爱"(bhakti),因为这个词的含义的确很多,包括爱、奉献、虔信等,直接音译作"巴克提"也可以,但跟另外三种瑜伽的译法差异就太大了。最后之所以采用现在的译法,是因为辨喜在谈论这种瑜伽时更多提到的还是"爱"(love)。唯一的遗憾是这些瑜伽名称的字数并不相同,未能满足"强迫症"的需求,但这也是为了追求准确性而做出的必要牺牲。

"tat tvam asi"是奥义书中常见的一句话,在英语中通常被译作"Thou art That",字面意思是"你是那个"。但为了体现其独特性,译者还是选用了更传统的译法"汝即那"。

"oṃ"是印度传统中很重要的一个词,至今在瑜伽练习中仍经常出现，一般被念作"欧姆"的音，而在中国佛教中被音译为"唵"。在古汉语中"唵"字的发音应该是接近梵语的原本发音的，但后来汉语发生了演变，导致文字和语音对应不上。"唵"如今在字典上的注音是 ǎn，但在佛教语境下仍然要发类似"ou"的音。译者在这里直接保留了拉丁字母转写的"oṃ"。

随后需要解释的是一些和印度哲学有关的概念。

"奥义书"是吠陀的一部分，是一类文献。在作为文献类型被提及时，译者不将其加上书名号；而在具体指某一部奥义书时则加上书名号，如《大森林奥义书》。对具体每一部奥义书名称的翻译，译者以黄宝生先生翻译的《奥义书》为准。

"prāṇa"和"ākāśa"是数论哲学中一对基础性的概念，可以音译作"普拉纳"和"阿卡夏"。但前者在瑜伽练习中更常被译作"生命气"，这种译法也更贴近中国人通过"气"来理解世界的传统思维方式，因此译者采用了该译法。"ākāśa"被辨喜直接译作"ether"，也就是"以太"，不过这个概念后来被自然科学淘汰了。经过再三考虑后，译者还是决定将"ākāśa"译为"空元素"，表示一种被动的、类似物质的元素（与之相对，"生命气"是主动的），它即是印度传统中"地、水、火、风、空"五大元素中的"空"；但需要说明的是，它和大乘佛教中的"空""空性"等概念没有关系。

"buddhi"是数论中的另一个重要概念，通常被音译作"菩提"，或被意译作"觉"。但"菩提"一词的佛教色彩过于浓厚，为了避免混淆，译者还是采用了"觉"的译法。

目前国内对数论三种"性质"（guṇa）的翻译也有不少。译者采取了较为常见的译法，将其意译作"悦性"（sattva）、"激性"（rajas）和"惰性"（tamas）。其中的"悦性"一词在中国佛教中被音译作"萨埵"，和"buddhi"组合在一起形成"bodhisattva"，也就是"菩提萨埵"，我们熟悉的"菩萨"一词即是"菩提萨埵"的简称。

"citta"在印度哲学中是个很重要的概念，有些现代瑜伽教学体系将其翻译成"头脑"，这是不准确的。它可以被直接译为"心"，但"心"这个词的含义过于宽泛，容易引起误解。考虑到辨喜将其译作"mind-stuff"，译者便将其译为"心质"，因为严格来说它指的是"心"的材料而非"心"本身，是一种被动而非主动的东西。

"saccidānanda"这个概念出自奥义书，它由"sat"（存在）、"cit"（知识、意识）、"ānanda"（欢喜、幸福）三个词复合而来，因此译者将其译作"存在—知识—欢喜"。它是对最高级存在者的描述，被辨喜称为"独一无二的'一'的三个方面"和"心灵可以构想出来的关于神的最高级的观念"。

六、致谢与恳求

最后需要说明的是，译者自身能力有限，特别是缺乏梵语和印度学文献方面的科班基础，因而在涉及一些难题时，只能依靠相关的二手研究给出尽可能准确的翻译和注释（书中的注释除了标明"原编者注"的之外，均为译者所加），这也导致本丛书肯定还有很多不足之处。倘若再经过十年的学术积累，译者或许能更好地完成，但出于尽早介绍辨喜思想的紧迫感，还是促使译者最终决定在现有的水平上开展这项工作。

译者在相当大的程度上得益于中国印度学前辈们辛勤的拓荒工作，特别是金克木、巫白慧、季羡林、黄宝生等先生的巨大贡献。可以说，如果没有他们的研究与翻译作为指引，像我这样一个缺乏相关学术背景的人是不可能进行此项工作的。此外，译者还得到了多位学者和同学的帮助，可惜在此无法列出所有名字，只好一并向诸位表示衷心感谢。尤其感谢责任编辑小熊，她为此付出的心血丝毫不亚于我，这套丛书也可以说是我们共同努力的结晶。

同时也恳请大家对译文和注释中的错误或有争议之处提出宝贵意见，共同改善相关的翻译和研究工作，更好地推动思想的交流与传播。

译者导读

　　本卷由《辨喜全集》第二卷中的《实际的吠檀多和其他演讲》一书以及第一卷、第三卷中的部分章节构成。译者将这些章节编为三个部分：实际的吠檀多与普遍宗教、吠檀多哲学和数论哲学、吠檀多的精神。

　　说到印度，大家可能会想到宗教、哲学、瑜伽、史诗等，这些的确都是其古老智慧的精华部分。那么，是否有一条主线可以帮助我们把握到印度智慧的核心呢？通过辨喜的阐释可以看到，吠檀多恰恰可以扮演这样一种角色。

　　"吠檀多"一词的本意是"吠陀的终结"，也指印度正统六派哲学（数论—瑜伽、正理—胜论、弥曼差—吠檀多）中的一派。吠檀多具有浓厚的哲学和宗教色彩，但把它简单地归结于其中任何一个领域都是不全面的。具体而言，它涉及与世界和人有关的一系列根本性的问题，如什么是宗教、什么是解脱、世界是什么样子的、人的本性是什么、灵魂与神的关系等。吠檀多内部又可以分为不同的思想流派，如二元论、限制不二论和不二论。辨喜明确地将自己的主张概括为不二论（advaita），认为这是与商羯罗的主张一脉相承的，自己的主要使命就是向世界传播这种不二论思想，并让它变得切实可行。

　　提到宗教、哲学、智慧或修行，总是会让人产生与自己的实际生活相距甚远的感觉。夸夸其谈地阐述抽象的真理或灌输各种"鸡汤"，这其实并没有什么难的，我们最终也会发现这样的东西毫无益处。如何让这些思想、智慧切实帮助和指导我们的生活，如何让高级的东西落地，这才是真正困扰我们的难题。辨喜敏锐地捕捉到了这一点，他认为自己的一项重要任务就是让这些看似高大上的东西融入每个人的实际生活中。本卷就是对这种切实可行的吠檀多思想的阐发，这需要建立在准确理解印度传统思想精髓的基础上，最终落实在智瑜伽、王瑜伽、奉爱瑜伽和业瑜伽这四种瑜伽中。

　　本卷的第一部分涉及"实际的吠檀多"和普遍宗教两个主题，是本卷最重要的内容。"实际的吠檀多"是辨喜于 1896 年 11 月间在伦敦所作的四篇演讲。在第一篇演讲中，辨喜概述了经过他重新梳理的吠檀多的核心观念。我们都有探求真理和高级事物的渴望，却不知道该从哪里获得这种探求的力量、如何确定这种探求的方向。在辨喜看来，吠檀多最核心的理念就是：这种力量其实就在我们之内，而我们所追求的目标也就在自身之内。从根本上说，我们与世界、与最高级的存在并不是不同的东西，而是一体的；这种一体性（oneness）用印度古老的话语表述就是"汝即那"（tat tvam asi/ Thou art That）。也就是说，我和真我（ātman）、大我（Self）或梵这样的最高级存在是一体的；是摩耶（māyā）

22

阻挡在我们面前，让我们无法清楚地认识到这一点；而我们最终的目标就是亲证（realise）这种一体性。亲证不是单纯的思考或感受，而是切实、全面、真切地了知梵、了知与梵的一体性。这可以说是不二论最核心的思路。

在第二篇演讲中，辨喜通过奥义书中的故事阐述了对生死问题的看法，批判了关于天堂地狱、祖先崇拜、人格化的神等问题的流俗看法。这些看法是很多人都有意或无意持有的，构成了某些宗教活动的重要部分，但在反思之下就会发现它们其实根本站不住脚。此外，辨喜还介绍了关于印度古代宗教、哲学与文化的知识，包括对轮回的看法。

第三篇演讲的主题是宗教，一定程度上回答了"宗教到底是什么"的问题。我们通常认为宗教是一种与日常生活、与普通知识非常不同的东西，特别是在一些宗教中可以看到对信仰的过分强调和对理性的拒斥，这样的观念甚至会导向反智的极端。但辨喜思路的一个突出特点是，他把获得知识的一般性原则与宗教所遵循的原则统一起来，明确论证了宗教与理性、哲学都是不矛盾的。他所说的真正的宗教始终不偏离我们的常识和理性，而是把这些都包容进来，可以说最终超越了它们，但绝不与它们相抵触。他把自己的观念概括为一元论（monism），也就是不二论，并认为这"是我们可设想的所有宗教理论中最理性的了"。

第四篇演讲则着力解决"一"和"多"之间的困境。一元论面对的不可避免的难题是，我们的世界明明是变幻万千、多种多样的，怎么能说是一呢？就算如此，难道我们各自的灵魂也都是一体的吗？这怎么可能？这可以说是不二论哲学中最核心、最困难的问题之一，辨喜对它的解答也在很大程度上参照了哲学中的各种相关讨论。他从关于实体和属性的传统哲学讨论入手，实际上也谈及了自我同一性的问题，也就是"我"究竟是什么的问题；同时又借用了不二论的古老智慧，引用了把绳子当成蛇的例子，用如下方式调和了各种看似矛盾的立场："我"并不是一个固定不变的事项，而是一个不断变化、扩展的东西。在他看来，这样的看法与当时正在兴盛发展的进化论也是相容的。最后，他还是回到这一系列演讲开始时要解决的问题，强调打开大门的钥匙就在我们自己手中："我们用手遮住自己的眼睛，并哭喊着说一切都是黑暗。只要把手移开，光明就会出现。"

从根本上说，辨喜是一位虔信宗教的人，只不过他所信奉的宗教并不是狭隘意义上的"印度教"，而是他所说的"普遍宗教"（Universal Religion）。在随后的《普遍宗教的亲证之路》《一种普遍宗教的理想》两篇演讲中，他集中阐述了这个观念。世上显然有不止一种宗教，我们有时会觉得某种宗教中的确有启迪我们心灵的东西，但很快就有更大的障碍横亘在面前：各种不同的宗教怎么可能都是真的？宗教具有强烈的排他性，它们之间的相互纷争究竟能否解决、如何解决？对此，辨喜提出了关键性的质疑："世上的所有宗教真的是相互矛盾的吗？"我们往往被表面上的东西迷惑，以为看上去相反的东西就是势不两立的，却不去拨开迷雾看看它们背后的实质是否相同，反而陷入了无尽的仇恨中，这就犹如"黑条纹的白斑马和白条纹的黑斑马世代为仇"一样荒谬。在辨喜看来，"每种宗教都占据了伟大的普遍真理的一部分""世上的一切伟大宗教中都存在着巨大的生命力""应该允许所有教派存活，每个教派自身之内都深藏着自己的意义或伟大的观念"。

但进一步的问题在于，每种宗教中包含的共同的东西是什么？它们说的明明完全不一样啊！对此，辨喜在不二论的基础上做了进一步剖析。辨喜总结道，通常所说的宗教包含哲学、神话和仪式等部分，但它们都不提供共同的东西。真正提供这一点的是多样性中的统一性（unity in variety），是千差万别的事物中所包含的那种一体性，这才是宗教真正的对象，辨喜也将其称为"神"（God）。他通过"显现"（manifestation）的概念来帮助我们理解这种"神"与丰富多彩的世界之间的关系："普遍的存在就是神，是宇宙中终极的统一性，在祂那里我们都是一体的。与此同时，在显现中，这些差异一定总会存在。"也就是说，一切实际上都是一，只是显得是多样的而已。但是，多样性也是必不可少的，只有多样的宗教才能帮助不同的人最终走向同样的目标。对此，辨喜用圆心和半径的比喻加以概括："在所有半径相交的中心，一切差异都会消失，但除非到达那里，差异也就一定会存在。"

每个人都有自身不同的特性，根据特性的不同，自然就有着通向高级存在的不同的道路，这就是四种瑜伽：智瑜伽、王瑜伽、奉爱瑜伽和业瑜伽。辨喜在《一种普遍宗教的理想》对它们分别做了详细的介绍。

当然，辨喜关于普遍宗教的理念毕竟只是理想情况，现实中的宗教问题还是极为复杂的，辨喜也从未否认这一点，我们对此也应该保持清醒的头脑，理解并尊重各种宗教的实际情况。

第二部分由八篇演讲构成，主题包括吠檀多的哲学部分和数论哲学。

《公开的秘密》这篇演讲阐述的仍是吠檀多关于一体性的理念，说明了有限者必定要追求无限，但最后会发现无限者就在我们内心的最深处，而无限和有限始终是一体的。

《通向福佑之路》《耶若伏吉耶和梅怛丽依》两篇演讲借助奥义书的故事阐发了印度古老的哲理。在《通向福佑之路》中，辨喜讲述了那吉盖多（Naciketa）的故事，也展现了古代印度人探索世界时基本的思路。耶若伏吉耶（Yājñavalkya）和梅怛丽依（Maitreyī）的故事则折射出对爱的看法，他们认为爱只有通过大我才能实现。

《灵魂、自然与神》更为深入地论述了吠檀多哲学，涉及和感知相关的理论。古代印度的思想家通过观察与反思，发现了在单纯的身体或感官背后一定还存在着中枢和心灵，只有这些官能协同运作，感知和知识才会产生。而最后那个在所有器官、中枢和心灵背后的东西，就是真我，也就是人的灵魂、真正的大我。这样的真我一定是永恒的，因为它并不由任何物质构成。与真我相对且不断变化的是由各类物质组成的世界，它不断收缩和扩张，由此形成循环或轮回。题目中所说的灵魂、自然与神，可以说是吠檀多哲学中的三个实体：自然是无限的，但是可变；灵魂是不变的，但受到神的支配；神则是不变的支配者。在这样的哲学基础上，辨喜把吠檀多思想的发展概括为三个阶段，即二元论、限制不二论和不二论。二元论认为存在着永恒的神、永恒的自然和无数的永恒灵魂，人和神是永恒分离的；限制不二论则认为人是作为整体的神的一颗微粒，人在神之内，而整个宇宙都是神自身的显现。辨喜在这里并没有直接阐述不二论，但结合其他演讲和这里的逻辑可以推断出：不二论认为人就是神，人与神并无分别。这样的想法构成了辨喜所有思想的一块重要基石。

在接下来的《宇宙论》《关于数论哲学的研究》《数论与吠檀多》中，辨喜论述了印度最古老的哲学：数论（sāṃkhya），较为系统地介绍了数论的世界观，包括"二十五谛"，即在解释世界时用到的二十五个最核心的概念。在进行阐释时，辨喜把数论与各种思潮尤其是西方哲学做了对比，使用了很多现代术语（但也使用了"以太"这样当时很流行而如今已经被淘汰的概念）。这样的做法在很大程度上降低了我们理解古老哲学的难度。数论在古印度拥有至关重要的地位，因为几乎所有学派（如佛教、吠檀多）都或多或少地接受过它的世界观，以此为基础再阐发各自的理论。但是，辨喜还是敏锐地捕捉到了数论中固有的缺陷，因为它从根本上说是二元论的，最终设定了不止一个至高存在，这与不二论的精神是相悖的。因此，尽管有诸多共通之处，但在辨喜看来，吠檀多为我们提供了比数论更完美的解答。

《目标》一文出版时间较晚、记录方面的问题较多，原编者对之做了很多补充以让意思完整，读者在阅读时可能不是非常顺畅，但其阐发的核心思想和其他演讲是一致的。

最后的五篇演讲构成了本卷的第三部分，它们选自《辨喜全集》的第一卷和第三卷，主要是在阐发吠檀多的历史以及最核心的精神："人类本性中任何强大、善良、有力的东西都是那种神圣性的产物，尽管这在很多人那里是潜在的，但从本质上说，人与人之间并没有什么差别，大家都是神圣的。这就好比一片无限的海洋，你和我都是其中的浪花，从海洋中产生出来；每个人都在竭尽全力显现那无限者。"

《论吠檀多》是本卷最长的一篇演讲，面对的是印度听众，对关于印度传统知识的介绍更为详细，引据的经典、思想家和术语也更为丰富。因此这是本卷中翻译难度最大的一篇，但它也的确为我们提供了关于吠檀多历史的丰富资料，对此感兴趣的读者请不要错过。此外，本演讲的哲学色彩也较为浓厚，辨喜通过与其他流派观点的论辩更充分地阐释了吠檀多的基本原则，体现出很高的思辨水平。与对印度文化了解有限的西方听众不同，印度听众的一个主要问题是容易陷入迷信的陷阱。针对这一点，辨喜也在本篇演讲中批判了印度文化中的糟粕，明确表示在有些方面其他文明反而比印度做得更好、更契合吠檀多的精神，这表明他绝不是一位迷信盲从的狂热信徒。

《吠陀宗教的理想》《吠檀多哲学》《作为文明因素的吠檀多》

《吠檀多的精神与影响》面对的则是西方听众，把它们与《论吠檀多》放在一起比较，也可以发现辨喜因材施教的能力，他会根据听众的不同而采用相应的角度和说理方式。

本卷堪称辨喜整个思想体系的纲领和导论，在其中几乎可以找到他所有重要思想的痕迹，因此译者才把这部分内容编为丛书的第一卷。可以说，本卷的文字是具有震撼力的，希望它能起到引路的作用，帮助大家进入辨喜的思想宝库。此外可以看到，辨喜熟练地引用包括《奥义书》《薄伽梵歌》《圣经》在内的经典文献，以及当时的哲学、自然科学等方面的成果，这也使得他的思想融合了古典与现代，成为理解印度智慧的很好的切入点。

附: 关于"非二元"与"不二论"的辨析

　　需要提醒大家注意的是，尽管辨喜明确将自己的立场概括为"不二论"（advaita，也就是一种一元论），并把"一体性"作为一种核心理念加以宣扬，但其中那些像"我就是宇宙""一切都是一体的"之类的表述，如果被庸俗地理解，就有可能堕落为流俗的"鸡汤"，甚至导向反智主义、抹杀善恶的极端。比如当下十分流行的一种思潮，就是提倡所谓的**"非二元"**（non-duality，Nondualism）、**打破"二元对立"**（binary opposition），不少人都以为这是源自印度、瑜伽、吠檀多的智慧，甚至是解决现实问题、化解生命中根本困境的良药。之所以称之为一种思潮，是因为它在西方灵修领域内似乎非常兴盛，乃至扩展到宗教、心理学等领域。尽管具体主张各有不同，但其中的确包含了共同的倾向，可见这样的观念是流传甚广的，甚至可能充斥在我们身边。然而在译者看来，这样的观念不仅包含着严重的混淆和错误，而且潜藏着相当程度的危险。在现代哲学中也有不少对"二元对立"的批评之声，如女性主义（feminism）、后殖民主义（postcolonialism）、对逻各斯中心主义（logocentrism）的批判等，尽管这些思潮与灵修中对"非二元"的强调有某些相似的倾向，但前者通常有着相对清晰的讨论框架和批判对象，与后者的主题并不一致，希望大家不要简单地把它们相提并论。

　　以此为出发点，首先必须指出的是，很多使用此类概念的人并未澄清自己所说的意思是什么。我们的确面临着各种困扰和烦恼，所谓的"非二元"似乎对此提供了一种看似模糊却万能的解决方案，大致相当于在说"人有这样那样的问题，而所有问题的根源就在于'二元对立'""我们看到的这个世界本身就是'二元对立'的产物，要打破这种看待世界的方式""如果用'非二元'的方式看待世界，一切问题就都可以解决"，诸如此类。但如果我们深究一下这些问题具体该如何解决、所谓"非二元"的方式具体该如何实践，却往往得不到什么更清楚的解释，甚至会发现"非二元"这个词本身的意思都是含糊不清的，所以我们需要先努力搞清楚持此类看法的人究竟在何种含义上使用"非二元"之类的语词。

第一种可能的含义是，所谓"非二元"（Nondualism）**针对的是哲学中的"二元论"**（dualism）。从字面上看好像也的确是这样，可惜这是一种错误的理解。二元论是一种形而上学观点，主张世界最终由两个或两类实体构成，不能被进一步还原为其他东西，典型代表有：笛卡尔的身心二元论、古波斯的琐罗亚斯德教的善恶二元论、古印度数论关于原人和原质的理论（本丛书中有很多内容涉及这种哲学）等。与之相对的世界观通常还有一元论（monism）和多元论（pluralism）。一元论主张世界最终由一个或一种实体构成，比如唯物主义是一元论，吠檀多不二论（Advaita Vedānta）也是一元论，但它们对于"一元"具体指什么的理解可谓大相径庭。多元论则主张构成世界的最终实体有多个或多种，比如古希腊的原子论就可以说是一种多元论，现代自然科学的世界观也含有原子论的成分，但如果从原子都是物质的角度来看则又带有一元论的色彩。这样看来，如果"非二元"针对的是二元论的话，就会有如下问题出现。

首先，很难说二元论在人类思想史上是主流，它最多只是同一元论、多元论分庭抗礼的观点之一。而且在自然科学盛行的今天，更具影响力的观点恐怕非但不是二元论的，反倒是一元论的。只不过这不是吠檀多意义上的一元论，而是物质一元论，即认为世界只由一种实体构成，那就是物质，精神现象则是由物质派生而来的。所以，如果所谓的"非二元"针对的是哲学上的二元论，它可就真是选择了一个奇怪的对手，恰如堂吉诃德把风车当作巨人。

其次，笼统地认为二元论造成了我们生命和生活中的麻烦，这是毫无道理的。作为形而上学观点，一元论、二元论和多元论分别有各自的长处和不足，也都可能与我们生命和生活中的某些具体问题有关。但主张"非二元"的人并没有成功地证明自己想解决的问题与作为形而上学观点的二元论之间有什么必然联系，这一点随着我们分析的深入会更清晰地呈现出来。

此外必须说明的是，很多主张"非二元"的人常常把自己的观点等同于吠檀多不二论，这是完全站不住脚的。吠檀多不二论对二元论的反驳主要是从哲学角度进行的，针对的是后者无法自圆其说的地方，并不是简单地把我们遇到的一切困扰都归于二元论。而且，吠檀多不二论绝不是一种唯心主义一元论。它是一元论不假，但绝没有把任何精神性或主观性的东西当作最终的唯一实体。我们可以说它主张的"一元"指的是梵、是超越了精神与物质的"神"，但这指的不是与物质相对的精神，或是与对象（也叫"客体"）相对的主体。吠檀多不二论的确很强调灵性的（spiritual）或精神性的东西，但我们不能简单地把这等同于当今所说的"精神"，因为后者更多地受到了现代科学的影响，会被自然而然地认为是一种与物质相对的或是由物质派生而来的东西，而前者完全不是这样的——根据辨喜的解释，它可能更接近于如今所说的"振动"（vibration）或"智能"（intelligence）等概念，根据印度传统的数论哲学，物质反而可以说是从这种"精神性的"东西演化而来的。其实，吠檀多不二论的整个概念框架与当今人们日常使用的概念框架十分不同，我们不能想当然地把其中看似同样的概念画上等号——这样的看法忽视了概念框架和语境等因素在历史上的发展变化，是一种在哲学和思想史方面常见的错误。总之，如果沿着这样错误的思路、用唯心主义的方式曲解不二论，最终就可能陷入各种荒谬的结论中，比如认为世界完全是我主观意识的投射、通过改变自己的精神状态就能改变现实生活，等等。

第二种可能的含义是，它针对的是一些思维或推理方面的谬误，比如"非此即彼""非黑即白"（all or nothing, black or white）等。这样的谬误的确很成问题，而且在日常生活中很常见，给我们造成了不少困扰。世界是很复杂的，我们的生活也是如此，其中往往包含着各种各样的可能性和选择，但我们的思维有时会出现一些谬误，不能准确地认知这些可能性，在本来存在多种选择的时候误以为只存在很有限的选择。比如家长在训斥孩子时可能会说"现在不好好学习将来就只能扫大街"，且不说贬低扫大街这种工作本就没有道理，而且在家长以为的"好好学习"能带来的体面职业和扫大街之外还存在着数量庞大的选择，但这些选择被莫名其妙地忽视和排除了——这其中还含有"滑坡谬误"（slippery slope argument）的成分。此外，在对人做出评价时我们也很容易犯类似的错误，比如简单地追问"这个人是好人还是坏人"，但其实在好坏之间有着广阔的灰色地带，而且一个所谓的"好人"身上可能有很多坏的品质，一个所谓的"坏人"身上也可能有闪光点——简单地以好坏来评价人，就是一种"非黑即白"。这样的谬误往往有具体的情境，比如一个人在美国投票选总统，只有共和党和民主党的两个候选人可选，这造成了一种表面上"非此即彼"的困境，但情况并不是必然如此，只是其他候选人并没有足够的竞争力，何况他至少还可以谁都不选；如果此时有人拿枪逼着他去投票并在两个候选人中选择，那个人就用暴力的方式制造了一种"假两难"（false dilemma）。

此类谬误的确应该被消除，而且只要我们恰当地运用理智就肯定可以做到。但遗憾的是，"非二元"不但不能清除这些谬误，反而进一步落入了其陷阱中。

首先，所谓"世界是二元对立的"本身就是思维谬误的产物，是一种典型的"假两难"。看待世界的方式其实有很多，我们并不是必然用"二元对立"或"非此即彼"的方式看待世界。持"非二元"看法的人等于是先用错误的思维把很多可能性压缩为"非此即彼"的两种，比如认为这个世界就是精神与物质的对立、主体与对象的对立，然后再说这种虚幻的"二元对立"需要用"非二元"的方式打破——如此自导自演了一场堂吉诃德式的好戏。

其次，消除此类谬误的关键在于正确地对事物做出区分，但"非二元"恰恰在抵触区分，甚至试图打破任何区分，做到所谓的"超越对立"，比如超越善恶、超越精神与物质。但其实这是很难做到的，结果就是很多人只能片面地抓住某一个方面而否定另一个方面，以为这样就是"超越对立"了。比如我们刚刚提到的对吠檀多不二论的唯心主义一元论理解就是如此，表面上是超越精神与物质、主体与对象的二元对立，实则是用其中的一方（精神、主体）去压制甚至否定另一方（物质、对象）。

这也就涉及其第三种可能的含义：所谓"非二元"是想彻底消除所有区分，达到一种完全没有区分的（undifferentiated, indistinguishable）**状态。**根据译者的观察，这恐怕才是持这种主张的人想最终达到的目的。的确，我们对世界的看法和我们的生活都建立在各种区分之上，这些区分涉及感觉、情感、概念、判断、思考、主客之分、自我意识（包括自我和他人的区分）等各个方面。既然这个世界和我们的生活充满了问题，而且世界和生活离不开区分，那就干脆釜底抽薪——把一切区分全部消除，来个彻底的格式化，问题不就都解决了吗？只不过最基本的区分是

"二分法"（dichotomy）或"二进制"（binary），所以这些人就把所有区分杂糅在一起统称为"二元"（duality），把打破"二元"作为自己的旗帜——到这里他们其实已经偷换了"二元"的概念：表面上是站在一元论或不二论的立场上反对"二元论"（dualism），实际上是反对任何区分。这印证了我们此前的分析，即主张"非二元"的人并没有成功地证明自己想解决的问题与二元论之间有什么必然联系，因为他们真正要做的是消除一切区分而不是反对二元论；这也进一步证明了"非二元"本身就是思维谬误的产物，因为把"区分"等同于"二元论"是一种严重的曲解和概念偷换，是一系列概念混淆和推理谬误的产物。

而且仔细思考就会发现，这样的"非二元"主张本身就是自相矛盾的。如果这种说法成立，就必然意味着有"打破二元对立"和"不打破二元对立"的"对立"。更进一步地说，"打破二元对立"是正确的、好的，这样做的人能摆脱痛苦；"不打破二元对立"是错误的、坏的，这样做的人会深陷痛苦中——如此一来就又存在着"正确—错误""好—坏""痛苦—不痛苦"等一系列"二元对立"。因此从逻辑上看，"非二元"这个概念本身恰恰以自己要"否定"的东西，即一系列"二元对立"为前提，甚至未经批判地在这些"二元对立"之间树立了更加尖锐的对立，逼迫人们在"假两难"的困境中做出"非此即彼"的选择。

上述三种可能的含义在所谓的"非二元"主张中都或多或少存在，很多人把它们混在一起，时不时地在不同含义之间进行跳跃或切换，令人难以捕捉到自己确切的意思。颇具讽刺意味的是，这反而让他们陷入了更多的"对立"和麻烦中，毕竟他们在几种完全不同的意义上谈论"非二元"，树立了不同的目标，结果就是自己打造出一个三头六臂的怪物作为自己的敌人。这归根结底是因为无论哪种意义上的"非二元"都包含了严重的错误，所以他们无法一以贯之地坚持一种合理的"非二元"主张，只能把各种本就漏洞百出的说法缝合在一起，拼凑出一套经不起推敲的理论。我们已经简要指出了"非二元"的各种可能含义中的基本问题，而在译者看来，前两种可能含义主要是错误思维的产物，而第三种可能含义所暗含的问题才是最为根本也最为危险的。

各种区分是人的智能和生活的基础，恰恰是因为这一点，它们就不仅包含错误的东西，也包含正确的东西；不仅包含困住我们的枷锁，也包含打开这些枷锁的钥匙。如果直接抛开所有区分，看似解决了问题，其实是连我们自己都"解决"掉了。佛教中有著名的"筏喻"，说有的人已经过了河却还扛着渡河的筏子继续前行，讽刺那些执着于工具而不知舍弃的人；相比之下，提倡所谓"非二元"的人倒是还没过河就把筏子给扔了。

的确，人可能有很多区分是任意的、缺乏根据的或错误的，但如果由此就认为所有区分都应该被抛弃，这就好比我们都知道"病从口入"，但难道由此就应该放弃吃任何东西吗？其实只有吃了不好的东西才会生病，也只有不恰当的区分才会引起问题；好的食物是我们赖以生存的必要条件，而恰当的区分也是支撑我们全部认知的基础，放弃一切区分就如同拒绝摄入任何食物一样荒谬。

如果沿着这样错误的思路继续下去，就可能出现三种程度的实际问题。首先可能出现的问题是沉迷于各种鸡汤，让自己变得越来越软弱、无力或麻木。我们的生活是很复杂的，面临着各种需要解决的问题，实际上并不存在解决所有问题的万能钥匙，正如不存在包治百病的良药。因此，直面这些问题、具体问题具体分析、不断寻求切实的解决方法，这才是应有的生活态度。但"非二元"的思路实际上会阻碍人们去解决具体问题，让大家以为得到了一条放之四海而皆准的"真理"并把它当成咒语，好像不断重复念诵就能万事大吉，却不去提升应对实际困难的能力。长此以往，很多人只能把相关的主张当作鸡汤，一面无力应对和解决任何问题、内心越来越软弱，一面麻木地安慰自己说"一切都是一样的"——这等于是在身处痛苦时用精神鸦片麻痹自己，不仅违背了起码的常识，也违背了印度主流思想主张人应当从痛苦中解脱出来的基本倾向。

区分是理智的基础，如果消除了区分，理智自然就难以运作，这就可能导向进一步的问题，即一种类似反智主义（anti-intellectualism）的态度——表面上是在用"非二元"的思路超越理智，其实是陷入了反理智的泥潭。出现这样问题的人通常不认可理智的基本规则，如果有人试图用推理或思辨的方式揭示他思维中的问题，他就会拿起"非二元"作为武器，反击说任何理智思考都是"二元对立"——比如当我们揭示了"非二元"在逻辑上的自相矛盾后反讽说逻辑本身就是"二元对立"的产物——这样不仅自己不能合理地思考，也失去了任何与人沟通的基础，从而陷入一个"死循环"。理智的确有自身的局限性，但也是我们思考和行动的根基之一，我们应当尽可能正确地运用理智，同时避免其中各种潜在的谬误，比如之前提到的"非黑即白"等，而不是在渡河之前就把理智这只筏子扔掉。总之，"超越理智"可绝不等同于"不要理智"，而任何反理智的东西最终一定会陷入自相矛盾的境地、无法自立于这个世界——这就像是一种糟糕的病毒，杀死了自己赖以生存的机体，让自己也无法生存。

如此再继续恶化下去，就有可能引发更严重的问题，让人陷入颠倒黑白、混淆是非的极端。我们在日常生活中对善恶的划分可能有各种不尽合理的地方，但这绝不意味着善恶之分本身应当被抛弃，而"超越善恶"也绝不等同于"抹杀善恶"。有的人把"一体性"生搬硬套到最基本的善恶是非上，认为说任何话、做任何事都完全没有区别，甚至为作恶之人辩护，这样的想法就不仅对自己无益，而且可能会给他人和社会带来实际的危害。

更为荒谬的是，很多陷入上述三种问题的人竟然以为自己的理念契合的是不二论、是印度的智慧，经常拿吠檀多、瑜伽或佛教作为自己的证据。这类事情其实并不只是在今天才存在，在印度思想史和佛教历史上一直都有类似的潮流涌动。的确，不二论等思想的某些主张在表面上与这些看法有相似之处，如对一体性的强调、对流俗的善恶观念的批判等。**但从根本上说，这些错误**

的看法既违反常识、理智和人的本性，也完全曲解了不二论的基本原则。 不二论从来都不是一种抹杀差异和多样性、抹杀善恶是非的思想，它只是说我们在这些事情上的看法可能是错误的，而且仍然不是终极的，从而引导大家去更高的地方探索。我们都走在探求真理的路上，最终也都可能达到同样的目标，但如果我们随意停在自己站立的地方说"一切都是'一'，在哪儿都一样，真理谬误本无分别、善恶是非皆是妄想；我在这里就达到了最后的终点，一切人、一切事物之间都没有任何区别"，这就是一种自欺欺人。

任何智慧最终都要接受经验与现实的检验，要能够准确地分析和解决具体问题。如果一个人声称自己获得了无比玄妙的体验，甚至达到了所谓的"开悟"，可一谈到任何具体问题，就要么只能给出违反常识、违反基本人性的见解，要么只会故弄玄虚地套用自己的"真理魔咒"、车轱辘话来回说，那么他显然就没有真正的智慧，要么是江湖骗子，要么就是自欺欺人地沉浸在自己的主观世界中。

因此，辨喜才在强调一体性的同时也强调多样性，认为多样性对于人类和世界而言同样是必不可少的。 他曾用形象化的方式阐述这一点："在所有半径相交的中心，一切差异都会消失，但除非到达那里，差异也就一定会存在。"可以看到：不同的半径引导我们走向同样的目标，而且离圆心越近差异也就越小；但如果直接说在任何一个点上一切都没有任何差别，那无疑是极其荒谬的。相信对宗教、修行或哲学有所了解的读者都会或多或少在身边发现此类案例，希望本丛书能帮助我们发现并解决这些问题，而不是助长错误。

在译者看来，从根本上说，所谓"非二元"的思路与根植于人内心深处的两样特质有关：一是思维方面的一种根深蒂固的信条，二是心智方面的不成熟。

这种根深蒂固的信条是：弄清了根本的形而上学问题、弄清了世界的本质、弄清了世界的生成模式，就可以解决困扰我们的所有问题，尤其是与人生、生命和生活相关的问题。可惜并非如此。一元论从根本上说是一种形而上学或关于世界本质的观点，可以为我们解决与人生、生命和生活相关的问题提供必要的背景、指导和帮助，但这些毕竟是不同范畴的问题，不能被混为一谈。如果简单地把形而上学领域中看待世界的思路生搬硬套到人生、生命和生活的领域，就可能产生"非二元"这样的怪胎。形而上学通常以一条或若干条命题的形式概括世界的本质，并将之视为真理乃至"终极真理"，如"世界是一"等。但这样的"真理"并不能直接用来解决任何实际的问题，最多只能对解决问题提供必要的背景和指导。以为获得了这样的"真理"就能解决一切麻烦，这是一种对奥义书中"知道了它，我们就知道了一切"的精神的严重曲解，会陷入我们以上分析的各种问题中。这样的错误思路不仅不符合辨喜的思想、违背了吠檀多真正的精神，同样也是佛陀所拒斥的。在佛教中有著名的"十四无记"或曰"十四难"的典故：有人问了佛陀十四个关于世界和生命主体的形而上学问题，但佛陀拒绝做出回答，认为这与自己宣扬的正法无关。译者认为，佛陀在此实际上就是在拒绝用理解世界的形而上学思路来对待他提出的"苦集灭道"四圣谛所要解决的根本问题——如何灭掉苦。上述那则信条及相应的错误思路深深地根植于我们的内心中，似乎像是一种自然而然的倾向，译者自己也曾落入类似的陷阱，可见摆脱其束缚的确不是件容易的事情。

　　心智方面的不成熟，则在日常生活中给我们带来了更多的实际困扰，甚至最终诱使一些人走上歧途。人生是漫长且充满艰辛的旅程，在这趟旅程中，很多人可能都受困于自己的不成熟和软弱，不能正确地应对和处理各种情绪和烦恼，也难以进行较为细致和艰深的思考，只能以简单的思维方式面对纷繁复杂的世界，结果常常感到力不从心，甚至陷入无助的绝望——但从根本上说，所有这些都跟所谓的"二元对立"或"二元论"无关，克服这些问题真正需要的是心智方面的成长，最终要能够如实地认识世界、准确地发现问题的根源、切实可行地解决问题。这就好比一趟从港口出发探索新大陆的航程，自然是充满艰难险阻的，但如果因为一些困难就在开始不久后返航，我们就只能永远停留在最初的起点。各种错误的思路和世界观不能给我们提供正确的指导和帮助，让我们既没有北极星的指引又缺乏足够的补给和勇气，最后要么出于软弱而返回起点，要么陷入自欺欺人的境地、假装自己已经达到了目标，结果就是永远被困在海洋中。其实，心智方面的软弱和不成熟几乎给每个人都带来过困扰，译者也不例外，甚至就连辨喜也面临过这样的问题。真正的出路只能是不断克服困难继续前行、持续提升自己的心智水平和明辨力，最终穿过看似无尽的海洋，达到心目中的彼岸。

圂于篇幅，译者在此也不便做过多论述，只是简要地指出"非二元"的各种问题及根源所在，以供读者们留心和思考。

实际的吠檀多与普遍宗教

实际的吠檀多（一）

伦敦　1896 年 11 月 10 日

　　我曾被要求谈一谈吠檀多哲学的实际[1]地位。如我曾说过的那样，理论固然很好，但我们该怎样把它们运用于实践呢？如果它完全是无法实践的，那么理论除了作为理智上的操练外就毫无价值。因此，作为一种宗教的吠檀多必须具有强烈的实践性。我们必须能够在生活的每个方面贯彻它。不仅如此，在宗教和世俗生活之间的那种虚构的区分必须消失，因为吠檀多传授的只是一体性（oneness）——一种一以贯之的生活。宗教的各种理想必须覆盖生活的整个领域，必须进入我们的所有思想中，并越来越多地进入到我们的实践中。我将在演讲中逐步开始谈论实践的方面。这一系列讲座旨在提供一种基础，所以我们必须首先让自己熟悉理论并理解它们是如何被创造出来的，从森林中的洞穴出

1　这里出现的"实际""实践"是同一个词"practical"，本卷将视具体语境而采取不同的译法。

发，前进到繁华的街道和城市；而我们会发现的一个奇特之处是：很多思想并不是隐退进入森林的结果，而是产生自那些我们希望他们去领导最忙碌的生活的人——也就是君王。

希婆多盖杜（Śvetaketu）是阿卢尼仙人（Āruṇi）的儿子，是位智者，很可能是位遁世者。他在森林中长大，但他去了般遮罗国[1]，出现在国王波罗婆诃那·遮婆利[2]的宫廷里。国王问他，"你知道存在者在死亡时如何离开吗？""陛下，我不知道。""你知道他们如何回到这里吗？""陛下，我不知道。""那你知道祖先之路（way of the fathers）和神祇之路（way of the gods）吗？""陛下，我不知道。"国王还问了其他问题，希婆多盖杜都不能回答，所以国王跟他说他什么都不知道。这个孩子回到父亲那里，父亲承认说自己也无法回答那些问题。他不是不愿意回答那些问题，不是不愿意教这个孩子，而是真的不知道这些事情。所以他去国王那里并请教这些秘密。国王说，这些事情迄今为止只在诸位国王间流传，神职人员们并不知道它们。但国王还是教给了他这些他渴望知道的东西。在各种奥义书（upaniṣad）中我们都发现，吠檀多哲学并不单纯是在森林中冥想的结果，相反，其中最好的部分是由那些在日常事务中最繁忙的头脑想到并表达出来的。我们不能设想有谁比一位只手遮天的君王更繁忙了，这样的君王统治着成千上万的人，但他们中有一些是

---

1 般遮罗国（Pañcāla）是古印度十六大国之一，位于恒河上游。

2 波罗婆诃那·遮婆利（Pravāhaṇa Jaivali）是当时般遮罗国的国王。参阅《大森林奥义书》6.2.1，以及《歌者奥义书》5.3.1。

深刻的思想家。

所有事情都表明这种哲学必须是非常具有实际性的，稍后，当我们说到《薄伽梵歌》（*Bhagavad Gītā*）时——你们中的大多数或许都读过它，它是关于吠檀多哲学的最佳注解——就会惊奇地看到，克里希那向阿周那（Arjuna）教授这种哲学的场景竟然是在战场上。[1]《薄伽梵歌》每一页上熠熠生辉的教导都是非常有活力的，其中却包含着永恒的平静。这就是行动[2]的秘密，获得它就是吠檀多的目标。在消极意义上理解的那种不活跃当然不是吠檀多的目标。不然的话，我们周围的墙岂不成了最明智的了，它们可一点儿都不活跃。土块、树桩都会成为最伟大的智者，它们也不活跃。即便与激情结合在一起，这种不活跃也不会变得活跃。作为吠檀多目标的真正的活跃，是与永恒的平静和心灵的平衡结合在一起的——无论发生什么，这种平静都不会被扰乱，这种平衡都不会被破坏。我们从自己的生活经验中知道，这才是最好的行动态度。

我曾多次被问到过，如果我们没有一般而言的对行动的激情，怎么可能去行动呢？多年前我也曾这样想，但随着年龄的增

1　这里提及的是《薄伽梵歌》中的情节。《薄伽梵歌》是印度史诗《摩诃婆罗多》中的章节，讲述了俱卢族人（kaurava）和般度族人（pāṇḍava）的战争，战场就是俱卢之野，阿周那是主人公之一，属般度族。在这场战争开始前，克里希那向阿周那讲述了最高级的哲学。克里希那（Kṛṣṇa，也译作"奎师那""黑天"）是印度最重要的神祇之一，被认为是毗湿奴的化身。

2　这里的"行动"一词原文是"work"，是对"karma"（业）一词的英文翻译。在把"work"翻译为中文时，很难找到一种适合于所有语境的用法，所以译者会视具体语境将其译为"行动""业"或"工作"。

长和经验的积累，我发现并非如此。激情越少，行动才越好。我们越平静，对我们来说也就越好，我们能够做出的行动就越多。当放任自己的感情时，我们会损失非常多的能量，神经会被损坏、心灵会被扰乱，只能完成很少的行动。本应被投入到行动中的能量却被耗费在感情上，这其实毫无价值。只有当心如止水、泰然自若的时候，心灵的全部能量才能被投入去做出一项好的行动。如果你了解世上最伟大的行动者的生活，就会发现他们是极为平静的人。可以说，没有什么能够扰乱他们的平衡。这就是为什么生气的人无法完成大量的行动，而没有什么可生气的人却能做得如此之多。屈从于愤怒、仇恨或其他情绪的人是不能行动的，他只会让自己分崩离析，无法做任何实际的事情。平静、宽容、镇定、平衡的心灵才能做出最大量的行动。

吠檀多宣扬这种理想，如我们所知的那样，这种理想总是远远超出我们所说的真实的或实际的东西。人的本性中有两种倾向：一种是让理想和生活和谐一致，另一种则是把生活提升到理想的高度。理解这一点是很了不起的，因为前者是来自我们生活的诱惑。我认为自己只能做一类特定的工作，其中的大部分或许是不好的，其背后或许具有一种情绪上的推动力，比如气愤、贪婪或自私。现在，如果有人向我宣扬某种理想，通向这种理想的第一步是放弃自私、放弃自我享乐，我会认为这是不切实际的。可如果一个人带来的理想可以与我的自私协调一致，我会感到高兴并欣然接受。这就是对我来说的理想。就像"正统"这个词以各种形式被加以摆布，"实际的"这个词也是如此。"我的教义是正统，你的则是异端。"实际性也是如此。我的想法是具有实际性的，这对我来说是世界上唯一的实际性。如果我是一家店的掌柜，就会认为店面事务是世界上唯一的实际追求。如果我是个小偷，就会认为偷窃是变得实际的最好方法，其他的则并不实际。你们可以看到我们都把实际这个词用于我们喜欢和能够做的事情。因此我希望你们明白，就理想的意义而言，吠檀多是极为实际的。它宣扬的理想非常崇高，但绝不是不切实际的。一言以蔽之，这个理想就是：你就是神圣的，"汝即那"（Thou art That）。这就是吠檀多的本质。在经历了它的所有分支和理智上的操练后，大家就会知道人类灵魂是纯洁的、全知的，会看到用关于生死的迷信去谈论灵魂完全就是胡说。灵魂永远是不生不死的，而所有关于我们将会死去并且害怕死去的想法不过都是迷信，所有关于我们能做到这个却不能做到那个的想法也都是迷信，因为我们可以做到任何事情。吠檀多告诉人们首先要相信自己。世上的某些宗教说，一个不相信自己之外的人格化的神（Personal God）的人就是无神论者。吠檀多则说，一个不相信自己的人就是无神论者。不相信自己灵魂的荣耀，这就是吠檀多的无神论。对很多人来说这无疑是一个可怕的想法，吠檀多却坚信这是每个人都能亲证（realised）的。这一点对男人、女人、孩子和不同种族来说都没有差别，没有任何东西是亲证这种理想的阻碍，因为吠檀多表明它已经被亲证、已经存在。

　　宇宙中的所有力量都已经是我们的了。是我们一边用自己的手遮住双眼，一边哭泣抱怨说一切都是黑暗。要知道我们周围其实并没有黑暗，从一开始就全都是光明，我们要做的只是移开双手。黑暗和软弱都从不存在，我们这些愚蠢的人却因为觉得自己软弱而哭泣，因为觉得自己不纯洁而哭泣。因此吠檀多不仅坚信理想是实际的，而且自始至终都坚信这一点。这种理想、这种实在就是我们自己的本性。你看到的其他所有东西都是错误的、不真实的。只要还在说"我不过是一介凡夫俗子"，你就是在说某种虚假的东西，在自欺欺人，在用卑鄙、软弱、凄惨的东西自我催眠。

吠檀多不承认原罪（sin），只承认错误（error）。而且吠檀多说，最大的错误就是说自己是软弱的、是个罪人、是个可怜的生物、没有任何力量、什么都不能做。每当这样想的时候，你就添置了一条束缚自己的枷锁，给自己的灵魂多做了一层催眠。因此，任何一个认为自己软弱、认为自己不纯洁的人都是错误的，都在向世界投射出糟糕的想法。我们必须始终牢记，在吠檀多中无需使当下的生活——那种被催眠的生活、我们假想出来的错误的生活——与理想相协调；这种错误的生活必须被清除，而那种永远存在着的真实生活一定会让自己显现出来，散发着光芒。没有人会变得越来越纯洁，这不过是一种更伟大的显现。面纱被揭开，灵魂原生的纯洁性开始显现自身。一切已经是我们的了——无限的纯洁性、自由、爱和力量。

吠檀多还说，这并不只在森林和洞穴的深处才能被亲证，而是在各种生活条件下都可以被亲证。我们已经看到，发现这些真理的人既不生活在洞穴或森林里，也不遵循日常生活的使命；相反，我们有充分的理由相信，这些人过着最繁忙的生活，需要指挥军队，坐在王座上并关照着无数人的福祉——所有这些都还发生在君主专制的时代，而不是像现在这样君主只是徒有虚名。但他们可以找到时间思考所有这些思想，亲证它们并教给人类。既然相比之下我们的生活如此悠闲，还有什么会比这更实际呢？我们一直都相当自由，甚至无所事事，不能亲证这些想法对我们来说可真是耻辱啊。与对这些古代帝王的要求相比，我的要求实在算不上什么。在俱卢之野（Kurukṣetra）战场上指挥千军万马的阿周那面前，我的愿望实在是相形见绌。既然他能在喧嚣混乱的战斗中找到时间来谈论最高级的哲学并将之贯彻到自己的生活中，我们当然也能在相对自由、轻松、舒适的一生中做到这些。如果真想好好利用时间，我们这里的大多数人就都会拥有比自己所以为的多得多的时间。如果愿意的话，我们所拥有的自由足以使我们在今生实现两百个理想，但我们一定不能让理想堕落成现实的东西。最诣媚的是这样一些人，他们为我们的错误道歉，并教我们如何为自己愚蠢的要求和欲望找借口，而我们却以为他们的理想是我们唯一需要拥有的理想。情况绝非如此，吠檀多绝不会教给我们这样的东西。现实应该与理想相协调，当下的生活应该与永恒的生活相一致。

你们必须始终牢记，吠檀多的一个核心理想就是这种一体性。任何东西中都不存在二，没有两种生命，甚至对两个世界来说也没有两种不同的生命。你会发现，吠陀[1]一开始讲述的是关于天堂之类的东西，但随后，当吠陀到达其哲学的最高理想时，这些东西就都被清除了。只有一种生命、一个世界、一种存在。一切东西都是那个一（One），差别只在于程度而非种类。我们的生命之间的差别并不是种类上的。吠檀多完全否认如下这样的想法：动物是与人类相分离的，它们被神创造出来就是为了充当我们的食物。

　　一些足够好心的人已经创立了反对活体实验的组织。我问其中一位成员："我的朋友，你为什么认为杀死动物作为食物是非常合法的，而杀死一两只来做科学实验就不行呢？"他回答说："活体实验是最恐怖的，而动物本来就是我们的食物。"一体性包含了所有动物。如果人类的生命是不朽的，动物的生命就也是不朽的，它们的差别只是在于程度而非种类。阿米巴虫和我是一样的，差别只在于种类；而从最高级别的生命的角度来看，所有这些差异都会消失。一个人可能会看到草芥和小树之间的巨大差异，但如果他站得很高，草芥和最大的树看上去也都一样了。所以，从最高理想的角度来看，最低等级的动物和最高等级的人也是一样的。如果你相信有一个神存在，那么对它来说动物和最高

1　吠陀（veda）是婆罗门教和印度教最古老、最根本的经典。狭义的吠陀仅指四部吠陀本集（samhitā），即《梨俱吠陀》《娑摩吠陀》《夜柔吠陀》和《阿闼婆吠陀》，其中《梨俱吠陀》又是时间上最早的。广义的吠陀除了四部吠陀本集，还包括梵书（brāhmaṇa）、森林书（āraṇyaka）和奥义书等衍生文献。吠陀本集的内容主要是颂歌和祷词，森林书的主题是各种仪式和祭祀，梵书是对这些仪式的注解，奥义书则更多地涉及哲学。在本丛书中，当不加书名号时，表示不特指某一部吠陀文献；而加书名号时，则指的是某一部具体的本集、梵书或奥义书。

等级的生物一定是一样的。对自己的孩子偏心的神只能被称作人，而对自己孩子残暴的神则应该被称作禽兽，甚至比恶魔还坏。我宁肯死一百次也不愿意崇拜这样一个神，用尽一生也要与这样的神斗争。但实际上并没有这样的差别，那些声称有这样差别的人是不负责任的、无情的，他们并不认识真正的神。这里就是"实际"一词被误用的一种情况。我自己或许并不是非常严格的素食主义者，但我了解那种理想。吃肉时我知道这是不对的，即使在某些情况下一定要吃肉，我也知道这是残忍的。我绝不把自己的理想拖入现实，这是我为自己的软弱行为道歉的方式。理想是不要吃肉，不要伤害任何生物，因为动物是我的兄弟。如果你把它们当作自己的兄弟，就已经朝着与所有灵魂的手足之情前进了一小步，更不用说与人的手足之情了！后者只是孩子的游戏。通常你会发现这对于很多人来说是难以接受的，因为这教他们放弃现实并走向更高的理想。但如果你提出一种与他们目前的行为相一致的理论，他们就会把这当作是完全实际的。

　　人的本性中有一种强烈的保守性倾向：我们不愿意向前迈出哪怕一步。我觉得，人类就像我读到的在雪中被冻僵的人似的：他们都只想睡着，如果你试图把他们拉起来，他们就会说："让我睡吧，睡在雪里真是太美了。"然后他们就在睡梦中死去了。我们的本性就是如此，我们一生都在做的事情就是：从脚开始被一点点冻僵，却总想着睡觉。因此你们必须朝着理想奋斗，如果有人把理想降低到你们的层次上，并教授一套没有最高理想的宗教，可千万别听他的。在我看来，这是不切实际的宗教。但如果有人教授一种展现了最高理想的宗教，我会准备好接受他。当任何人试图为了虚荣心和软弱而道歉时，大家可都要当心了。当有人想宣扬一种只会导向可怜的、受制于感官的道路时，我们绝不要听从，因为那不会产生进步。我见过很多这样的东西，对世界也有一些了解，而我的国家恰恰是一块各种宗教教派像蘑菇一样遍地生长的土地，每年都有新教派出现。但我已经注意到的一件事情是，只有那些永远不愿意让崇尚精神的人屈从于崇尚肉体的人的教派才能取得进步。让最高的理想屈从于肉体性的虚荣、把神拉低到人的层面上，只要有这样的错误想法存在，就一定会产生腐朽。人不应该堕落为世俗的奴隶，而是应该被带向神。

这个问题同时还有另一个方面：我们一定不能轻视其他人。所有人都在走向同样的目标。强弱上的差别只是程度上的，美德与恶行的差别只是程度上的，天堂与地狱的差别只是程度上的，活着和死亡的差别也只是程度上的，世上的所有差别都只是程度上的而非种类上的，因为一体性是一切事物的秘密。一切都是一，这个一把自身显示为思想、生命、灵魂或身体，而差别只是程度上的。因此，我们没有权利轻视那些与我们的发展程度并不完全相同的人。不要谴责，如果你可以伸出援手，就这样做吧。如果不能，那就双手合十，祝福你的兄弟，让他们走自己的路。拖拽和谴责不是行动之道，没有行动是这样被完成的。我们可能会竭尽全力去谴责他人，但批评和谴责是徒劳的，因为最终我们会了解到，大家看到的都是同样的东西，或多或少都在接近同样的理想，而大部分差异都只是表达上的。

以原罪的观念为例。我刚刚说的是吠檀多的观念，而另一种观念则说人是有原罪的。它们实际上是相同的，只不过一个说的是积极方面而另一个说的是消极方面。一个向人们展示他们自己的力量，另一个则展示软弱。吠檀多说，人有很多软弱之处，但没关系，我们需要成长。人一出生就会被发现有各种疾病，每个人都知道自己的疾病，不需要别人来告诉我们这些疾病是什么。但一直只想着我们是有病的，这并不能带来治愈——药物还是必需的。我们可能会忘记外部的任何事情，可能在外部世界装成一个伪善者，但在内心最深处都知道自己的软弱之处。然而吠檀多说，指出这些软弱并不太能帮到我们，重要的是给予我们力量，而一直思考那些软弱并不会带来力量。挽救软弱的方法不在于对软弱感到闷闷不乐，而是去思考力量。要告诉人们力量已经在他们之内。吠檀多并没有告诉人们他们是有原罪的，而是采取相反的说法："你是纯洁的、完美的，所谓的原罪并不属于你。"原罪不过是大我在很低级别上的显现，应该在更高的等级上显现大我。要记住一件事：我们所有人都可以做到这一点。永远不要说"不""我不能"，因为你是无限的。与你的本性相比，即使时空也算不上什么。你可以做到任何事情，你是全能的。

这些是道德伦理原则，但我们现在要前往更低的地方并阐述细节。我们将看到吠檀多如何被带进我们的日常生活、城市生活、乡村生活、国家生活和每个国家的家庭生活。因为，如果一种宗教不能随时随地帮助人，就没有太大用处，就只不过是少数被选定的人的理论。为了帮助人类，宗教必须做好准备并能够在任何处境下帮助一个人，无论他是被奴役的还是自由的，是在堕落的深渊还是在纯洁的顶峰，在任何地方宗教都应该同样能够帮助他。这种吠檀多原则，或者说宗教理想，或者你可以用任何名字称呼它，都将通过履行这一伟大功能的能力来得以实现。

"相信自己"，这才是对我们最有帮助的理想。如果相信自己这一点得到了更广泛的教授和实践，我确信很多邪恶和苦难都会消失。纵观人类历史，如果在伟大的男性和女性的生活中有什么动力比其他动力更有力的话，那就是对自己的相信。他们天生就带着这样的意识，即自己将会是伟大的，因此也就变得伟大。让一个人跌得越深越好，总有一天，他会从绝望的谷底触底反弹，学会相信自己。但对我们来说最好是一开始就知道这一点。为什么不经历这些痛苦就不能获得对自己的相信呢？可以看到，人和人之间的所有差别都源于是否拥有对自己的相信。对自己的相信能够帮助我们做到任何事情。我亲身经历了这一点，而且还在经历，随着年龄的增长这种相信变得越来越强。如果一个人不相信自己，他就是无神论者。古老的宗教宣称，如果一个人不相信神，他就是无神论者。全新的宗教则说，如果一个人不相信自己，他才是无神论者。但这不是一种自私的相信，因为吠檀多是一种关于一体性的学说。吠檀多宣扬的是对所有人的相信，因为你们都是一。爱你自己就意味着爱所有人、爱动物、爱一切东西，因为你们都是一。我确信，是这种伟大的相信让世界变得更好。如果一个人能够真诚地说"我知道关于自己的一切"，他就是最高级的人。你知道自己的形体背后潜藏着多少能量、力量和气力吗？什么科学家能够知道关于人的一切？自从人类来到这个世界，已经过去了数百万年，但他们的力量却只有极小的一部分显现出来。因此，一定不要说自己很软弱，你怎么可能知道表面上的衰退背后潜藏着怎样的可能性？你对自己之内的东西知道得太少了，那里其实是无限力量和福佑的海洋。

"真我（ātman）最先被听到。"日夜不停地倾听你就是那个大的灵魂（Soul）。日夜不停地重复它，直到它进入你的每根血管、融入你的每滴血液、深入你的肌理和骨髓。让整个身体都充满这个理想："我是无生无死、充满欢喜、全知全能、永远荣耀的大的灵魂。"日夜不停地思量它，直到它成为你生命不可分割的一部分。冥想它，然后就会做出行动。"因为心里所充满的，口里就说出来"[1]，而手的行动也源自心灵的充盈。行动会到来。用这个理想填充自己，无论做什么，都要好好想着它。这种想法的力量会放大、改变并让你的行动神圣化。如果物质是有力量的，思想就是全能的。让这种想法影响你的生活，让全能、庄严和荣耀的想法充满自己。愿上天保佑没有任何迷信被放进你的头脑！愿上天保佑我们从一出生就没有被各种迷信和关于自己软弱、卑劣的令人丧气的想法包围！愿上天保佑人类拥有一条获得最尊贵、最高级真理的更容易的道路！但人们必须穿过所有这些，要帮助后来者，不要让这条路变得更加困难。

这有时是可怕的教义。我知道一些人会对这些想法感到害

---

1 《新约·马太福音》12.34。

怕，但对于那些想要变得具有实践性的人来说，这是第一课。永远不要告诉自己或别人你是软弱的，请尽量做好事而不要伤害这个世界。你在内心最深处知道自己有很多受到限制的想法，这贬低了你自己，而向虚构的存在者祈祷或哭泣都不过是迷信。请告诉我一个祈祷得到了回应的例子。所有回应其实都来自你的内心。你知道没有鬼魂，可一旦身处黑暗就还会有一点毛骨悚然之感。这是因为在童年时我们把所有害怕的想法都植入了头脑。但不要再因为对社会和公共意见的恐惧、对招致朋友忌恨的恐惧、对失去珍爱的迷信的恐惧，就把这些想法传递给其他人。要成为所有这些的主人。在宗教中，除了宇宙的一体性和对自己的相信之外，还有什么更值得被教授呢？几千年来，人类的所有行动都朝向这个目标，而且一直在努力让它得以实现。现在轮到你们来做了，而你们已经知道了真理，真理已经完全被教授给你了。哲学、心理学甚至物理主义的科学也都宣称这种真理。现在还有科学工作者害怕承认这种关于宇宙一体性的真理吗？还有谁敢谈论多重世界？这些都不过是迷信。只有一种生命和一个世界，这个生命和世界只是以多种多样的方式呈现给我们。这样的多样性就像是一场梦。当你做梦时，一场梦消失而另一场就会开始，但你并不活在自己的梦境里。梦境一个接一个出现，场景一个接一个展现在你面前。这个由百分之九十的苦难和百分之十的幸福构成的世界也是如此。或许一段时间后它会呈现为包含百分之九十幸福的样子，而我们会称之为天堂。但对智者来说，会有那样一个时刻：所有东西都消失，世界呈现为神自身，而智者自己的灵魂就呈现为神。因此，并不存在多重世界、多重生命，所有多样性都是那个一的显现。那个一把自己显示为多、物质、精神、心灵、思想和所有其他东西，把自己显示为多。因此，我们要做的第一步就是把这条真理教给自己和其他人。

让这种理想在世界回响，让迷信消失吧。要向软弱的人传递这种理想并不断灌输。你就是那个纯洁的一，觉醒吧，你如此有力，不要这样沉睡下去。觉醒吧，这并不适合你，不要认为自己是软弱而凄惨的。全能者啊，觉醒吧，显现你的本性，不要认为自己是个罪人，也不要认为自己软弱。对这个世界这样说，也对自己这样说；看看实际的结果是什么，看看万物如何因一道闪光而得以显现、如何被改变。把这些告诉人类，向他们展示自己的力量，然后我们将学会如何把这运用到日常生活中。

为了能够使用分辨力（viveka）来了解我们生活中的每个片刻、每次行动，为了分辨是非对错，我们要知道如何检验真理，这真理是纯洁的、是一体性。所有导向一体性的东西都是真理。爱是真理而恨是谬误，因为恨导向多样性。恨把人与人分开，因此是错误的、荒谬的，是一种分崩离析的力量，制造分裂和毁坏。

爱则把大家绑在一起，是导向一体性的。你们成为那个一，母亲和孩子成为一，家庭和城市成为一，整个世界与动物们成为一。因为爱是存在本身、是神本身，无论被怎样表达，所有这些都是那唯一的爱的显现。差别只是程度上的，但始终都是唯一的爱的显现。因此，我们要判断一个行为是导向多样性还是一体性。如果导向多样性，就应当被放弃，如果导向一体性，就应该被确信是好的。对于思想来说也是如此，我们要判断它们是导向分崩离析、多样性还是一体性，是否把灵魂结合在一起并对之施加同一种影响。如果是这样，我们就接受它们，否则就当作罪恶抛弃掉。

人类的整个道德伦理不依赖任何不可知的东西，也不教授任何未知的东西。但用奥义书的语言说："你们所不认识而敬拜的，我现在告诉你们。"[1] 通过自己你就可以知道任何事情。我看到了椅子，但为了能够看到它，我必须首先感知到自己，然后才感知到椅子。椅子在大我（Self）之内，并且通过大我才被感知到。你也在大我之内，并且通过大我才被我了解，整个世界也是如此。因此说大我是未知的，这纯粹是胡说。如果把大我拿开，整个宇宙就都消失了。知识在大我之内并且通过大我才得以产生。因此大我是最为所有人知道的。你把你自己称为"我"。你或许想知道我的"我"如何能够成为你的"我"。你或许想知道这个有限的"我"如何能够成为不受限制的无限者，但情况就是如此。受限制不过是一种虚构罢了。无限者被掩盖起来了，它的一小部分显现为"我"。有限性永远不可能遇到不受限制的东西，它不过是一种虚构。因此，我们每个人——男人、女人、孩子——都知道大我，甚至动物也不例外。如果不知道它，我们就既不能存活、移动，也不能存在。不认识这个万物之主（Lord），我们就

---

1 这里使用的语句与《新约·使徒行传》17.23 相同。

不能呼吸存活哪怕一秒钟。吠檀多的神是最为所有人知道的，并不是想象的产物。

如果这还不是在宣扬一种实际的神，你还怎么可能去宣扬一个实际的神？还有什么神比在自己面前亲眼所见的神——一个于万事万物中全在的神，甚至比我们的感觉更真实——更实际呢？因为你就是祂[1]，就是那个全在全能的神，就是你灵魂的灵魂。如我说你不是祂，就是在说谎。无论是否意识到，我都知道这一点。祂是一体性，是万物的统一体，是所有生命和所有存在的实在。

这些吠檀多伦理的观念必须得到细致的贯彻，因此你必须有耐心。正如我说的那样，我们要详细地处理这个主题并彻底完成它，以看到这些观念如何从非常低的理想中发展而来，以及一个伟大的一体性理想如何发展并演化为普遍的爱。我们应该研究这些以避免危险。我们没有时间从最初的层次开始来完成这个主题，但如果无法把真理传达给后来者，站在更高的层次上又有什么用呢？因此，最好对它的所有运作都进行研究，而首先，尽管我们知道理智几乎一文不值，但澄清理智的部分却是绝对必要的，因为心是最重要的。我们通过心而非理智看到万物之主。理智仅仅是清洁工，帮我们扫清前进的道路，是助手或警察。警察对于社会的运转来说并不是起积极作用的必要之物，只是制止骚乱，检查不当行为，而这就是理智承担的全部职责。在阅读一部

1　这里的"祂"表示对神等高级存在的尊称，在英文原文里是首字母大写的"It""He"等代词。

传授理智的书籍并掌握了其中的内容后，请祈祷"万物之主啊，让我离开这些吧"，因为理智是盲目的，不可能推动自己，既没有手也没有脚。起作用的是感觉，它的移动速度无限地超过电流或任何东西。你感受到了吗？——这才是真正的问题。如果感受到了，你就会看到万物之主，你现在拥有的感觉将被强化、神圣化、提升到最高的层次，直到你感受到万事万物，感受到万事万物中的一体性，在自身之内和别人那里感受到神。理智却永远无法做到这一点。"不同的说话方式，不同的解释文本的方式，都是为了博学之人的享受，而不是灵魂的救赎。"（《分辨宝鬘》58）[1]

读过托马斯·肯皮斯[2]的人知道他如何在自己著作的每一页都坚持这种观点，而世上几乎所有圣者也都这么看。理智是必要的，因为没有它我们就会陷入粗鲁的谬误并犯下各种错误。理智负责检查这些，但除此之外，不要尝试在它之上建构任何东西。它是慵懒的、辅助性的助手，真正的助手是感觉，是爱。你感受到其他人了吗？如果感受到了，你就正在一体性中成长。如果没有，即便你是有史以来最了不起的理智上的巨擘，也不值一提；你不过就是干枯的理智，而且一直都会是这样。而如果你感受到了，即便无法阅读任何书籍、不知道任何语言，你也走在正确的道路上，万物之主属于你。

1　《分辨宝鬘》（*Vivekacūḍāmaṇi*）是用诗体写就的不二论的导论性文献。有人认为其作者是商羯罗，但真正的作者是有争议的。

2　托马斯·肯皮斯（Thomas à Kempis, 1380—1471）是十五世纪文艺复兴时期的宗教作家，灵修的提倡者，代表作有《师主篇》（*De Imitatione Christi*）。

通过世界历史，你难道还不知道先知的力量何在吗？在哪儿？在理智中吗？他们中有任何人写下一部关于哲学或关于最错综复杂的逻辑推论的佳作吗？一个都没有。他们只说了很有限的话。像基督那样去感受，你就会成为基督；像佛陀那样去感受，你就会成为佛陀。感觉才是生命、是力量、是活力，失去了这些，任何理智上的活力都无法达到神。理智就像没有移动能力的肢体，只有当感觉进入并赋予它们动力时，它们才能运动并作用于其他东西。你们必须始终记住，在全世界都是如此。这是吠檀多道德伦理中最实际的事情，因为吠檀多的教诲是，你们都是先知，而且必定是先知。书籍不是你们行为的证明，相反，你们是书籍的证明。你们为什么能知道一本书教授的是真理？因为你们就是真理并且可以感受到它，这就是吠檀多的主张。基督和佛陀在世上存在的证据是什么？是你们和我都像他们那样去感受。我们就是这样知道他们都是真实的。我们的先知式的灵魂是他们的先知式的灵魂的证明，你们的神性则是神自身的证明。如果大家都不是先知，就不会存在任何关于神的真理了。如果大家都不是神，就不会存在任何神了，将来也永远不会存在神。吠檀多说，这才是应当遵循的理想。我们每个人都必定会成为先知，而且其实你们已经是先知了，只是需要知道这一点。永远不要认为对灵魂来说有什么是不可能的，这样的想法才是最大的异端。如果有原罪的话，说你或别人是软弱的，这才是唯一的原罪。

实际的吠檀多（二）

伦敦　1896 年 11 月 12 日

我会向你们介绍《歌者奥义书》(*Chāndogya Upaniṣad*) 中一个非常古老的故事，它告诉我们一个孩子是如何获得知识的。故事的形式很粗糙，但我们会发现它包含了重要的原则。一个小男孩对母亲说："我要学习吠陀，请告诉我我父亲的名字和我的种姓。"这个母亲是个未婚女子，在印度，未婚女子的孩子被视作应被抛弃的人，不会被社会认可，也没有资格学习吠陀。所以这位可怜的母亲回答说："我的孩子，我不知道你的姓氏。我在做帮工，在不同地方工作过。我不知道你父亲是谁，但我的名字是贾芭拉，而你的名字是萨谛耶迦摩。"[1] 那个孩子来到一位智者那里，要求成为一名弟子。智者问他："你父亲的名字是什么，你的种姓是什么？"孩子向智者复述了从母亲那里听来的话。智者立即

---

[1] 贾芭拉（Jabālā）和萨谛耶迦摩（Satyakāma）的故事出自《歌者奥义书》4.4—9，这里采用了黄宝生译本对人名的翻译。

说："只有婆罗门才会诚实地说出这样有损于自己的事情。你是一位婆罗门，我会教授你东西。你并没有背离真理。"于是他留下孩子并教育他。

现在我们来看看古印度独特的教育方法。老师让萨谛耶迦摩照顾四百头瘦弱的奶牛，然后让他去了森林。他在那里生活了一段时间。老师告诉他在牧群的数量增加到一千头时就回来。几年后的一天，萨谛耶迦摩听到牧群中的一头大公牛对自己说："我们的数量已达到一千，把我们带回你老师那里吧。我会教给你一些关于梵（brahman）的东西。""请继续说吧，先生。"萨谛耶迦摩回答道。于是公牛继续说道："东方是万物之主的一部分，西方、南方、北方也都是。四个方位正是梵的四个部分。火也会教给你一些关于梵的东西。"在那个时代，火是伟大的象征，每个学生都必须取火并提供祭品。所以在第二天，萨谛耶迦摩前往他上师（guru）的住所，当他在晚上进行献祭、坐在火边礼拜火时，火中传来一个声音："萨谛耶迦摩啊。"萨谛耶迦摩回应道："请讲吧，万物之主。"（或许你们记得《旧约》中一个非常相似的故事：撒母耳如何听到神秘的声音。[1]）"萨谛耶迦摩啊，让我来教给你一点关于梵的东西。大地是梵的一部分，天空和天堂是它的一部分，海洋也是梵的一部分。"然后火告诉他，天鹅也会教给他一些东西。萨谛耶迦摩继续自己的旅程，接下来的一天，在献晚祭时，一只天鹅来到他身边并说道："我会教给你一些关于梵的东西。萨

1　故事出自《旧约·撒母耳记上》3。撒母耳曾多次听到神秘的声音，后来才知道那是耶和华在呼唤他。

谛耶迦摩啊，你所崇拜的这团火是梵的一部分。太阳、月亮、闪电都是梵的一部分。一只水鸟（madgu）会告诉你更多东西。"第二天傍晚那只鸟来了，萨谛耶迦摩听到了类似的声音："我会告诉你一些关于梵的东西。呼吸是梵的一部分，视力、听力、心灵都是梵的一部分。"这个男孩到了自己老师的住处并在老师面前表现出应有的尊敬。不久那位老师看到了这位弟子并评论说："萨谛耶迦摩，你的脸闪耀得如同一位知道梵的人（a knower of Brahman）！是谁把它教授给你的？""是人之外的存在者。"萨谛耶迦摩回答道，"但我还是希望您来教我，上师。因为我从像您这样的人那里听说，只有从一位上师那里学到的知识才能导向至高的善。"接着那位智者就把自己从神祇那里得到的知识都教给了这个孩子。"没有遗漏任何东西，是的，没有遗漏任何东西。"

除了关于公牛、火和鸟所教授知识的寓言外，我们还看到了那时思想的趋势和发展方向。我们所看到的伟大想法的萌芽是：所有这些声音都在我们之内。当更好地理解这些真理时，我们发现声音就在自己心里，而那位学生也明白自己一直都在聆听真理，但他的解释有些问题。他认为声音是来自外部世界的，其实声音始终都在他之内。我们获得的第二个想法是，要让关于梵的知识成为实际的东西。世界一直在寻找宗教的实际可能性，而我们在这些故事中发现宗教是怎样一天天变得越来越实际的。真理通过那个学生所熟悉的一切东西被显示出来。他们崇拜的火是梵的一部分，大地是梵的一部分，等等。

接下来的故事属于乌波憍萨罗·迦摩罗耶那[1]，他是萨谛耶迦摩的一位弟子，他向萨谛耶迦摩求教并与之同住了一段时间。现在萨谛耶迦摩出门了，那位学生变得非常沮丧。当师母问他为什么不吃东西时，那孩子说道："我太难过了，吃不下。"此时从他礼拜的火里蹿出来一个声音说："生命是梵，以太（ether）是梵，幸福是梵。请认识梵吧。"孩子回答说："先生，我知道生命是梵，但不知道以太和幸福也是梵。"接着那个声音解释说，"以太"和"幸福"这两个词指代实在中的同一个东西，也就是存留于心中的有感知的以太（纯粹的智能 [intelligence]）。这个声音就这样把作为生命和心中以太的梵教给了他。那团火告诉他："你所崇拜的大地、食物和太阳都是梵的形式。我就是你在阳光下看到的那个人。那个人知道这一点并进行冥想，他所有的罪过都会消失，他会长寿并变得幸福。他居住在四个方位中、在月亮里、在星星上、在水中，我就是那个人。祂居住在生命里、在以太里、在天堂里、在闪电里，我就是祂。"在此我们看到了同样的实际的宗教的观念。人们所崇拜的东西，比如火、太阳、月亮等，包括他们所熟悉的那个声音，构成了向他们进行解释并提供更高意义的故事的主题。这就是吠檀多真实、实际的一面：它并不摧毁世界，而是解释世界；它并不摧毁人，而是解释人；它并不摧毁个体性，而是通过展示真正的个体性来解释个体性。它并不表明这个世界是空洞的且不存在，而是说："要理解世界是什么，这样它就不会

1　乌波憍萨罗·迦摩罗耶那（Upakosala Kāmalāyana）的故事请参阅《歌者奥义书》4.10。

伤害你。"那个声音并没有对乌波憍萨罗说，他所崇拜的火、太阳、月亮、闪电或任何其他东西是错误的，而是向他表明那个在太阳、月亮、闪电、火、大地之内的精神也同样在他之内，这样在乌波憍萨罗的眼里一切都仿佛发生了改变。以前不过是物质之火、用来献祭之火，现在则获得了新的一面并且成为了万物之主。大地、生命、太阳、月亮、星星、闪电，一切都发生改变并变得神圣化，它们的真正本质被知道了。吠檀多的主旨就是看到一切东西中的万物之主，从事物的真正本质而非表面现象来看待事物。奥义书给我们上的另一课是："通过眼睛闪亮着的是梵，祂是那个美丽的一、闪耀的一。祂在所有世界中闪耀。"有人评论说，那种出现在纯洁之人身上的奇特的光，就是眼睛中的光；如果一个人是纯洁的，这种光就会在他眼中闪耀，这种光其实属于内在的大的灵魂，它是无处不在的。同样的光也在日月星辰中闪耀着。

现在我将向你们宣读古老奥义书关于生死问题的教义。你们或许会对此感兴趣。希婆多盖杜去了般遮罗国的国王那里，国王问他："你知道人们死后会去哪里吗？他们怎么回来？为什么另一个世界从不充满？"孩子回答说他不知道。接着他去自己父亲那里问了同样的问题。父亲说："我不知道。"他就又回到国王那里。国王说这些是神职人员们从不了解的知识，只有国王们才知道，而这就是国王们统治世界的原因。他和国王一起待了一段时间，因为国王说会把这些教给他。"乔达摩（Gautama）啊，另一个世界是火。太阳是燃料，光线是烟，白天是火焰，月亮是余烬，星星则是火花。在这团火中，诸神倾倒下信仰的琼浆，从这种琼浆中苏摩王诞生了。"他接着说："你不必为那团小小的火献祭：整个世界就是那团火，而这种献祭和崇拜在不断继续着。神祇、天使和每个人都在崇拜它。人、人的身体就是火最伟大的象征。"[1]我们在这里也看到理想在变得实际，而梵在一切事物中都被看到。所有这些故事背后的教义是：被发明出来的象征可能很好、很有用，但已经有比我们能够发明的东西都更好的象征存在了。你可以发明一个形象，让大家通过它来崇拜神，但一个更好的形象已经存在了，那就是活生生的人。你可以建造一座庙宇供奉神，这或许很好，但一个更好、更高级的庙宇已经存在了，那就是人类的身体。

你们要记住，吠陀有两个部分，一是仪式，二是知识。经过一段时间后，仪式逐渐增加，复杂到让人无法理顺它们，所以奥义书通过对仪式进行解释的方式柔和地把它们几乎都废除了。我们看到，在古代有这些献祭和祭祀，然后哲学家出现了。他们并没有从这些无知之人手中夺走那些象征，没有采取一种在现代变革中不幸经常出现的消极立场。相反，他们给了那些无知之人一些替代物。他们说："这是火的象征，真是好极了！但还有另一种象征，那就是大地。多么壮丽、伟大的象征啊！这里有座小庙宇，但整个宇宙都是座庙宇，人们可以在任

---

1. 这里所讲的故事请参阅《歌者奥义书》5.3—9。根据黄宝生的注释，这里的"苏摩王"（king Soma）指的是月亮。苏摩（Soma）本是一种植物的名字，神职人员会在祭祀时把这种植物的枝叶献给天神，后来也被引申为树神和月亮。参阅巫白慧译解《〈梨俱吠陀〉神曲选》中对苏摩的解释。

何地方进行礼拜。这是人们在地上画的奇特图形，这是祭坛，但还有一座最伟大的祭坛，那就是活生生的、有意识的人的身体，而在这个祭坛上进行礼拜要比崇拜任何死板的象征都高级得多。"

现在我们来谈谈一条奇特的教义。我本人对它知道得并不多。如果你可以从中领悟些什么，我会向你们宣讲它。一个人通过冥想净化了自己并获得了知识，死亡之后，他首先进入光中，然后从光进入白昼，从白昼进入弦月（half of the moon）的光中，再进入太阳自南向北移动的那六个月，再进入年，再进入太阳，再进入月亮，再进入闪电，而在闪电的领域内，他遇到一个不是凡人的人，那个人把他带向（受限制的 [conditioned]）梵。这是神祇之路。当智者和明智之人死去时，他们会走这条路并不再返回。没有人清楚地理解这里的月、年以及所有东西的含义。每个人给出自己的理解，有人甚至说这些都是胡说。什么叫进入月亮、太阳的世界，那个帮助到达闪电领域的灵魂的人是谁，都没人知道。印度教徒中有一种观念，即月亮是生命存在的地方，我们就来看看生命是怎么从那儿来的。那些没有获得知识却在今生做了善行的人，会在死亡时首先穿过烟尘，然后到达黑夜，接着到达黑暗的十五天，随后到达太阳自北向南移动的那六个月，由此再进入祖先的地界，此后是以太，接下来是月亮的领域，并在那里变成神祇的食物，再之后他们作为神祇出生并在那里生活，直到那些善行的影响消失。当善行的影响耗尽，他们通过同样的路线返回地球。他们首先成为以太，然后是空气，然后是烟尘，然后是薄雾，然后是云彩，最后作为雨滴降落在地球上，接着他们进入被人类吃掉的食物中，最终成为他们的孩子。那些拥有很多善业的人出生在好的家庭，拥有恶业的人则出生在坏的家庭甚至投胎为动物。动物不断地进入并离开地球，这就是为什么地球既不充满也不变空。[1]

我们也可以从中获得一些想法，以后我们或许能够更好地理解上述说法并推测它的含义。关于天堂中的人如何返回的说法或许比前半部分更为清楚，但整个观念似乎是：如果没有亲证神，就不会有永恒的天堂。有些人没有亲证神，但以享受善报为目的在这个世界做了一些善行，死的时候，他们经过各种地方最终到达天堂，就像我们在这里出生一样，作为神祇的孩子出生在天堂。只要善行的影响没有耗尽，他们就可以一直住在那里。吠檀多的一个基本观念由此产生出来：任何有名称、有形式的东西都是短暂的。地球是短暂的，因为它拥有名称和形式，那些天堂也必定是短暂的，因为它们也拥有名称和形式。永恒的天堂从语词上就是自相矛盾的，因为每个有名称和形式的东西必然在时间中开始、在时间中存在、在时间中终结。这是吠檀多确定的信条，因此天堂必须被放弃。

我们已经在吠陀本集中看到关于天堂的观念，说天堂是永恒的，如同在穆斯林和基督教徒中流行的观念一样。穆斯林的观念更具体化一些，他们说天堂是一处有花园、其下有河流流淌的地

1　这里的传说出自《歌者奥义书》5.10，《薄伽梵歌》8.22—26 中也有提及。

方。在阿拉伯的沙漠里水是极为宝贵的，因此穆斯林总是设想天堂里有很多水。我出生在一个每年有六个月是雨季的国家，我猜我会把天堂想象成一个干燥的地方，英国人大概也会这样想吧。吠陀本集中的天堂是永恒的，逝者拥有美丽的身体并与祖先生活在一起，从此以后永远幸福。他们见到自己的父母、孩子和其他亲人，过着和现世完全一样的生活，只是更加幸福而已。今生中通向幸福的所有困难和障碍都消失了，只有美好、愉悦的部分保留下来。但无论人类觉得这种状态多么舒适，这和真理完全是两回事。在有些情况下，除非我们到达顶点，否则真理并不让我们觉得舒适。人类的本性是非常保守的。人类会做一些事情，一旦做了之后就很难摆脱它们了。心灵不会接受新的想法，因为这些想法会带来不适。

在奥义书中，我们看到了与上述观念的巨大的背离。奥义书宣称，人们在死后和祖先生活在一起的天堂不可能是永恒的，因为一切拥有名称和形式的东西都必定会消亡。如果天堂拥有形式，也终有一天会消逝，即便可能存在数百万年，也一定会有消逝的时刻。随之而来的另一个观念是，这些灵魂必定会返回地球，而天堂是他们享受自己善行硕果的地方，在善行的影响消失后，他们就会再次回到尘世的生活中。可以清楚看到的一点是，即便在很早的时候，人类也已经拥有了对于因果关系的哲学的感知。随后我们将看看我们的哲学家是如何通过哲学和逻辑的语言阐明这一点的，但现在这几乎是用儿童的语言被阐述的。在阅读奥义书时你可能会留意到的一件事情是，这完全是一种内在的感知。如果你问我这是否可以是现实的，我的回答就是：它首先是现实的，然后才是哲学的。你们可以看到，这些东西首先被感知到、意识到，然后才被写下来。世界向早期的思想者言说，鸟向他们言说，动物向他们言说，太阳和月亮也向他们言说。他们一点点意识到这些，然后进入大自然的内心。他们不是靠沉思、逻辑的力量绞尽脑汁地写下鸿篇巨著——正如当代流行的那样——甚至不是像我这样通过阅读他们的著作并做一次长篇大论，而是通过耐心的研究和发现找到了真理。他们的根本方法是实践，因此也必定始终是实践性的。宗教是一门实际的科学，过去没有、将来也不会有任何神学的宗教。它首先是实践，然后才是知识。

灵魂会回来的观念已经存在了。那些出于一定目的而行善的人会实现自己的目的，但这不是永恒的。我们在此可以把关于因果关系的观念很漂亮地推演为这样的想法：结果只会与原因相称。原因是这样，相应的结果就是这样。原因是有限的，结果也必定是有限的。原因是永恒的，结果就可以是永恒的。但所有原因——行善和做其他各种事情——都不过是有限的，因此不可能产生无限的结果。

现在我们来看看问题的另一面。既然不可能有一个永恒的天堂，那么同理，也不可能有一个永恒的地狱。假设我是一个非常邪恶的人，一生中无时无刻不在作恶。但与我的永恒生命相比，这一生还是太渺小了。如果有永恒的惩罚，那就意味着会有一个因为有限的原因而产生出的无限结果，但这是不可能的。出于同样的理由，即使我一生都在行善，也不可能拥有一个无限的天堂。但存在着第三条路线，它适合那些已经知道真理、亲证真理的人。超越摩耶之幕（veil of māyā）的唯一道路就是亲证什么是真理，而奥义书指明了什么叫亲证真理。

它的意思是既不去认识善也不去认识恶，而是知道万事万物都来源于大我，大我即一切。它意味着否认宇宙，闭上眼睛不去看宇宙，在地狱和天堂都看到万物之主，在死亡和生命中都看到万物之主。这就是我向你们宣读的段落中的思路：大地是万物之主的象征，天空也是，我们所占据的地方是万物之主，一切皆是梵。这并不是仅仅通过谈论或思考就能被看到或亲证的。可以看到，作为这一点在逻辑上的结果，当灵魂亲证了一切都充斥着万物之主、充斥着梵时，就不会在意自己是在天堂、地狱还是任何其他地方，不会在意自己是在尘世还是天堂重生。这些事情对那个灵魂来说不再有任何意义，因为每个地方对它来说都是一样的，都是万物之主的庙宇，每个地方都变得神圣，它在天堂、地狱或任何其他地方都看到万物之主的存在。既没有善也没有恶，既没有生也没有死——只有那个唯一无限的梵存在。

根据吠檀多，当一个人达到这种认知的时候，他就自由了，而且是唯一适合在这个世界上生活的人，其他人则并不适合。一个看到邪恶的人如何能够活在这个世界上？他的生命中可是有一大堆痛苦啊。看到危险的人的生活是悲惨的，看到死亡的人的生活也是悲惨的。只有那个达到这种认知的人能生活在这个世界上，只有他能够说："我热爱这种生活，我在生活中很幸福。"他看到了真理，看到真理在一切之中。顺便说一句，地狱的观念在吠陀里绝不会出现，它是很晚之后随着往世书[1]产生的。吠陀中最严厉的惩罚就是重回尘世，在世上再获得一次机会。我们从一开始就可以看到这种观念是非人格化的（impersonal）。惩罚和奖励的观念非常物质化，而且仅仅与人格化的神的观念相一致，这样的神爱一个人而恨另一个人，就像我们一样。只有当这样一位神存在时，惩罚和奖励的观念才讲得通。吠陀本集中有这样一位神，在祂那里我们可以发现恐惧的念头浮现出来了，可一旦我们来到奥义书这里，恐惧的观念就消失了，而非人格化的观念取代了祂。对人来说，这种非人格化的观念肯定是最难以理解的事情，因为大家总是执着于人的观念。很多被认为是伟大的思想家也对非人格化的神的观念感到厌恶。但在我看来，把神当作一个具体的人是十分荒谬的。一个活生生的神和一个僵死的神，哪个才是更高级的观念？一个没人看到、没人知道的神和一个被知道的神，哪个才是更高级的观念？

　　非人格化的神才是一个活生生的神，是一种原则。人格化和非人格化的区别在于，人格化的东西不过是一个人，而非个人化的观念则说：祂是天使、人、动物甚至我们看不见的东西。因为非人格化恰恰包括了所有人格，是宇宙中一切东西的总和，而且是无限的。"正如一团火来到世界上，可以用非常多的甚至是无限多的形式显现自身"，非人格化也是如此。

1　往世书（purāṇa）的字面意思是古老的，是对一类印度文献的统称，涵盖的主题非常多，其中主要包括十八部大往世书（mahapurāṇa）和十八部小往世书（upapurāṇa），成书时间约在公元三至十世纪。

我们想要崇拜一位活生生的神。我一生只见过神，没有见过别的东西，你们其实也是如此。为了看到这把椅子，你首先要看到神，然后才能通过祂看到椅子。祂在任何地方都说："我是（I am）。"当你感受到"我是"的时候，就意识到了存在。如果不能在自己的内心和每个活生生的存在物中看到神，我们又该去哪里寻找祂呢？"你是男人，是女人，是女孩，是男孩。你是步履蹒跚的老人。你是充满活力的青年。"你是所有存在的东西，是全宇宙唯一的事实，是那个绝妙的、活生生的神。在很多人看来，这与生活在面纱背后某处的、没有任何人见过的传统的神似乎有着可怕的矛盾。神职人员只担保说，如果我们追随他们、听他们的训诫、按照他们标记好的方式前进——在死的时候我们就会获得由他们颁发的护照以一睹神的尊容！这样关于天堂的观念都是些什么啊，不就只是宗教权谋[1]的变体吗？

当然，非人格化的观念也是非常具有破坏力的，它弄砸了神职人员、教堂和庙宇的所有生意。现在的印度正在发生饥荒，可每座庙宇中都有多得足以赎回国王的财宝！如果向大家传授非人格化的观念，神职人员的饭碗就没了。但我们必须无私地教授它，不要那种宗教权谋。你是神，我也是神，谁该尊崇谁，谁又该崇拜谁呢？其实你就是神的最高殿堂，我宁愿崇拜你，也不愿去崇拜任何庙宇、神像或是《圣经》。为什么有些人的想法中充满了矛盾？他们就像我们指间的小游鱼。他们自称是头脑冷静又

1　这个词原文是"priestcraft"，意为祭祀或神职人员的阴谋、权术、把戏。

实际的人。很好。可还有什么比在这里崇拜你更实际的事情呢？我看到你、感到你、知道你就是神。穆斯林说，没有神，只有真主。吠檀多则说，没有不是神的东西。这样的说法可能会吓到你们很多人，但你们会逐步理解它的。活生生的神在你们之内，可你们却在建造教堂和庙宇，相信各种虚构的鬼话。唯一应该崇拜的神就是人们身体内的人的灵魂。当然，所有动物也是这样的庙宇，但人是最高级的，是泰姬陵。如果我不能在那里崇敬神，其他庙宇也不会有任何益处。当我意识到神就在每个人的身体这座庙宇中的那一刻，当我怀着敬畏站在每个人面前并在他之内看到神的那一刻，我就从束缚中解脱了，一切束缚都会消失，而我则是自由的。

这是最实际的崇拜，与理论和思辨一点关系都没有。但它令很多人感到害怕，他们说这是不对的，继续把祖辈流传下来的古老理想加以理论化，说天堂某处的神告诉了某个人说他是神。从那时起，我们就只有理论了。在他们看来，这才是实际的，而我们的观念则是不切实际的！毫无疑问，吠檀多说每个人都必定拥有自己的道路，但道路并不等同于目标。对天堂中的神和所有这些东西的崇拜并不是坏事，但这仅仅是通向真理的阶梯而非真理本身。这些阶梯很好很美丽，也包含着一些绝妙的想法，但吠檀多每时每刻都在说："我的朋友，你崇拜的祂是未知的，我则崇拜你。你崇拜的祂是未知的，你在整个宇宙中寻找祂，但祂其实始终与你同在。你正在亲身经历祂，而祂则是宇宙永恒的见证者。""所有吠陀都崇拜祂，不，还不止如此，祂还永远存在于永恒的‘我’之中。祂存在，整个宇宙才存在。祂是整个宇宙的光和生命。如果这个‘我’不在你之中，你就不会看到太阳，一切都会是一团漆黑。祂在闪耀，你才看到了世界。”

有一个常见的问题可能会导致极大的困难。我们每个人都会认为："我是神，无论我做什么、想什么都必须是善的，因为神从来不作恶。"首先，即便假定这种误解的危险是理所当然的，但这难道能够证明在另一面就不存在同样的危险吗？人们一直在崇拜一个在天堂里的、与自己相分离的神，并对这个神充满了恐惧。他们天生就在因恐惧而颤抖，而且一生都将这样颤抖下去。这世界是否因此而变得更好了？理解并崇拜一个人格化的神的人，以及理解并崇拜一个非人格化的神的人，究竟哪一方才是世界的伟大行动者、不可思议的行动者、不可思议的道德力量？当然是崇拜非人格化的神的那一方。你怎么可能期待道德会通过恐惧而产生出来呢？绝无可能。"如果一个人看到另一个人、听到另一个人，这就是摩耶。如果一个人没有看到另一个人、没有听到另一个人，如果一切都成为了真我，那么谁看到了谁，谁又感知到了谁呢？"一切都是祂，同时也都是我。只有当灵魂变得纯洁时，我们才能理解什么是爱。爱不可能由恐惧而来，它的基础应当是自由。当真的开始爱这个世界时，我们才理解什么叫手足之情、什么叫人类，在此之前是绝无可能的。

所以，说非人格化的观念会在世上产生出巨大的邪恶，这是不对的，就好像相反的教义从未给邪恶的产生出过力，就好像它没有产生出用鲜血淹没世界的宗派主义并让人们恨不得把彼此撕成碎片。"我的神是最伟大的神，让我们通过自由的争斗来决定这一点吧。"无论在哪儿这都是二元论的产物。走出狭隘的小路，走进敞亮的天光，无限的灵魂怎么可能满足于在阴暗狭小的水沟里生活并死去？走进光的宇宙吧，宇宙中的一切都是你的，伸开你的双臂，用爱拥抱它。如果你曾经觉得自己想这样做，你就已经感受到了神。

你们要记住佛陀布道时说的那段话，记住他是如何向东南西北上下左右传递爱，直到整个宇宙都充满了爱，如此壮丽、伟大和无限。在拥有这样的感觉时，你就拥有了真正的人格。整个宇宙是一个人，放开那些琐碎的东西吧。为了无限者而放弃小的东西，为了无限的欢喜而放弃小的愉悦。所有这些都是你的，因为非人格化恰恰包含了人格化，所以神同时是人格化和非人格化的。而人、无限者、非人格化的人，则以人的样子来显现自己。无限的我们把自己限制成了各个小的部分。吠檀多则说无限才是我们真正的本性，它永不消失、永远存在。但我们被自己的业力限制，就像被绕颈的锁链拖进了这种限制中。挣脱锁链并变得自由吧，把法则（law）踩在你脚下。人的本性中没有法则，也没有命运或天意。无限中怎么可能有法则？自由才是它的格言。自由是它的本性，是它与生俱来的权利。自由吧，然后再拥有一些你所喜欢的人格。接着我们就像演员一样登场来扮演一群乞丐。请把这种演出与大街上蹒跚而行的真正乞丐做个对比。在这两种情况下，出现的场景、说出的话都可能是相同的，但看看有什么不同！一方享受着自己的乞讨，另一方则在其中受尽苦难。是什么造成了这种差别？一方是自由的，另一方则是被束缚的。演员知道自己的乞讨不是真实的，他只是在表演，真正的乞丐则认为这是自己再熟悉不过的状态，无论乐意与否都不得不忍受。这就是法则。只要没有关于自己真正本性的知识，我们就是乞丐，被大自然的每一种力量推来操去，成为大自然中一切东西的奴隶。我们到处哭喊以寻求帮助，帮助却从未到来。我向假想的存在物哭喊，帮助却永远不会来。但我们仍然希望得到帮助，因此在哭泣、哀嚎和希望中了此一生，而同样的游戏还在不断继续。

自由吧，不要从任何人那里希求任何东西。我确信，如果回顾一下自己的生活，你会发现自己总是徒劳地尝试从别人那里获得从不会到来的帮助。所有到来的帮助都来自你自己。你只会拥有自己的努力结出的果实，却匪夷所思地一直在希求帮助。有钱人的客厅总是人满为患，但如果留意就会发现，在那里找不到同样富有的人。访客们总是希望从有钱人那里得到些什么，却从来没能如愿。我们的生命就这样被耗费在希求、希求、希求上面，这可是永无止境的。吠檀多说：放弃这种希求吧。你为什么要希求呢？你拥有一切，不，你就是一切。你还在希求什么呢？要是国王发疯了，一个劲儿地寻找自己国家的国王，那可一定会落空，因为他自己就是国王。即使走遍每个村庄和城市，在每个房屋内寻找、哭泣和哀嚎，他都绝对找不到这个国王，因为他自己就是国王。我们最好知道自己就是神并放弃对神的愚蠢追寻。一旦知道自己就是神，我们就会变得幸福和满足。放弃所有疯狂的追求，然后扮演好自己在宇宙中的角色，就像扮演好舞台上的角色一样。

　　我们看到的一切都会发生改变，这个世界不再是永恒的监狱，而是一个游乐场，不再是充满竞争的土地，而是充满欢喜的土地。这里四季如春、鲜花盛开、蝴蝶飞舞，曾经是地狱的世界变成了天堂。在被束缚者眼里这是一片巨大的痛苦之地，在自由者眼里则完全不同。这个唯一的生命是普遍的，天堂和所有地方都在这里。所有神祇都在这里，据说他们是人的原型。但并不是神祇按照自己的样子创造了人类，而是人类创造了神祇。这里有因陀罗[1]、伐楼那[2]和宇宙中所有的神。我们投射出自己小小的卡[3]，我们才是神的起源，是真正的、唯一应该被崇拜的神。这就是吠檀多的观点，这就是它的实际性。当我们变得自由，就不必再发疯、弃绝社会并在洞穴或森林里匆匆走向死亡。我们可以待在原来的地方，但是会理解整个事情。现象没有改变，但具有了新的意义。我们其实还不了解世界，只有通过自由，我们才能看到世界是什么并理解它的本质。那时我们将看到，所谓的法则、天意或命运仅仅占据了我们本性中极小的一部分。这只是其中的一面，另一面中则始终都有自由存在。我们不知道这一点，所以

1　因陀罗（Indra）又名帝释天（Śakra），是印度教神明，最初被认为是雷神和众神之首，后来地位逐渐衰落。

2　伐楼那（Varuṇa），又译波楼那、婆楼那，意为包拥、遍摄，和因陀罗一样是雅利安人崇拜的古神。参阅巫白慧译解《〈梨俱吠陀〉神曲选》中对婆楼那的解释。

3　这里的"卡"原文是"double"，是英文中对古埃及人"Ka"一词的翻译。古埃及人认为人拥有不同的灵魂，"卡"是其中一种，具有和人一样的形象。在出生时，"卡"进入人体内，而当"卡"离开身体时，人就死亡了。可参阅本丛书卷二《智慧可以带我们到哪里——辨喜论智瑜伽》，辨喜在第一章的相关部分对此做了更为详细的解释。

才试图通过把脸埋在土里以避免自己的罪恶，就像惊恐的野兔（hunted hare）一样。我们试图通过妄想来忘记自己的本性，但其实是做不到的。它一直在呼唤我们，而我们对上帝、神祇或外在自由的一切追求，其实都是对自己真正本性的追求。我们听错了声音，以为它来自火、神或日月星辰，最后却发现它其实来自我们之内。在我们之内，永恒的声音言说着永恒的自由，它的旋律永不停歇。灵魂旋律的一部分已经成为了大地、法则、宇宙，但它过去是我们的，而且永远都是我们的。总之，吠檀多的理想就是了解人真正的样子。它传递的信息是：如果不能崇拜作为自己兄弟的人类、不能崇拜那个显现出来的神，你又如何能崇拜那未显现的神呢？

你们难道不记得《圣经》中的话了吗："不爱他所看见的弟兄，就不能爱没有看见的神。"[1] 如果不能在人类的脸庞中看到神，你又如何能够在云朵、在由麻木僵硬的物质制造的形象或仅仅由我们的大脑虚构出来的故事中看到祂呢？从你开始在男男女女中看到神的那一天起，我就可以说你是虔诚的了，然后你就会理解什么叫在别人打你右脸时把左脸也伸过去。[2] 当你把人视作神时，甚至包括老虎在内的一切东西都将受到欢迎。你遇到的一切都不过是万物之主，是永恒的、有福佑的一，祂以各种形式向我们显示，比如我们的父亲、母亲、朋友和孩子——他们就是我们自己

1　《新约·约翰福音》4.20。

2　出自《新约·马太福音》5.39："只是我告诉你们：不要与恶人作对。有人打你的右脸，连左脸也转过来由他打。"

的灵魂，与我们一起玩耍。

　　人类的关系将因此变得神圣，所以我们与神的关系也就可以采取任何这样的形式，我们可以把祂视为自己的父亲、母亲、朋友或挚爱之人。把神称为母亲比把祂称为父亲还要理想，称祂为朋友则更理想，最理想的则是称祂为挚爱之人。最高级的状态是看到爱者和被爱者之间没有区别。你们可能还记得那个古老的波斯故事：一个爱者来到他所爱之人的门口并敲门，里面问道："你是谁啊？"他回答说："是我啊。"可是没有任何回应。第二次他又来了，而且大声喊道："我在这里。"但门还是没有开。他第三次来的时候，门里的声音问道："是谁在那儿？"他回答说："我就是你自己啊，我的爱人。"然后门就开了。神与我们的关系也是如此。祂在万物之中，祂就是万物。每个男人和女人都是可以触摸到的、欢喜的、活生生的神。谁说神是未知的？谁说祂需要被追寻？我们已经永恒地发现了神，永恒地生活在祂里面，祂在任何地方都被永恒地知道、永恒地崇拜。

　　还有一点是：其他的崇拜形式也并不是错误。一个需要牢记的要点是：那些通过仪式和形式崇拜神的人，无论看上去多么粗糙，也都是没有错的。这是从真理到真理、从较低的真理到较高的真理的旅程。黑暗是较少的光明，恶是较少的善，不纯洁是较少的纯洁。必须始终牢记：我们应该充满同情地、用爱的眼光看待他人，知道他们正沿着那条我们曾走过的道路前进。如果你是自由的，就必定会知道所有东西总有一天都会自由。如果你是自由的，怎么可能会看到无常？如果你真的是纯洁的，怎么可能看到不纯洁的东西？在外部感知到的东西其实就是我们之内的东西。如果我们之内没有不纯洁，就不可能看到不纯洁。这就是吠檀多实际的方面，我希望大家都能在生活中把它付诸实践。我们的整个生命都是对它的践行，而我们所获得的最大益处就是能够带着满意、满足去行动，而不是带着不满意、不满足去行动，因为我们知道真理就在我们之内，我们天生就拥有它，需要做的只是让祂显现、让祂变得实实在在。

实际的吠檀多（三）

伦敦　1896 年 11 月 17 日

我们在《歌者奥义书》里读到，一位名叫那罗陀的智者去拜访另一位名叫永童仙人[1]的智者，向他问了各种问题，其中一个是宗教是否真的是事物的原因。永童仙人一步步地引导他，告诉他有一些比地球更高级的东西，还有比那更高级的东西，以此类推，直到空元素（ākāśa）、或者说以太[2]。以太比光更高级，因为以太里有日月星辰。我们在以太里生活、在以太里死亡。然后问题就来了：是否还有比这更高级的东西呢？永童仙人说是生命气（prāṇa）。根据吠檀多的说法，生命气是生命的原则。它是像以太一样遍在的原则，发生在身体上或其他任何地方的活动都是生

1　那罗陀（Nārada）相传是《梨俱吠陀》中一些真言的作者，是神和人之间的使者。参阅季羡林译《罗摩衍那》第一篇注释 2。永童仙人（Sanatkumāra）是传说中梵天的儿子之一，这个词的字面意思就是永远年轻，黄宝生译作"萨那特鸠摩罗"。这里所讲的故事请参阅《歌者奥义书》7.1。

2　空元素是印度传统中"地、水、火、风、空"五大元素之一，辨喜将其译作以太。

命气的运作。它比空元素更伟大，通过它万物才得以生存。生命气存在于母亲、父亲、姐妹、老师之中，它就是知者。

我会读另一段话，其中希婆多盖杜向自己的父亲询问关于真理的事情，但父亲却告诉他另外一些事情并总结说："作为万物原因的那个东西，万物皆从它而出。希婆多盖杜啊，它就是一切，它就是真理，它就是你。"然后他举了各种例子："希婆多盖杜啊，就像一只蜜蜂从不同的花朵中采集蜂蜜，这些不同的蜂蜜并不知道自己来自不同的树木、不同的花朵。就这样，我们所有人都来到那个存在那里，却不知道我们曾经就是那样的。现在，那精妙本性中的一切都拥有自我。它就是真理。希婆多盖杜啊，它就是大我、就是你，汝即那。"他还举了关于河流涌向大海的例子："就像河流在涌向大海时，不知道自己曾经是各种不同的河流，当我们从存在中脱离，也不会知道自己就是它。希婆多盖杜啊，汝即那。"[1] 他就这样继续自己的教导。

现在有两条关于知识的原则。第一条是，我们通过把特殊指向一般、把一般指向普遍来获取知识；第二条是，在解释需要解释的东西时，要尽可能遵循它的本性。遵循第一条原则，我们看到所有的知识实际上都由分类构成，这些分类会变得越来越高。当一件事情单独发生时，我们并不对此感到满意。当可以表明同样的事情一次又一次发生时，我们会感到满意并称其为法则。当发现一个苹果掉下时，我们不会感到满意；但当发现所有苹果都

1　参阅《歌者奥义书》6.8—10。

会掉下时，我们会称其为万有引力定律并感到满意。事实是，我们从特殊中推断出一般。

当想要学习宗教时，我们也应该遵循这种科学的过程。同样的原则在这里也成立，而且实际上我们会发现这是一以贯之的方法。在阅读这些我为你们翻译的书时，可以追溯到的最原初的想法就是从特殊到一般的原则。我们看到"明亮的东西"如何融合成一条原则；同样，在关于宇宙的观念中，我们发现古代的思想家们如何向越来越高的地方前进——从精微的（fine）元素走向更精微、更具包容性的元素，从特殊走向遍在的以太，他们甚至从这里出发走向那包容一切的力量，或者说生命气。在所有过程中都贯穿着这个原则，即一个东西并不是与其他东西相分离的。可以说，这就是存在于生命气的更高级形式里的以太，或者可以说，生命气的更高级形式变得具体化、变成了以太，而以太则会变得越来越粗大。

对人格化的神的概括正是另一个例子。我们已经看到这种概括是如何产生的，这可以被称作所有意识的总和。但还是有一个困难存在——这是一种不完全的概括。我们只考虑了关于自然的事实的一个方面并在此基础上进行概括，但另一个方面却被忽视了。因此，这首先是一种有缺陷的概括。它的另一个不足之处则与第二个原则有关。一切解释都应该从其本质出发。或许有人会认为每个掉向地面的苹果都是被一个鬼魂拽下来的，但真正的解释则是万有引力定律。尽管我们知道后者也并不是一个完美的解释，但还是比前者强得多，因为后者是从事物自身的本质得来的，前者却设定了一个无关的原因。我们的整个知识都是如此。基于事物自身本质的解释是科学的解释，而引入一个外在施事者（agent）的解释则是不科学的。

把一个人格化的神解释为宇宙创造者的解释也要经受这种检验。如果说那样一个神在自然之外、与自然没有任何关联，自然又是那个神的命令的结果、是从无中产生的，这肯定是一种非常不科学的理论，而这正是自古以来一切有神论宗教的共同弱点。我们在通常所谓的一神论中发现的缺陷是：人格化的神拥有经过极大扩展的所有人类属性，凭借自己的意志从无中创造了宇宙，可这个宇宙又是与它相分离的。这导致了两个困难。

首先，如我们看到的那样，这不是一个充分的概括；其次，这不是一种从本质（nature）出发的对自然的解释。这种解释认为结果并不是原因，而且原因完全与结果相分离。但人类的所有知识都表明，结果只是另一种形式的原因。现代科学的发现每天都在向这样的观念靠拢，而最新的被广泛认可的理论是进化论，它的原则就是：结果就是另一种形式的原因，是一种对原因的重新调整，而原因以结果的形式再次出现。无中生有的理论会被现代的科学家嘲笑。

现在，宗教可以经受住这些考验吗？如果有任何宗教理论可以经受住这两个考验，它就会被现代的心灵、思考着的心灵认可。我们要求现代人去相信的另一种理论则存在于神职人员的权威中、在教堂里、在书本上，人们没法接受这种理论，而结果就是骇人听闻的信仰丧失。即便是表面看上去有信仰的人，他们心里还是有巨大的信仰缺失。其余人则避开宗教、放弃宗教，只把宗教当作宗教权谋。

宗教已经沦为一种民族化的形式，但仍然是我们的社会残留下的最好的东西之一，就让它这样下去吧。现代人的祖先所感受到的那种宗教的必要性现在已经荡然无存了，宗教并不满足我们的理性。这样一种人格化的神的观念、这样一种关于创世的观念——通常被称为一神教——现在难以为继了。由于佛教徒的存在，它在印度难以为继，而这正是佛教徒在古代取得胜利的关键所在。他们证明，如果我们允许自然拥有无限的力量，那么自然就可以创造出所有自己想要的东西，所以根本没有必要坚持说在自然之外还有什么东西存在，甚至连灵魂都是不必要的。

关于实体和属性[1]的讨论非常古老，有时你会发现，古老的迷信在今天仍然存在。你们大多数人都知道中世纪是怎样的，而我要遗憾地说，甚至在很久之后，这些话题仍然是讨论的主题：属性是否依附于实体？长度、宽度、厚度是否依附于那些僵死的物质实体？当属性不存在后实体是否残留？针对这些，我们的佛教徒说道："你们没有理由保留这样一种实体的存在，存在的只有属性，你不可能看到超越于属性之上的东西。"这正是当代大多数不可知论者的立场。在一个更高的层面上，实体和属性的争斗采取了本体（noumenon）与现象（phenomenon）的争斗的形式。有一个现象的世界，它是不断变化着的宇宙，而在它背后还有一

1　实体（substance）和属性（qualities）是源自亚里士多德《范畴篇》的概念。实体是属性的承载者，在语法上通常体现为主词；属性是描述实体的，在语法上通常体现为谓词。比如在"亚里士多德是聪明的"这条命题中，"亚里士多德"就是实体，"是聪明的"就是属性。属性也可以称为性质。

个世界，它是不变的。存在的这种二元性，即本体和现象的二分，被有些人认为是正确的，另一些人则有更有力的理由声称人们无权承认这两者，因为我们看到、感觉到和思考的都不过是现象。人们无权断言在现象之外还有任何东西存在，对此其实是没有答案的。我们能得到的唯一答案来自吠檀多的一元论。的确只有一个东西存在，但这个东西既是现象也是本体。并不是有两种存在——一种在变化，而在这种变化中或通过这种变化还有一种不变的东西存在；在变化着的东西和实际上并不变化的东西，完全是同一个东西。我们曾认为有很多身体、心灵和灵魂，但实际上只有一个东西，这个唯一的东西出现在各种形式中。我们可以采用一元论者的著名解释：绳子呈现出蛇的样子。[1] 有些人在黑暗中或出于其他原因而把绳子误认为蛇，可一旦知识出现，蛇就消失了，人们发现这不过就是一根绳子。通过这个例子我们看到，当蛇存在于心灵中时绳子就消失了，而当绳子存在时蛇就不见了。当我们看到现象围绕着我们而且只有现象围绕着我们时，本体就消失了，而当看到不变的本体时，现象自然也就消失了。现在，我们能更好地理解实在论者和唯心论者[2]的立场。实在论者只看到了现象，唯心论者则只看到了本体。一个已经获得感知力

1　这是印度古代的著名比喻，可参阅《圣教论》第二章第 17、18 颂和《示教千则》散文篇第二章第 55 节（乔荼波陀《圣教论》，巫白慧译释，商务印书馆 1994；商羯罗《示教千则》，孙晶译释，商务印书馆 2012）。

2　这里所说的实在论（Realism）和唯心论（Idealism）是来自西方哲学的术语。简单地说，唯心论也被译为"观念论"，主张观念而非外部事物才是知识的对象，而对象和性质是依赖于我们心灵的；实在论则认为对象和性质是客观存在的，独立于我们的心灵。

量的真正唯心论者，可以摆脱所有变化的观念，因为对他而言多变的宇宙已经消失，而他有权利说这不过都是妄想，根本就没有变化存在。与此同时，实在论者则看着多变的宇宙，对他来说不变的东西消失了，所以自己有权利说变化都是真实的。

从这种哲学可以得出什么结论呢？那就是：人格化的神的观念是不充分的。我们必须到达更高的地方，到达非人格化的观念。这是唯一符合逻辑的步骤。并不是说人格化的观念由此会被摧毁，不是说我们提供了人格化的神不存在的证据，而是说我们必须到达非人格化的神才能解释人格化，因为非人格化是比人格化高级得多的概括。只有非人格化是无限的，人格化则是有限的。因此我们保留了人格化，并没有摧毁它。时常会有这种怀疑升起：如果我们达到非人格化的神的观念，人格化就会被摧毁；如果我们达到非人格化的人的观念，人格化就会消失。但吠檀多的观念并不是对个体的摧毁，而是对个体的真正保留。除了通过诉诸普遍、通过证明个体其实就是普遍的之外，我们不可能通过任何其他方式来证明个体性的存在。如果我们认为个体与宇宙中任何其他的东西相分离，它就片刻也不能存在。这样的东西不可能存在。

我们得到的第二个结论是：通过对第二种原则的运用，即对一切的解释都必须出自该事物的本质，我们被引向一种更勇敢也更难理解的观念。这种观念不过是说：非人格化的存在者、我们的最高程度的概括，其实就在我们之内，而且那就是我们。"希婆多盖杜啊，汝即那。"你就是那个非人格化的存在者，你在整个宇宙中一直追寻的那个神始终就是你自己——这个你自己是在非人格化意义上的，而不是人格化意义上的。我们知道的那个人、显现出来的那个人，是人格化的，但它的实在是非人格化的。为了理解人格化，我们必须诉诸非人格化，正如特殊必须诉诸一般，而那个非人格化的东西才是真理、是人的大我。

与此相关的问题有很多，我会在随后尝试给出回答。有很多困难会出现，但首先让我们清楚地理解一元论的立场。作为显现出来的存在者，我们看上去的确是相分离的，但我们的实在是一，而且我们应该尽可能少地认为自己是与那个一相分离的。我们越是觉得自己与那个整体相分离，就会变得越痛苦。从这条一元论的原则我们可以获得道德伦理的基础，而且我敢说，这种基础不可能从任何别的地方被获得。我们知道，最古老的道德伦理观念出自某些特殊存在或存在者的意志，但这样的观念现在很少被人认可了，因为它们不过是部分性的概括。印度教徒说我们必须这样做或那样做，因为吠陀是这么说的，可是基督教徒不会遵循吠陀的权威。基督教徒说你必须这样做或那样做，因为《圣经》是这么说的，可这对于不相信《圣经》的人就毫无约束力。但是，我们必须拥有一种理论，它宏大到能够把所有这些根据都囊括进来。正如有成百上千的人愿意相信一个人格化的造物主，同样有成百上千最明智的人觉得这样的观念对他们来说是不够的，并且想要更高级的东西，只要宗教没有广阔到能把这些社会上最明智的心灵容纳进来，结果肯定就是这些心灵总是被排斥在宗教之外。这一点从没有像今天这么明显，尤其是在欧洲。

因此，想要包容这些心灵，宗教就必须变得足够广泛。它的一切主张都必须能够从理智的角度加以判断。没有人知道为什么宗教应该声称自己可以不遵守理性的立场。如果不采取理性的标准，即便在宗教中也不可能有任何真实的判断。一种宗教可能把某件无比丑陋的东西奉若神明。比如，有的宗教允许他的信徒去杀死所有不信仰他们宗教的人，必须用火和刀剑对付他们。现在如果对这样一个信徒说这是错误的，他自然会问道："你怎么知道？你怎么知道这不好？这可是我的经典说的啊。"如果你说你的经典更古老，佛教徒就会站出来说他们的经典还要古老得多。然后还有印度教徒说他们的经典才是最古老的。所以，参照经典是行不通的。比较这些说法的标准究竟在哪里呢？你们会说，看看耶稣的登山宝训[1]吧，而穆斯林会说，看看《古兰经》的律法。这两者中的哪一个才是更好的、可以作为仲裁者？《新约》和《古兰经》都无法成为他们之间争论的仲裁者。必须有某个独立的权威，并且不可能是任何书籍，而应该是某种普遍的东西。可还有比理性更普遍的东西吗？据说理性不够强大，它并不总是能够帮助我们达到真理，经常出错，所以结论就是我们必须相信教会的权威！一位罗马天主教徒就曾这么对我说，可我看不出其中有什么逻辑。另一方面我应该说，既然理性如此脆弱，神职人员肯定就更加脆弱，我才不会接受他们的裁决，但我仍会遵循自己的理性。尽管理性有脆弱之处，但人们还是有机会通过它达到

1　登山宝训（Sermon on the Mount）指《新约·马太福音》第 5 至第 7 章中记载的耶稣在山上所说的话，被认为是基督教徒生活言行的准则。

真理，可通过其他方式就完全没有希望。

因此我们应该遵循理性并且同情那些遵循理性却没有获得任何信念的人。即便在理性的引导下成为无神论者，也比出于任何权威而盲目地相信两亿个神灵要好。我们想要的是进步、发展、亲证。没有任何理论能够使人变得更高级，再多的书籍也不能帮助我们变得更纯洁。唯一的力量在于亲证，而这其实就在我们自己这里，就来源于我们的思考。让我们思考吧。一块土从不思考，它永远只是一块土。人的荣耀就在于他是一个思考着的存在者。人的本性就是去思考，因此他才与动物不同。我相信理性，而在理性的指引下我已看到关于权威的太多弊端，毕竟我出生在一个已经把权威推向极端的国家。

印度教徒相信创造来自吠陀。你怎么知道有一头牛存在？因为吠陀里有"牛"这个词。你怎么知道在你之外有一个人存在？因为吠陀里有"人"这个词。不然的话，在你之外就没有人了。印度教徒就是这么说的。这可真是权威的复仇啊！它还没有像我主张的那样被加以研究，就已经被一些最有力的心灵接受了，围绕着它的还有一堆奇妙的逻辑理论。他们把它推理出来，它就在那里——一整套哲学体系。几千年来，成千上万最卓越的聪明人致力于去研究这种理论。这就是权威的力量，其中的危险可真是大啊。这阻碍了人类的发展，可我们绝不能忘记自己是想要成长的。我们要自己去操练，即便只能获得相对性的真理而非真理本身。这就是我们的生命。

一元论的优点在于，它是我们可设想的所有宗教理论中最理性的了。在任何其他理论中，任何关于神的片面的、渺小的、人格化的观念都是非理性的。但一元论是非常宏大的，包含了所有关于神的片面的观念，这些观念对于很多人来说都是必不可少的。有些人说那种人格化的解释是非理性的，但这种解释毕竟可以给人带来慰藉。有人要想一种能带来慰藉的宗教，我们也理解这对他们来说是必不可少的。很少有人能够在今生承受真理的光明，能去践行真理的人就更少了。因此，这种可以令人感到舒适的宗教应该存在，它能帮助很多灵魂变得更好。渺小的心灵是非常有限的，它们只需要很少的东西就可以被建立起来，从不需要在思想的高空冒险翱翔。对它们来说，即便那些关于渺小的神祇和象征的观念也会是非常好的、有帮助的。但你必须理解非人格化，因为只有通过它才能使其他东西得到解释。以一个人格化的神的观念为例。一个理解并相信非人格化的人——比如约翰·斯图亚特·密尔[1]——可能会说，一个人格化的神是不可能的，也无法被证明。我赞同他说一个人格化的神是不能被展示出来的。但我们说的那个祂是对人类理智所能及的非人格化的最高层次的解读，而除了对那个绝对者的各种不同的解读之外，宇宙中难道还有别的东西吗？它就像是我们面前的一本书，每个人都用自己的理智理解它，而且每个人都必须亲自解读。在所有人的理智中有某些共同的东西，因此某些事情对人类的理智来说是一样的。你和我看到一把椅子这一点证明，在我们的心灵中有某种共同的东

---

[1] 约翰·斯图亚特·密尔（John Stuart Mill，1806—1873），十九世纪英国的功利主义哲学家、经济学家。代表作有《穆勒名学》（A System of Logic）、《论自由》（On Liberty）等。

西。假设有一个拥有不同感官的存在者，他可能完全无法看到椅子；但所有拥有相似构造的存在者都会看到相同的东西。因此宇宙自身就是绝对者，是那个不变的东西，是本体，现象则是对本体的理解。因为你首先会发现所有现象都是有限的。我们看到、感到、思考的每个现象都是有限的，受到我们知识的限制，而我们把祂设想为人格化的神这一点，实际上就是一种现象。因果关系的观念仅仅存在于现象的世界，而作为宇宙之原因的神必定会被认为是有限的，而祂则是同一个非人格化的神。如我们看到的那样，宇宙与我们的理智解读出的那个非人格化的存在是相同的。宇宙中的任何实在都是那个非人格化的存在，而形式和概念则是我们的理智赋予它的。这张桌子里真实存在的东西就是那个存在，而桌子的形式和其他形式则由我们的理智产生出来。

比如，运动是附属于现象的，不能被用来描述普遍者。任何小的微粒、宇宙中的任何原子都处在不断的变化和运动中，但作为一个整体的宇宙则是不变的，因为运动或变化只是一种相对的东西，我们只能将运动中的某物与不在运动中的某物进行比较。因此，为了理解运动，必须有两个事物存在。作为一个统一体的宇宙全体是不可能运动的。它的运动是相对于什么而言的呢？我们不能说它在改变。它的改变是相对于什么而言的呢？所以整体就是绝对者，但其中的每个粒子都在不断的流动和变化中。它同时既是不变的又是可变的，既是非人格化的又是人格化的。这就是我们关于宇宙、运动和神的观念，这就是"汝即那"的含义。因此我们看到，非人格化并不是要消除人格化，绝对者并不是要瓦解相对的东西，我们只是在解释人格化和相对的东西，以达到理性和心的完全满足。人格化的神和所有存在于宇宙中的东西都同样是那个非人格化的存在，只是透过我们的心灵被看到罢了。当摆脱了自己的心灵、摆脱了那些微不足道的个体性时，我们就会与祂合而为一。这就是"汝即那"的含义。我们必须知道自己真正的本性，知道那个绝对者。

有限者——显现出来的人——忘记了自己的来源，认为自己是完全分离的。我们这些个人化的、有区别的存在者忘记了自己真实的样子，但一元论的教导并不是让我们放弃这些区分，而是说我们必须学着理解这些区分究竟是什么。我们其实就是那个无限的存在，我们的个体性呈现了那个无限的实在显现自身的许许多多的渠道，而我们称为进化的那种改变的整体，是由试图更多显现自身无限能量的灵魂产生出来的。我们不可能在无限这一面的任何地方停留，我们的力量、福佑和智慧注定会向无限者生长。无限的力量、存在与福佑都是我们的，我们也必定会获得它们。它们本就是我们的，我们只需让它们显现。

这是一元论的核心观念，也是很难理解的。自孩童时代起，我身边的每个人都在教授软弱，自出生以来我就被告知自己是个软弱的家伙。我很难意识到自己的力量，但通过分析和推理我获得了关于自己力量的知识，亲证了这一点。我们在这个世界上拥有的一切知识究竟从哪儿来？其实这些知识就在我们之内。在我们之外有知识吗？没有。知识不在物质中，它始终都在人这里。知识不是被创造的，而是从人之内得出的。它就在那里。一棵巨大的榕树遮住了几英亩的土地，但这棵树却源自那粒小小的种子，或许还没有芥菜籽的八分之一大，可所有能量都被封闭在那里。我们知道，巨大的理智盘绕在原生质细胞（protoplasmic cell）中，那么，无限的能量为什么不能也盘绕在那里呢？我们现在知道情况就是如此。这看上去像是个悖论，却是实情。我们每个人都来自一个原生质细胞，而我们拥有的一切力量都盘绕在那里。你不能说它们来自食物，因为就算你把食物堆得像山那么高，又能从中产生出什么力量呢？能量在那里，尽管可能是潜在的，但毫无疑问就在那里。人的灵魂中的无限力量也是如此，无论他是否知道这一点。这些能量的显现只是是否被意识到的问题。这个无限的巨人正在慢慢觉醒，逐渐意识到自己的力量并唤醒自己。随着意识的增长，越来越多的束缚被打破，越来越多的锁链被打碎，总有那么一天，这个巨人会站起来并屹立在那里，充分觉知到自己无限的力量和智慧。让我们都来助力加速这种光荣的圆满吧。

实际的吠檀多（四）

伦敦　1896 年 11 月 18 日

　　到目前为止我们都在讨论普遍性。今天上午我会向你们呈现吠檀多关于特殊与普遍之间关系的观念。如我们看到的那样，在二元论形式的吠陀原则中——这也是它早期的形式——对于每个存在者而言都有一个得到明确规定的、特殊的、有限的灵魂。有大量关于每个个体中这种特殊灵魂的理论，但主要的讨论发生在古代吠檀多主义者和古代佛教徒之间，前者相信个体灵魂本身就是完整的，后者则完全否认这种个体灵魂的存在。如我几天前讲过的那样，这与欧洲关于实体和属性的讨论几乎完全一样，一方认为属性背后有某种作为实体的东西存在，属性是实体固有的；另一方则否认这种实体的存在，因为它是不必要的，属性自己就可以存在。当然，关于灵魂的最古老的理论还是基于关于自我同一性的论点——"我是我"——也就是说，昨天的我是今天的我，而今天的我也会是明天的我。尽管身体发生了各种变化，但我相信我还是同一个我。这似乎是那些相信一个有限的、完全完整的、独立的灵魂的人所持的核心论点。

另一方面，古代佛教徒否认这种假设的必要性。他们提出的论点是：我们所知道的和所能知道的只是那些变化的东西。设定不可改变和不会变化的实体是多余的，即使存在这么一个不可改变的东西，我们也不可能理解它，不可能在任何意义上认识它。你会在当下的欧洲发现同样的争论，争论的一方是笃信宗教者和唯心论者，另一方是现代的实证主义者（positivists）和不可知论者。前者相信存在一个不变的东西（最新的代表就是你们的赫伯特·斯宾塞[1]），相信我们瞥见了某个不可改变的东西。后者则以现代的孔德主义者[2]和不可知论者为代表。对前些年斯宾塞和弗雷德里克·哈里森[3]的讨论感兴趣的人可能会注意到，他们面对的是同样古老的困难：一方主张一个在可变化之物背后的实体，另一方则否认这种设定的必要性。一方说，如果没有对某种不变东西的设想我们就不可能设想变化；另一方则争论说这是多余的，我们只能设想变化的东西，不可能知道、感到或把握到不变的东西。

在古代印度，这个大问题并没有得到解决，因为我们已经

1 　赫伯特·斯宾塞（Herbert Spencer, 1820—1903），英国哲学家、社会学家、教育家、社会达尔文主义的创始人，主张把进化论推广到人类社会领域，代表作有《心理学原理》（*Principles of Psychology*）。

2 　这里的"孔德主义者"原文为"Comtists"，指的是孔德式实证主义者（Comte's positivists），代表人物是法国哲学家奥古斯特·孔德（Auguste Comte, 1798—1857），主张正确的认知只能来自注重经验的科学和对日常事物的观察。

3 　弗雷德里克·哈里森（Frederick Harrison, 1831—1923），英国法学家和历史学家，是当时孔德式实证主义的拥趸。

看到，关于属性背后那个不是属性的实体的假设永远不可能被证实。甚至自我同一性论证、关于记忆的论证也无法被证实，这些论证说，我之所以是昨天的我是因为我记得这一点，因此我是一个持存的东西。常见的另一种诡辩则不过是语词上的迷惑。例如，有人可能会说一系列这样的句子："我做""我走""我做梦""我睡觉""我移动"；在这些句子中你会发现，做、走、做梦等都是变化，但保持恒常的只有那个"我"。因此这些人得出结论说，这个"我"是一个恒常的东西，并且就其自身而言是一个个体，而所有变化都属于身体。这种说法虽然看上去非常清晰且有说服力，但不过是文字游戏。这里的"我"与做、走、做梦等，或许在字面上是可以相分离的，但没有人可以在心灵中把它们分开。

在吃东西的时候，我认为自己在吃——我被识别为[1]是在吃。在奔跑的时候，我和奔跑并不是两个相分离的东西。因此人格同一性论证似乎并不很有力。关于记忆的论证也很无力。如果我存在的同一性的代表就是我的记忆，那么很多被我忘记的东西就会从这种同一性中消失。但我们知道人们在特定情况下会忘记自己的整个过去。很多时候一个精神错乱的人会认为自己是用玻璃做的，或者是一只什么动物。如果那个人的存在取决于记忆，他就真的成了玻璃制品，但这显然不是事实。我们不能让自我的同一

1　这里的"认为自己在吃"原文是"I think of myself as eating"；"被识别为"原文是"identified with"，也可以理解为"等同于"。所以下一句话才说我和奔跑不是两个相分离的东西，因为"等同于"意味着这两个东西是密切关联在一起的，但这种表达被译为汉语后显得有些奇怪。

性依赖于像记忆这样脆弱不堪的实体。因此可以看到，灵魂虽然是有限的，但拥有完整而持存的同一性，它不可能在与属性相分离的情况下得以确立。我们不可能确立一种狭小的、有限的存在，然后让一堆属性附着于其上。

另一方面，古代佛教徒的论证似乎更有力——我们不知道也不可能知道任何超出那些属性的东西。在他们看来，灵魂由一堆被称作感受和感觉的属性组成。所谓灵魂不过就是这样一堆东西，而这堆东西是在不断变化的。

关于灵魂的不二论（advaitist theory）调和了上述立场。不二论的立场是：我们的确不能认为实体是与属性相分离的，也不能同时思考变化和不变，这都是不可能的。然而，是实体的东西其实就是属性，实体和属性并不是两个东西。它是不可改变的，却显示为可变的。宇宙的不可改变的实体并不是某个与宇宙相分离的东西。本体并不是与现象不同的东西，实际上恰恰是本体成为了现象。从另一个角度看，有一个不变的灵魂存在，而我们所谓的感觉、感知，不，甚至所谓的身体，都是那个灵魂。我们已经习惯于认为自己拥有身体和灵魂，但实际上只有一个东西存在。

当把自己视为身体的时候，我就只是一具身体，此时说我是别的东西是没有意义的。当认为自己是灵魂的时候，身体就消失了，关于身体的感知也荡然无存。只要关于身体的感知不消失，人们就不可能感知到大我；只要关于属性的感知不消失，人们就不可能感知到实体。

那个关于把绳子当成蛇的古老二元论示例或许可以进一步阐

明这一点。当一个人把绳子误认为蛇时，绳子就消失了；而当他把它认作绳子时，蛇就消失了，只有绳子存留下来。关于有两种或三种存在的推理所依据的材料并不充分，我们在书中读到这些观念或听说了它们，直到我们陷入妄想，以为自己真的拥有关于灵魂和身体的双重感知，但这样的感知其实从不存在。感知要么是关于身体的，要么是关于灵魂的。它不需要任何论证来证明自己，你可以在自己的心灵中检验它。

请尝试把自己当作一个灵魂、一个无形体的东西。你会发现这几乎是不可能的，而极少数能够做到这一点的人会发现，当意识到自己是灵魂的时候，他们不会拥有任何关于身体的念头。你们已经听说过或目睹过那样一些人，他们因为深度冥想、自我催眠、歇斯底里或服用药品而在特定情形下进入了奇妙的精神状态。从他们的经验中你可能会得到这样的信息：当感知某个内在东西的时候，外在的东西对他们来说就消失了。这表明存在的东西其实就是一，它以各种形式显示出来，而所有这些形式产生了原因和结果的关系。原因和结果的关系是一种演化——一方变成另一方，以此类推。有时候原因消失了，只有结果还存在。如果灵魂是身体的原因，那么在灵魂消失的时间内身体就会存留，而当身体消失时灵魂就会存留。这种理论否认了二元对立，并表明实体和属性就是以各种形式显示出来的同一个东西，这样就可以契合佛教徒提出的反对身体和灵魂二元论假定的论证。

我们还看到，关于不可改变的东西的观念只能作为一个整体而得以确立，它不可能是关于整体中的部分的。关于部分的观念恰恰来自变化或运动的观念。我们能够理解和知道的每个东西都是有限的，因为它们是可改变的；而整体必定是不可改变的，因为在它之外的东西不可能与变化有关。变化总是相对于某个不变的东西或相对变化较少的东西而言的。

因此，根据不二论，普遍的、不可改变的、不朽的灵魂观念可以被尽可能地加以证明，而其中的困难与特殊性有关。我们该如何对待那些束缚我们的、我们都必须经历的古老二元论理论呢——这些理论相信有限的、渺小的个体灵魂？

我们已经看到，就整体而言我们是不朽的，但困难在于，我们如此渴望自己作为整体的一部分也能不朽。我们已经看到自己是无限者，那才是我们真正的个体性，但我们还是非常想让这些渺小的灵魂成为单独的个体。我们在日常经验中发现这些渺小的灵魂是个体，唯一的保留之处是认为它们是不断成长的个体，那么，这些灵魂究竟会怎样呢？它们既是同一个东西，又是不同的。昨天的我是今天的我，但也不完全是，因为还是有些什么东西改变了。现在，通过摆脱二元论的观念，接受在所有变化中存在着不变的东西的观念，或者接受最现代的进化论观念，我们会发现："我"是一个不断变化、扩展的东西。

如果人类真的由软体动物进化而来，软体动物的个体性就是与人类相同的，只是需要在很大程度上扩展而已。在从软体动物到人类的过程中，有一种持续的、朝向无限的扩展。因此，有限的灵魂可以被塑造成一个不断朝向无限个体扩展的个体。只有在达到无限者时才能达到完美的个体性，而就无限者这一侧来说，它是不断变化、成长的人格。吠檀多不二论体系的一个显著特征在于调和了已有的体系。很多时候它对哲学非常有帮助，有时则会损害哲学。古代哲学家其实知道我们所谓的进化论，这种成长是逐渐地、一步一步进行的，而对这一点的认知则引导他们去调和已有的体系。因此，之前的观念没有一个被拒斥掉。佛教信仰的错误在于，没有包含关于这种持续的、广泛的成长的官能或感知，甚至从未自己尝试攀登那些已有的朝向理想的阶梯，因为认为它们无用和有害而将其拒斥掉了。

宗教中的这种倾向是最有害的。一个人有了一个新的、更好的想法，然后回顾那些被自己抛弃的想法，就匆忙确定它们是有害的、多余的。他从未想过，无论从此时的观点来看这些想法显得多么粗糙，它们都还是非常有用的，对于他达到目前的状态而言是必需的。我们每个人都是按照类似的方式成长的：首先按照粗糙的想法生活，然后从中获益，再达到更高的标准。因此，不二论对这些最古老的理论非常友好。二元论和之前的所有体系都被不二论接受，而且这不是以一种高高在上的姿态进行的，不二论坚信它们都是同一个真理的真实显现，坚信它们都会导向与不二论相同的结论。

在人类必须经过的各种阶段，都应该保留祝福而非诅咒。因此所有这些二元论体系都从未被拒斥或抛弃，而是在吠檀多中被完整保留了下来。关于有限但自身完整的个体性灵魂的二元论观念也在吠檀多中有一席之地。根据二元论，人死后会去往其他世界。这些想法全部在吠檀多中完整保留下来了。因为不二论体系包含着对成长的认识，所以这些理论都被放置在适当的位置上，被认为是仅仅呈现了真理的一个局部。

从二元论的角度看，宇宙只能被视为物质或力的创造物，只能被视为某个意志的操作，而这个意志又只能被视作是与这个宇宙相分离的。从这样的角度看，一个人只能把自己视作是由身体和灵魂这样的双重本质构成的，这个灵魂尽管是有限的，就其自身而言却是单独的、完整的。对这样的一个人而言，关于不朽和来生的观念必然与关于灵魂的观念相一致。这些阶段都在吠檀多中得以保留，因此，我有必要向你们展现一些流行的二元论观念。根据这种理论，我们当然拥有一具身体，而在身体之后还有一个精微身（fine body）。这个精微身也是由物质构成的，只是非常精微。它是我们所有的业、行为和潜印象（impressions）[1] 的容器，这些业、行动和潜印象能够以可见的形式涌现出来。我们的每个想法、每个行为，在经过一段时间后都会变得精微，变成种子的形式，以潜在的形式在精微身中存留，而在一段时间后会 \ 再次出现并产生自己的后果，这些后果制约着人的生命。人就这样铸就自己的生命。除了自己制定的法则外，人不受任何其他法则的束缚。我们的思想、话语和行为或善或恶，为编织那张缠绕我们自身的大网穿针引线。一旦我们发动了某种力量，就必须承受它的一切影响。这就是业力的法则。在精妙的身体背后，还存

1　这里的"impressions"字面意思是"印象"，但可以看出在此指的应当是我们的行为在心灵上留下的印记，这在印度哲学中被称作"潜印象"（saṃskāra）。辨喜用"impressions"来翻译"saṃskāra"，但可能没有考虑到如何将其同一般所说的"印象"区分开的问题。

在着个我（jīva）或者说人的个体灵魂。关于个体灵魂的形式和大小，有着各种各样的讨论。它在一些人看来小得像一个原子，在另一些人看来则没有那么小，还有些人认为它非常大，如此等等。个我也是普遍实体的一部分，因此是永恒的，它的存在既没有开始也没有结束。它通过所有这些形式显现自己真正的本性，那就是纯洁。任何妨碍这种显现的行为都被称为恶行，任何妨碍这种显现的想法都被称为恶的想法，任何有助于个我的真正本性扩展、显现的行为和想法都是善的。印度最粗糙的二元论者和最先进的不二论者都持有一个相同的理论：灵魂的所有可能性和力量都在它之内，而不是来自任何外部的源头。它们以潜在的形式存在于灵魂中，而生命的整个任务不过就是让这些潜在的东西显现出来。

他们也有轮回的理论，说在这具身体瓦解之后，要么在这个世界要么在其他世界，个我会再获得另一具身体，以此类推。但大家偏好于出生在这个世界，因为这里被认为是契合于我们目标的最好的世界。其他世界被认为是几乎没有痛苦的，但正因为如此，思考高级事物的机会也就更少。因为这个世界包含了一些幸福和很多痛苦，个我总有一天会觉醒并想获得自由。就像世上的有钱人几乎没有机会去思考更高级的事物一样，个我在天堂里也几乎没有机会进步，因为这种处境与有钱人的处境一样，只是更为优越罢了；个我拥有没有疾病的非常精微的身体，不需要进食或饮水，所有愿望都得到满足。个我在那里生活，不停享受愉悦，因此完全忘记了自己的真正本性。还存在着更高级的世界，其中虽然有各种愉悦，但还有进一步的进化有待追求。一些二元论者把目标设想为最高的天堂，其中灵魂永远与神一同生活。灵魂会拥有美丽的身体，从不知道疾病、死亡或其他任何罪恶，所有愿望都会被满足。它们中的一些会不时返回地球，获得另一具身体以把通向神的道路教给人类，世上最伟大的导师就是这样的。它们已经自由了，在最高的领域和神生活在一起，但它们对受苦受难的人类的爱和同情如此巨大，以至于它们会再次返回并化身为人，把通向天堂的路教授给人类。

我们当然知道，不二论认为这不可能是我们的目标或理想，无形体化（bodilessness）才是我们的理想。理想不可能是有限的，任何缺少无限者的东西都不可能是我们的理想，也不可能存在无限的身体。这是不可能的，因为身体本就来于有限性。不可能存在无限的思想，因为思想也来自于有限性。不二论说，我们必须超越身体，也必须超越思想。我们还看到，根据不二论，这种自由并不需要去获得，而是已经属于我们了。我们只是暂时忘记了它并否认它。完美不需要去获得，而是已经在我们之内了。不朽和欢喜不需要去获得，我们已经拥有它们了，它们也始终都是属于我们的。

如果敢于宣布自己是自由的，你在这一刻就是自由的。如果说自己是被束缚的，你就永远是被束缚的。这就是不二论理直气壮地宣称的东西。我也已经把二元论者的观念告诉你们了，你们可以按照自己的喜好来选择。

吠檀多的最高理想是很难被理解的，人们也总是为此争论不休，最大的困难在于，当人们认为自己把握到某些观念的时候，就会否认并攻击其他观念。请拿走适合你的东西，同时让其他人拿走他们需要的东西吧。如果你渴望坚持这种渺小的个性、坚持这种有限的男子气概，就保持原样吧，拥有这些欲望，并对它们感到满足和愉快。如果你对自己性情的感觉非常棒，就如你所愿地把它保存下来，你可以这样做，因为你是自己命运的制造者，没有人能够强迫你放弃自己的性情。只要你愿意就可以成为人类，没有人可以阻止你；如果你想成为天使就会成为天使，这就是规律。但别人或许不想成为天使，你有什么权利认为他们的想法是可怕的呢？你可能害怕失去一百英镑，但可能有人即使失去了一切钱财也连眼都不会眨一下。曾经有这样的人存在，而且将来还会有。你怎么敢按照自己的标准来评价他们？你坚持自己的局限性，而这些渺小的世俗想法可能就是你的最高理想。它们欢迎你，只要你愿意就可以这样。但有些人已经看到了真理，而且不可能停留在那些局限性里了，他们已经完成了这些事情并想要超越它们。这个充满愉悦的世界对他们来说不过是一片泥潭。你为什么要把他们束缚在你的想法上？必须彻底放弃这样的倾向，让每个人拥有适合自己的地方。

我曾读过一个故事，一些船只在南太平洋群岛上被飓风围困，除了一艘经受住风暴的英国轮船外，其余船只都失事了。在《伦敦新闻画报》(*Illustrated London News*) 上有一张关于这件事的图片，图片展现了那些即将被淹没的人，他们站在甲板上为那些在风暴中航行的人加油。要像那样勇敢、大度，不要把其他人

拖到你的位置上。另一种愚蠢的想法是，如果我们失去了自己渺小的个体性，就不会有道德存在，人类也会失去希望，好像每个人都一直在为了人类而死！愿神保佑你！如果每个国家有两百个男女真心想要对人类行善，千禧年就会在五天内到来。我们知道自己究竟会不会为了人类而死！这都不过是些大话而已。世界历史表明，那些从未考虑过自己渺小个体性的人反而是给予人类最大恩惠的人，而考虑自己越多的人，能够为他人做的事情就越少。一方是无私，一方是自私。执着于渺小的愉悦并渴望这种状态的持续与重复，这是十足的自私。这不是源自对真理的渴望，不是源自对他人的善意，而是出于人心中十足的自私，出于"我将拥有一切，任何别人的事情都与我无关"的这种想法。在我看来就是这样。我希望看到世上存在更多有道德的人，就像那些古代伟大的先知和智者，这些人为了让一只小动物受益而宁愿一百次放弃自己的生命！请谈论真正的道德并向他人行善吧！停止现在的蠢话！

我希望看到像佛陀那样有道德的人。佛陀不相信人格化的神或人格化的灵魂，也从未追问过这些东西，但他是个完美的不可知论者，准备好为任何人献出自己的生命，用毕生的精力去为所有人的利益行动，也只考虑所有人的利益。他的传记作者在描述他的出生时说得多么好啊：他为了大家的利益而出生，他的出生就是对大家的祝福。他不是为了自己的救赎而去森林里冥想，他感到世界在燃烧，因此必须找到一条出路。"为什么世上有这么多的苦难？"——这是贯穿他一生的问题。你们认为我们具有像佛陀一样的道德吗？

越是自私的人就越不道德，对族群来说也是如此。被束缚在自身之上的族群是全世界最冷酷、最邪恶的。……天堂有美丽的天女和各种感官的愉悦，而通向那里的最值得信赖的方法就是杀死那些不信仰某种宗教的人。请想想这样的信条已经让人类流了多少血吧！

在基督教中几乎没有这样的粗鲁野蛮，纯粹的基督教与吠檀多之间并没有什么区别。你会在其中找到一体性的观念，但基督也向人们宣讲二元论的观念，以便给予他们一些看得见摸得着的东西，引导他们走向最高的理想。先知既宣讲"我们在天上的父"[1]，也宣讲"我与父原为一"[2]，这位先知也知道，通向"我与父原为一"的道路就在"我们在天上的父"之中。基督教中只有祝福和爱，可一旦粗鲁野蛮溜了进来，它就会堕落。为了渺小的自我而争斗，不仅在今生、而且在死后希望"我"继续存在，执着

1　《新约·马太福音》6.9，《新约·路加福音》11.2。

2　《新约·约翰福音》10.30。

于"我"，这些都是粗鲁野蛮的行为。有人却宣称这些是无私的，甚至是道德的基础！如果这是道德的基础，那就还是让万物之主拯救我们吧！奇怪的是，本来应该拥有更多智慧的人却错误地以为，如果这些渺小的自我消失了道德就会毁灭。他们还对如下想法惊慌失措：只有在渺小的自我瓦解后，道德才能被建立起来。所有福祉、所有道德上善的口号都不是"我"，而是"你"。谁在乎这里是天堂还是地狱，谁在乎灵魂是否存在，谁在乎是否存在一个不可改变的东西？这里就是世界，它充斥着苦难。请像佛陀一样走进其中，努力地减少苦难吧，鞠躬尽瘁，死而后已。无论你是有神论者还是无神论者，无论你是不可知论者还是吠檀多主义者、是基督教徒还是穆斯林，都请忘掉你自己吧，这就是我们要学的第一课。显然，所有人的第一课都是：瓦解那个渺小的自我，建立起真正的大我。

两种力量在并行地起作用。一种说"我"，另一种说"非我"（not I）。它们的显现不仅在人类和动物之中，甚至还在最小的蠕虫中。一只把獠牙埋入人类鲜血中的母老虎也会为了保护幼子而舍弃自己的生命。连眼都不眨地杀死自己兄弟的最堕落的人，或许也会毫不犹豫地牺牲自己以挽救饥饿的妻儿。因此，在整个创世过程中，两种力量都是并行地起作用的；在发现其中一种力量的地方，你也会发现另一种力量。一方是自私，一方是无私。一方是获取，一方是弃绝（renunciation）。一方是索取，一方是给予。从最低的层次到最高的层次，整个宇宙都是这两种力量的游乐场。这无需演示，对所有人来说都是显而易见的。

无论什么群体，它有什么权利把宇宙的整个运作和演化建立在单独一种力量的基础上、建立在竞争和争斗的基础上？它有什么权利把宇宙的整个运作建立在激情与斗争、竞争和争斗的基础上？我们不否认这些东西的存在，但人们有什么权利去否认另一种力量的作用呢？有人能否认如下事情吗：爱、"非我"或弃绝是宇宙中仅有的积极的力量？另一方不过是误入歧途的对爱的力量的运用——爱的力量带来了竞争，竞争的真正源头是在爱里。恶的真正源头也是无私，恶的创造者是善，它的结局也是善。它不过是对善的力量的误导。谋杀一个人的动机或许是对自己孩子的爱。他的爱变得仅限于那个小婴儿，却排斥宇宙中的任何其他人。但无论受限制的爱还是不受限制的爱，都是同样的爱。

因此，无论以何种方式显现自身，整个宇宙的推动力都是同一个奇妙的东西：无私、弃绝、爱，这是真实的、唯一存在的活生生的力量。所以吠檀多主义者坚持一体性。我们坚持这种解释，因为我们不可能承认宇宙有两种原因。只要我们认为，由于局限性，同样美丽、奇妙的爱表现为罪或恶，我们就会发现整个宇宙都可以通过爱这一种力量得到解释。否则的话，宇宙的原因理所当然就有两种，一种是善而另一种是恶，一种是爱而另一种是恨。哪种看法更符合逻辑？当然是单一力量的理论。

现在让我们看看那些不可能属于二元论的东西。我不能再和二元论者共处了，我会害怕。我的想法是表明，道德和无私的最高理想是与最高的形而上学观念紧紧关联在一起的，为了获得伦理与道德，你无需降低自己的观念。但另一方面，为了达到道德和伦理的真正基础，你必须拥有最高的哲学和科学观念。人类的知识与人类的福祉并不是对立的。相反，只有知识才能在生活的每个方面拯救我们——崇拜就在知识中。我们知道得越多，对我们来说也就越好。吠檀多主义者说，一切看上去是邪恶的东西的原因都在于对不受限制的东西的限制。被局限在狭窄通道内、看上去是邪恶的爱，最终却在通道的另一端现身并把自己显现为神。吠檀多还说，一切看上去是邪恶的东西的原因都在我们自身之中。不要责备任何超自然的存在物，也不要绝望或沮丧，不要认为我们处在一个无法逃出的地方，除非有人向我们伸出援手。吠檀多说，那是不可能的。我们就像是蚕，用自己的东西做成丝线，这其中有一个作茧自缚的过程，但并不是永远的。在茧里，我们要发展灵性上的亲证，然后像蝴蝶一样破茧而出。我们已经编织了缠绕自己的业力之网，在无知中我们感到自己是被束缚的，一边哭泣一边哀嚎着寻求帮助。但帮助并不来自别处，它就来自我们自身。向宇宙中所有的神祇哭泣吧。我哭泣了很多年，最后发现自己真的得到了帮助。但这种帮助来自我的心中，而我不得不收回自己犯下的错误。那是唯一的道路。我不得不剪断自己缠绕在自己身上的网，而这样的力量就来自我之内。可以肯定，我一生中得到的正确和错误的引导都不是徒劳的，相反，现在的我是自己所有过去的产物，无论这些过去是善还是恶。我一生中曾犯下许多错误，但我可以确信，离开了这些错误中的任何一个我都不会是今天的样子，所以我对曾犯下这些错误感到很满足。我的意思并不是你们应该回到家里故意犯一些错误，不要这样误解我。只是不要因为你犯下的错误而闷闷不乐，要知道最终一定会拨云见日。你不可能是其他样子，因为善良是我们的本性，纯洁是我们的本性，这种本性从未被摧毁。我们的本性始终都是不变的。

我们要理解的是：之所以会犯下所谓的错误或恶，是因为我们的软弱，而软弱源自我们的无知。我喜欢把这些东西称为错误。尽管"罪"这个词本来是很好的，却有某种让我感到恐惧的味道。是谁让我们无知呢？是我们自己。我们用手遮住自己的眼睛，并哭喊着说一切都是黑暗。只要把手移开，光明就会出现。光明始终为了我们而存在，这是人类灵魂自身的光辉本性。你们没有听过当代的科学工作者是怎么说的吗？进化的原因是什么？是欲望。动物想要做些什么，但发现环境不利于此，所以便发展出新的身体。这是谁发展出的？是动物自身，是它们的意志。你们是从最低级的阿米巴虫发展来的。继续执行自己的意志，它还会继续使你们提升。意志是全能的。既然如此，你们或许会问：为什么我并不是无所不能的？但其实你们只是在思考渺小的自我。回顾一下你们从阿米巴虫的状态到人类的历程，是谁创造了这一切啊？就是你们自己的意志。怎么能说它不是全能的呢？已经把你们带到这个高度的东西，还会把你们带向更高的地方。你们想要的是品格，是意志的增强。

因此，如果我告诉你们，你们的本性是邪恶的、你们应该回家并坐在麻布和灰烬中哭诉自己的生活，因为你们采取了错误的步骤，这将是完全无益的，而且会一直削弱你们，这样我就在把你们进一步引向恶而非善。假设这房间里数千年来都充满了黑暗，你走了进来并哭嚎道："哦，多么黑暗啊。"黑暗会消失吗？只需划亮一根火柴，光明瞬间就会到来。如果一生都在想："哦，我作了那么多的恶，我犯了那么多的错误。"这会给你带来什么好处呢？不需要鬼魂来告诉我们答案。只要引入光明，黑暗就会立即消失。建立起自己的品格，显现你真正的本性：光辉、灿烂、永远的纯洁。在每个你见到的人那里都唤起这种本性。希望我们每个人都能达到这样的状态，即使在最邪恶的人那里也能看到真正的大我，不要去指责他们。请这样说："光辉的你觉醒吧，永远纯洁的你觉醒吧，不生不死的你觉醒吧，全能者觉醒吧，显现你真正的本性。那些渺小的显现并不符合你。"这是不二论教导的最高级的祷告。这种祷告让我们记住自己真正的本性，记住永远在我们之内的神，知道它是无限的、全能的、永远善良的、永远仁慈的、无私的、完全没有任何局限性的。这种本性是无私的，所以它是强大而无所畏惧的，只有自私才会带来恐惧。一个自身无所求的人，他会害怕谁呢，谁能让他感到恐惧呢？死亡会给他带来什么恐惧？恶会给他带来什么恐惧？如果我们是不二论者，必须从此时此刻开始就认为那个旧的自我已经死去并消亡了。以往那些先生、太太、女士等等之类的头衔都消亡了，它们不过是些迷信，而存留下来的就是永远的纯洁、永远的强大、全能和全知——存留下来的只有这些，然后所有恐惧都会从我们这里消失。谁能伤害这样的全在者？所有软弱都从我们这里消失了，而我们唯一的任务就是在同伴中唤起这种知识。我们看到他们也是同样纯洁的自我，只是他们不知道这一点。我们必须教导他们，必须帮助他们唤起自己无限的本性。我感到这在全世界都是绝对必要的。这些教义是古老的，或许比很多山还要古老。所有真理都是永恒的，不是任何人的财产，没有哪个民族或个人能够对它拥有专属权。真理是所有灵魂的本性，谁能够对它拥有特权呢？但它必须是实际的、简单的（因为最高的真理总是简单的），以使得它能够渗入人类社会的每个缝隙，并在同一个时间成为最高级理智和最普通心灵的财产，成为男女老幼的财产。所有逻辑的推论，所有形而上学、神学和仪式，或许在它们各自的时代都是很好的，但让我们尝试把事情变得更简单并开创一个黄金时代吧，在这样的时代中，每个人都会是崇敬神的人，每个人中的实在都会成为崇拜的对象。

普遍宗教的亲证之路

加利福尼亚州帕萨迪纳（Pasadena）普世教会[1]　1900 年 1 月 28 日

　　对于人心来说，没有什么比这更宝贵：能为我们从神之所在带来光芒的探索。无论过去还是现在，没有任何研究像对灵魂、神、人类命运的研究那样占据了人类如此多的精力。无论我们如何沉浸在日常的职业、野心和行动中，在我们最大的努力中总是会出现一个停顿，心灵会停下来，想要了解超越这个世界之上的事情。有时它瞥见了超越感官之上的领域，于是就会努力到达那里。在所有时代、所有国家都是如此。人们想看到超越性的东西，想扩展自己，我们所谓的进步、进化，总是通过对人类命运的探索、对神的探索而得以衡量的。

1　普世教会（Universalist Church）是十八世纪以来在美国逐渐形成的基督教流派，相信所有人都一定会得到救赎。1866 年时该教会的名称是"普世公会"（Universalist General Convention），1942 年改名为"美国普世教会"（Universalist Church of America），在 1961 年又与"美国唯一神论协会"（American Unitarian Association）合并为"唯一神论普世协会"（Unitarian Universalist Association）。

正如社会性的努力以不同的国家、不同的社会组织为代表，人类灵性的努力也以不同的宗教为代表。正如不同的社会组织争吵不断、征战不断，这些灵性组织也一直在相互征战、不断争吵。属于特定社会组织的人声称：生存的权利仅仅属于他们，只要可以的话，他们就想以弱者为代价来行使那样的权利。我们知道，此时此刻这样的激烈争斗正在南非发生着。[1]与此相似，每个宗教教派都声称自己享有独有的生存权利。所以我们发现，虽然没有什么比宗教带来更多的福佑，但与此同时，也没有什么比宗教带来更多的恐怖。没有什么比宗教带来更多的和平与爱，也没有什么比宗教带来更强烈的仇恨。没有什么比宗教更能让人类的手足之情变得实实在在，也没有什么比宗教激发了更多人与人之间的憎恨。没有什么比宗教带来了更多的慈善机构、医院甚至动物医院，也没有什么比宗教更让这个世界变得血雨腥风。同时我们也知道，总是存在着思想的暗流，在令人不悦和毫不协调的教派中，总是有一群人、哲学家或比较宗教学的学生，已经尝试或正在尝试实现和谐。在某些国家中，这样的尝试已经取得了成功，但就全世界来说，这样的尝试还是失败的。

有些宗教是从最久远的古代流传下来的，其中充斥着这样的观念：应该允许所有教派存活，每个教派自身之内都深藏着自己的意义或伟大的观念；因此，让它们都存活，这对于世界的福祉

1　这里指的应该是发生于 1899 至 1902 年间的第二次布尔战争（Second Boer War）。布尔人是居住在南非的荷兰等国白人的后裔，这场战争发生在英国和布尔人主导的德兰士瓦共和国、奥兰治自由邦之间，以双方和谈告终。

来说是必要的，它们应该得到大家的帮助。在现代，同样的观念也在流行，人们也时不时尝试将其用于实践。这样的尝试并不总是满足我们的期许或所需的效用。不，令人非常失望的是，我们有时发现自己愈发地爱争吵。

现在，请抛弃教条式的研究，采取常识的视角，这样我们会发现：从一开始，世上的一切伟大宗教中都存在着巨大的生命力。有人或许会说自己对此一无所知，但无知并不是借口。如果有人说"我不知道外面都在发生些什么，因此外面发生的事情并不存在"，这真是不可原谅啊。你们中那些观察全世界宗教运动的人完全知道，没有一种伟大的宗教已经死亡，不仅如此，每种宗教都在进步。基督教徒在增长，穆斯林在增长，印度教徒在取得进展，犹太教徒也在增加，而随着犹太教徒在全世界迅速蔓延和增加，犹太教也在不断扩大。

只有一种宗教——一种古老而伟大的宗教——已经消亡，那就是琐罗亚斯德教（Zoroastrianism），古代波斯人的宗教。在穆斯林征服波斯后，大约有十万人来到印度避难，还有一些人仍留在了波斯。那些留在波斯的人在持续的迫害下减少到最多只有一万人；在印度则大约有八万人，但他们的数量并没有增加。当然，有一种根本性的困境：他们不让别人改信自己的宗教。然后，生活在印度的这一小部分人保留着表亲结婚的不良习俗，因而数量并没有增加。除了这个例外，所有伟大的宗教都在存活、传播、提升。我们必须记住，世上所有伟大的宗教都是非常古老的，没有一个是在现代产生的，而世上的每种宗教都发源于恒河与幼发拉底河沿岸国家。没有一种伟大的宗教诞生在欧洲或美国，每种宗教都是起源于亚洲、属于亚洲的。如果现代科学的说法是真的，也就是说优胜劣汰是一种考验，那么这些宗教既然仍在存活，就说明它们对于一些人而言是合适的。它们有理由存活下去，因为它们给很多人带来了福祉。看看穆斯林吧，看看他们如何在南亚的一些地方扩展，如何在非洲呈现燎原之势。佛教徒一直都在中亚地区扩展。同犹太教徒一样，印度教徒也不去转变他人的信仰，其他种族仍然在逐渐融入印度教，采用印度教徒的方式与习俗，与他们保持一致。你们都知道，基督教也在传播——但我不确定它的效果是否与投入的能量相称。基督教徒尝试进行的宣传中有一个巨大的缺陷——这也是所有西方机构的缺陷：机器消耗了百分之九十的能量，各种机器实在太多了。传教一直是亚洲人的事。西方人的长处在组织、社会机构、军队、政府等方面，但在传播宗教的问题上，他们与亚洲人相距甚远。亚洲人可是一直都在从事这件事，而且亚洲人知道这一点，他们不会使用太多的机械。

这是人类历史的事实：所有伟大的宗教都存在，并且在传播、增长。这当然是有意义的。如果明智和仁慈的创造者的意志是：这些宗教中的一种应该存在而其他的应该消亡，那么这早就会变成事实。如果事实是这些宗教中只有一种是真的而其他都是假的，那种真实的宗教现在就应该已经遍布全球了。但并非如此，没有一种宗教占据了所有地方。所有宗教都是有时会进步，有时会衰退。现在，请考虑这样的情况：在你们的国家里，共有超过六千万人，但只有两千一百万人信奉各种宗教。所以情况并不总是在进步。如果进行统计的话你们就会发现，在每个国家，宗教有时在进步、有时则在退步。教派一直都在增加。如果一种宗教声称自己拥有全部的真理，而且神在某本书里给出了全部的真理，怎么还会有如此多的教派？从同一本书里衍生出二十个教派，这连五十年都用不了。如果神把所有真理都写在了某些书里，祂就不会把那些书给我们，免得我们为了文本而争吵。这似乎才是事实。为什么呢？即使神赐予我们一本书，其中包含了关于宗教的一切真理，但因为没人能理解它，所以这本书也达不到自己的目的。就拿《圣经》和基督教中的所有教派来说吧：每个人对同样的文本都有自己的解释，而且每个人都说只有自己理解了该文本，其他人都是错的。所有宗教都是如此。伊斯兰教和佛教中都有很多教派，印度教中则有数以百计的教派。现在，我把这些事实呈现给你们，以表明：任何把全人类都带入同一种对灵性事物的思维方式的努力都已经失败了，而且将来也注定会失败。即便在今天，每个开创了一种理论的人都发现，如果离开自己的追随者二十英里，他们就会弄出二十个教派。你们看到这样的事情一直都在发生。不可能让所有人都遵循同样的观念，这就是事实，而且我要为此感谢上天。我并不反对任何教派，而是很高兴它们的存在，只是希望它们可以继续增长。为什么呢？这不过是因为：如果你、我和这里的所有人都做出完全同样的思考，对我们来说也就没有任何思考。我们知道，两个或更多的力量必须发生碰撞才能产生运动。是思想的冲撞、思想的差异唤醒了思想。如果我们都做出同样的思考，就会变成博物馆里的埃及木乃伊，茫然地看着对方的面孔——除此之外什么都没有！旋转和漩涡只在奔腾的、充满活力的激流中才会出现，停滞的死水中可不会有漩涡。当宗教死亡时，就不再有教派了，那将是墓地般的完全的宁静与和谐。只要人类还在思考，就一定会有教派。变化一定会存在，这是生命的标志。但愿它们可以增长，以至于最后存在和人类一样多的教派，每个教派都有自己独特的宗教思想方法。

其实这样的事情已经存在了。我们每个人都在以自己的方式思考，但天然的路线一直受到阻碍，而且阻碍还会继续下去。如果不直接用刀剑的话，就会用到其他工具。听听纽约一个最好的传教士说的话吧：菲律宾人应该被征服，因为那是把基督教传授给他们的唯一方式！他们已经是天主教徒，可这个人想让他们成为长老宗教徒[1]，为此他准备让自己的民族背上可怕的杀戮之罪。多么恐怖啊！这个人还是这个国家最伟大的传教士之一，是一个最博学的人。想想世界的状态吧，一个这样的人都可以恬不知耻地站出来胡言乱语。想想世界的状态吧，还有听众为他喝彩！这还算是文明吗？这是老虎、食人族和野蛮人古老的嗜血本性，它改头换面，再次出现在新的环境中。不然还能是什么？如果现在的情况还是这样，就请想想这个世界在过去何其恐怖吧，那时每个教派都试图不择手段地把其他教派撕得粉碎——看看历史就

1　长老宗（Presbyterianism）是基督教新教加尔文宗的一个流派，强调《圣经》的权威和通过信仰得救，其源头可以上溯到十六世纪的苏格兰宗教改革（Scottish Reformation），由苏格兰等地的移民带到了北美。

知道了。我们心中的老虎只是睡着了，它并没有死，只要时机出现，它就会一跃而起，像以前一样张牙舞爪地行动起来。除了刀剑和物质武器之外，还有更可怕的武器——轻蔑、社会仇恨和社会性的排斥。在当代，这些就是施加给那些与我们的思维方式不同的人的最可怕的惩罚。可为什么每个人都应该像我们一样思考呢？我看不出有任何这样的理由。如果我是一个理性的人，就会为他们并不像我一样思考而感到高兴。我可不想住在一片像墓地一样的土地上，而是想生活在由人组成的世界里。能思考的存在者肯定是有差异的，差异是思想的第一个标志。如果我是一个有思想的人，当然会喜欢生活在有思想的、充满不同意见的人之中。

然后又有一个问题出现了：所有这些多种多样的东西怎么可能都是真的？如果一件事情是真的，它的否定肯定就是假的。彼此矛盾的意见怎么可能同时为真呢？这正是我要回答的问题。但我首先要问问你们：世上的所有宗教真的是相互矛盾的吗？我指的并不是伟大的思想所穿着的外在形式的外衣，并不是各种宗教所运用的建筑、语言、仪式、书籍等，而是它们内在的灵魂。每种宗教背后都有一个灵魂，它可能与另一种宗教的灵魂不同，但它们是矛盾的吗？它们是相互抵触的还是相互补充的？——这才是问题。在还是个孩子的时候我就开始考虑这个问题，并且一生都在研究它。我的结论可能对你们有帮助，所以我把它呈现给你们。我相信它们并不矛盾，而是相互补充的。每种宗教都占据了伟大的普遍真理的一部分，并竭尽全力表现这部分、让它具体化。因此，这是一种增加而不是排斥。这就是我的想法。体系一个接一个出现，每个体系都体现了一个伟大的观念，而理想必定会被增加到理想之上。这就是人类的前进路线。人永远不会从错误前进到真理，只能从真理前进到真理，从较少的真理前进到更高级的真理——但永远不可能从错误前进到真理。孩子可能取得比父亲更大的进步，但父亲难道就是愚蠢的吗？孩子就是父亲加上其他什么东西。如果你们现在的知识状态比小时候提升了很多，你们会看不起小时候的自己吗？你们会把那时的自己称为愚蠢的吗？当然不会，因为你们目前的状态就是孩提时的知识加上别的东西。

我们也知道，关于同一件事情的观点有时几乎是相矛盾的，但它们其实在指明同样的东西。假设一个人在朝向太阳旅行，在前进途中的每个阶段都拍摄一张太阳的照片。在返回时，他会拥有很多太阳的照片，并将之展示给我们。我们看到，没有两张照片是一样的，但谁能否认所有这些都是同一个太阳的照片呢？只是角度不同罢了。我们可以从不同的角落拍摄四张这座教堂的照片，它们看上去真是非常不同，但表现的都是这座教堂。同样，我们都从不同的角度来看待真理，这些角度取决于我们的出身、所受的教育和环境，等等。我们在观察真理，获得环境允许我们获得的尽可能多的东西，用我们的心为真理上色，用我们的理智去理解真理，用我们的心灵来把握真理。我们只能尽可能多地知道与自己有关的真理、能够把握到的真理，这使得人与人之间各不相同，甚至偶尔出现相矛盾的观念，但我们都属于同一个伟大的普遍真理。

因此，我的想法是，所有宗教在上帝的经济学中都是不同的力量，都是为了人类的福祉而进行的行动。没有人可以死亡，没有人可以被杀死。正如无法杀死自然中的任何力量一样，你们也无法杀死任何一种灵性力量。你们已经看到每种宗教都在存活。可能时不时地有倒退或前进发生，有时什么陷阱都没有，有时又布满了陷阱。但灵魂永远都在那里，不可能消失。每种宗教代表的理想从不会消失，每种宗教都在明智地前进着。

哲学家和其他人在每个国家都梦想过的那种普遍宗教已经存在了，它就在这里。正如人类普遍的手足之情（universal brotherhood of man）已经存在一样，这种普遍宗教也已经存在。你们有谁曾走遍天下，而没有在每个国家找到自己的兄弟姐妹？我可是在全世界都找到了他们。人类普遍的手足之情已经存在了，只不过有些人未能看到这一点，沮丧地哭喊着要寻找新的手足之情。普遍宗教也已经存在。如果神职人员和其他承担着宣扬不同宗教的任务的人能消停片刻，我们就会看到这种普遍宗教。他们一直在扰乱它，因为这符合他们的利益。你们看到，每个国家的神职人员都非常保守。为什么呢？能引导人民的神职人员非常少，他们大多是被民众引导的，是大众的奴仆。如果你们说这是干燥的，他们就会说的确如此；如果你们说这是黑的，他们也会说的确如此。如果人们在前进，神职人员也必须前进，他们可不能落后。所以，在指责神职人员之前——指责神职人员已经成了一种时尚——你们应该先指责自己。人们只会得到自己应得的东西。如果一位神职人员想给予你们新的、先进的观念并引导你们向前，他的命运会怎样？他的孩子可能会饿死，他自己会变得衣衫褴褛。他像你们一样被世俗的法则支配着。他说："如果你们要继续，那就让我们前进吧。"当然，有一些杰出的灵魂不会被公众的意见吓倒。他们看到了真理，认为只有真理才是有价值的。真理仿佛占据了他们、拥有他们，他们只有勇往直前。他们从不回头，对他们来说那里什么人都没有。对他们来说只有神存在，祂就是面前的光，他们则在追随着那束光。

我在这个国家曾见过一位摩尔门教[1]的绅士，他试图说服我遵从他的信仰。我说："我非常尊重你的意见，但在某些问题上我们是有分歧的——我属于僧侣阶层，你却相信可以妻妾成群。但你为什么不去印度传道呢？"他非常惊讶地说道："这还用问为什么吗？你根本不相信任何婚姻，而我们相信一夫多妻制，这样你还让我去你们的国家！"我说："是啊，但我的同胞会聆听任何宗教思想，无论它来自何方。我希望你能去印度，这首先是因为我是诸多教派的忠实信徒。其次是因为，印度有很多人并不满足任何现存的教派，由于这种不满，他不会与宗教有任何瓜葛，而你或许会获得他们中一些人的信赖。"教派的数量越多，人们获得宗教的机会就越多。在酒店里有各种食物，每个人都有机会饱餐一顿。我希望每个国家都能有很多教派，这样可以让更多人有机

1　摩尔门教（Mormon）是十九世纪在北美出现的后期圣徒运动（Latter Day Saint Movement）中产生的教派，接受《摩尔门经》（*The Book of Mormon*），认为这是美洲大陆的原住民留下的经典。该教派的一些观点与主流基督教不同，一个突出特点是允许一夫多妻制。

会变成灵性的人。不要认为人们不喜欢宗教，我可不信这样的说法，只不过是传教士不能满足人们的需求罢了。一个被贴上无神论者、物质主义者标签的人，或许会遇到一个给予自己所需真理的人，然后他可能就会变成共同体中最具有灵性的人。我们只能以自己的方式进食。例如，印度人用手吃饭。我们的手指比你们的更柔软，所以你们无法以同样的方式使用手指。所以，我们不仅应该提供食物，还应该让人们按照自己独特的方式进食。人们不仅必须拥有灵性上的观念，而且这些观念必须按照人们自己的方式被获得。他们必须说你们的语言、你们灵魂的语言，这样才能满足你们。当一个说我的语言并用我的语言给出真理的人出现时，我会立即理解并永远接受真理。这是一个伟大的事实。

由此我们可以看到人类心灵的不同等级和类型，以及宗教赋予它们的艰巨任务！有人提出了两条或三条教义，并声称他的宗教能满足全人类。他走进神的动物园，手里拿着一个小笼子并说道："神、大象和每个人都必须进到里面去。即便我们不得不把大象切成碎片，它也必须进去。"还有一个教派有一些好的观念，它的追随者说："所有人都必须进去！""但这里已经没地方了。""没关系！把他们切碎了就行，无论如何都要把他们放进去，不然他们就会被诅咒。"我从未遇到一个传教士或一个教派停下来反思一下："人们为什么不听我们的？"相反，他们会诅咒大家："民众都是邪恶的。"他们从不问："人们怎么不听我的话呢？为什么我无法让他们看到真理？为什么我不能用他们的语言说话？为什么我不能让他们睁开眼睛？"当然，当发现人们不听自己的话时，他们应该去努力获取更高级的知识；如果有任何人应该被诅咒，那就是他们自己。但这总被说成是民众的错！他们从不尝试让自己的教派大到足够容纳每一个人。

由此，我们马上可以看到为什么会有如此多狭窄的心胸。部分总是自称就是整体，渺小的、有限的东西总是自称是无限的。想想那些在几百年的时间内从不可靠之人的头脑中生长出来的小教派吧，它们自大地声称拥有关于神的无限真理的全部知识！想想它们的自大吧！如果这能表明什么，那就是人类是多么自以为是。难怪这样的主张总是失败，而在万物之主的仁慈之下，它们也总是注定失败。……我们就是这样孩子气！我们总是忘了人类的本性。当生命开始时，我们认为自己的命运会是非同寻常的，没有什么能让我们不去这样想。但长大后我们的想法就变了。宗教也是如此。在它们的早期阶段，当传播得很有限时，它们认为自己可以在很短时间内改变整个人类的心灵，并继续杀戮和屠杀，用暴力带来皈依。随后它们失败了，开始获得更深刻的理解。我们看到，这些教派并未完成最初想做的事情，这可真是苍天有眼。试想一下，如果一个狂热的教派在全世界取得了成功，人类现在可还有立锥之地？上天保佑，它们并没有成功！但每个教派都代表了一个伟大的真理，每种宗教都代表了一种独特的卓越之处——某种作为其灵魂的东西。我想起一个古老的故事：有一些食人魔，它们杀人并带来各种灾害，但它们自己无法被杀死，直到有人发现它们的灵魂就在某些鸟之中，只要那些鸟是安全的，就没有什么能够杀死食人魔。我们每个人都拥有这样一只鸟，我们的灵魂就在那里。我们每个人都拥有一个理想、一个要在生命中去完成的使命。每个人都是这样的理想和使命的具身化。只要理想不丧失、使命不受损害，你们就不会失去任何东西，也没有什么能够杀死你们。财富会来来去去，不幸会堆积如山，但只要理想保持完整，就没有什么能够杀死你们。你们可能已经老了，甚至都一百岁了，但只要心中的使命还是新鲜而年轻的，会有什么能够杀死你们呢？可一旦理想被丢弃、使命被损害，就没有任何东西能救得了你们。世上所有的财富和权力都救不了你们。民族不过就是个体的集合，所以，每个民族都有自己的使命，这种使命要在族群的和谐中完成。只要那个民族坚守自己的理想，任何东西就都不可能杀死它；但只要放弃了自己生命中的使命而去追求别的东西，它的生命就会缩短甚至消失。

宗教也是如此。这些古老的宗教如今都还存活着，这样的事实表明，它们必须让自己的使命保持完整。尽管有各种错误、困难、争吵，尽管披着各种形式和外形作为外衣，但每个宗教的心都是明智可靠的——那是一颗悸动的、跳动的、活生生的心。任何宗教都没有失去自己为之而来的伟大使命，而学习这种使命可真是好极了。让我们以伊斯兰教为例。基督教徒最憎恨的宗教就是伊斯兰教了，认为这是有史以来最糟糕的宗教形式。可只要一个人成了穆斯林，整个伊斯兰世界就会张开双臂、像兄弟一样接受他，没有任何差别地对待他，其他宗教可做不到这一点。如果一个美洲的印第安人成了穆斯林，土耳其的苏丹绝不会反对与他一同进餐。如果他有足够头脑的话，任何职位都向他敞开。可在这个国家，我从未见过在哪个教堂里白人和黑人可以并排跪下祈祷。请想想这一点吧：伊斯兰教让它的追随者都平等——你们可以看到，这就是伊斯兰教独特的卓越之处。在《古兰经》的很多地方你们都会发现充满感官享受的生命观念，这并没有什么。伊斯兰教向世界宣扬的是所有信仰这种宗教的人之间的实际的手足之情，这才是它本质性的部分，而所有关于天堂、生命等的观念并不是伊斯兰教的本质，不过是些附加物。

在印度教徒那里你们会发现一个民族性的观念——灵性。在世上的其他宗教、其他经典中，你们都不会发现有如此多的精力被用来定义神的观念。他们试图定义灵魂的理想，这样就不会有任何尘世的触碰会毁坏它。灵性必定是神圣的，被正确理解的灵性肯定不可能被塑造成人的样子。关于统一性、神的亲证和全在的观念到处都在被宣扬。他们认为神居住在天堂之类的说法完全是胡说，只是一种拟人化的想法。曾经存在过的所有天堂现在都在这里，无限时间中的一个瞬间与其他任何瞬间都同样好。如果你信仰神，甚至现在就可以看到祂。我们认为，当你们亲证了某些事情时，宗教就开始了。这不是对教义的相信，不是理智上的赞同，也不是发表一些声明。神存在，可你们见过祂吗？如果说"没有"，那么你们有什么权利去信仰祂？如果你们怀疑神的存在，为什么不努力去看到祂？你们为什么不放弃这个世界并把一生都投入在这个目标上？弃绝和灵性是印度的两个伟大观念，正是由于印度坚持这些观念，她的一切错误才都算不上什么。

基督教徒宣讲的核心观念是相同的:"天国近了"[1]——这意味着要净化自己的心灵并做好准备!这样的精神永远不会死亡。你们都记得,即便在最黑暗的年代,甚至在最迷信的基督教国家,基督教徒们也总是试图通过帮助他人、建立医院等方法让自己为主的到来做好准备。只要基督教徒坚持这样的理想,他们的宗教就会存活。

现在,理想浮现在我心中,这或许只是一场梦。我不知道它会不会在这个世界上实现,但有时做梦也比死在冷酷无情的事实面前要好。即便在梦里,伟大的真理也是好的,比坏的事实要好。所以,让我们做一场梦吧。

大家知道心灵有不同的级别。一个人可能是个注重实际、相信常识的理性主义者,不关心形式或仪式,想要的是理智的、可靠的、清晰的事实,这些东西会让他满足。还有清教徒和穆斯林,他们不允许在自己做礼拜的地方有图画或雕像。很好!但可能有一个人非常有艺术天分,他想要大量的艺术之美——线条、曲线、颜色、花朵、形式的美;他想要蜡烛、灯、宗教仪式的所有徽章和用品,希望自己可以看到神。他的心灵就是用这样的形式来理解神的,就像你们通过理智来理解神一样。有一个虔诚的人,他的灵魂为了神而哭泣,除了崇拜神、赞美神之外,他没有任何其他观念。还有一位哲学家,他站在所有这些东西之外,嘲笑那些人,心想着:"这些都是胡说八道!这都是些什么关于神的观念啊!"

---

1 《新约·马太福音》10.7。

他们可能会相互嘲笑，但每个人都在世上拥有自己的位置。所有心灵、所有类型都是必要的。如果将会有一种理想的宗教，它一定足够广泛、庞大，足够为所有心灵提供食物。它必定会向哲学家提供哲学的力量，向崇敬神的人提供奉献的心，向崇尚祭祀的人提供最奇妙的象征所能传达的一切，向诗人提供他能接受的最丰富的心绪，还有其他各种东西。为了建立一种如此广泛的宗教，我们必须回到宗教的起点，把所有这些东西都纳入其中。

所以，我们的格言是接受而不是排斥。不是只做到容忍，因为所谓的容忍常常是在渎神，我可不相信这种东西。我相信接受。为什么要容忍呢？容忍意味着我认为你错了，只是允许你继续活下去。认为你或我可以允许他人活着，这难道不是渎神吗？我接受过去的所有宗教，并且与这些信徒一起崇拜，我崇拜每种宗教的神，无论教徒们以何种形式崇拜祂。我会去穆斯林的清真寺，也会去基督教的教堂，跪在十字架前，也会去佛教的寺庙，在那里把佛陀和他的法当作栖身之所。我会到森林里去，与印度教徒坐在一起冥想，他们试图看到照亮每个人内心的光明。

我不仅要做这些，而且会为将来可能发生的一切敞开心灵。神的书完结了吗？或者启示还在继续？这是一本奇妙的书——这些对世界的灵性启示。《圣经》、吠陀、《古兰经》和所有其他经典虽然有很多页，但尚未展现的仍然有无数页，我会对所有这些东西保持开放。我们站在当下，但要向无限的未来敞开自己。我们采纳过去的一切，享受现在的光明，同时向所有将来会出现的东西敞开心扉。向所有过去的先知、现在的伟人和未来的一切致敬！

一种普遍宗教的理想

——它为什么必须包容不同类型的心灵和方法

　　无论我们的感官到达哪里，无论我们的心灵做出怎样的想象，我们都会发现其中包含着两种力量的作用与反作用，一种力量与另一种力量相互抵消，导致了我们在周围看到的、在心灵中感到的混杂在一起的诸多现象，这些现象持续出现着。在外部世界中，这些相反的力量的作用将自身表现为引力和斥力，或是向心力和离心力；而在内部世界中，这就表现为爱与恨、善与恶。我们会排斥一些东西而吸引另一些东西，被一个人吸引而被另一个人排斥。在生活中我们多次发现，自己毫无理由地被一些特定的人吸引，在另一些时候则毫无理由地被另一些人排斥。对所有人来说都是如此，而且这种作用发生的领域越高级，相反的力量的影响就越明显。宗教是人类思想和生命的最高层面，在那里我们发现，这两种力量的作用是最为明显的。人类已知的最强烈的爱来自宗教，最恶毒的仇恨也来自宗教。世上能被听到的最高贵的和平话语来自那些位于宗教层面上的人，最激烈的谴责也是由他们发出的。一种宗教的目标越是高级、组织越是精细，活动也就越是显著。再没有什么人类动机像宗教这样如洪水猛兽般充斥着这个世界了，可与此同时，也没有什么能够为穷苦之人提供这么多的医院和避难所。再没有什么人类力量能够像宗教这样不仅照顾人类，还关怀着最低级的动物。没有什么像宗教这样让我们冷酷无情，也没有什么像宗教这样让我们温柔和善。过去是这样，将来估计还是如此。在不同宗教、不同教派的仇恨与嫉妒中、在喧嚣与骚动中、在冲突与争斗中，不时会出现足以淹没所有噪音的有力的声音，它让自己响彻宇宙，宣扬着宁静与和谐。这会在有一天实现吗？

在这场非凡的宗教斗争中，是否可能存在着不间断的和谐？在本世纪下半叶[1]，世界被和谐的问题困扰着。在社会上，各种各样的方案被提出，人们也进行了将它们付诸实践的尝试，但我们也知道这究竟有多困难。人们发现，减轻生命中挣扎的狂怒、缓解人心中巨大的神经紧张，这几乎都是不可能的。如果说把和谐与宁静带到生命的物理层面上——这是生命外部、粗大和外在的层面——是很困难的话，让和谐与宁静去掌控人的内在本性就还要难上一千倍。我希望你们现在先从语词的网络中摆脱出来。我们自幼便听说过爱、宁静、仁慈、平等和人类普遍的手足之情这样的东西，但对我们来说，它们早已变成毫无意义的语词，我们如鹦鹉学舌般重复着它们，甚至把这种空洞的重复当作是理所

1　指十九世纪。

当然的。对此我们无能为力。那些首先在心中感觉到这些伟大观念的伟大灵魂制造了这些词，当时很多人理解它们的意思。可后来，无知的人开始玩弄它们，把宗教变成一种对语词的玩弄，而不是要去践行的东西。它变成了"我父亲的宗教""我们民族的宗教""我们国家的宗教"，等等。对任何宗教的信奉不过变成了狭隘的爱国主义的一个阶段，而狭隘的爱国主义总是偏颇的。把和谐带入宗教，这一定总是非常困难的。我们现在就来考虑宗教和谐的问题。

我们看到，在每种宗教中都有三个部分——在此我指的是伟大的、得到公认的宗教。首先是一种哲学，它呈现了该宗教的全部范围，陈述了基本原则、目标和实现目标的手段。第二个部分是神话，是具体化的哲学。它由关于人类生活、超自然存在等方面的传说组成，是在对人类生活和超自然存在的想象中对哲学抽象做出的具体化。第三个部分是仪式，这更加具体，由形式、典礼、各种姿势、鲜花、香火和其他很多诉诸感官的东西组成，正是这些构成了仪式。你们会发现，所有得到公认的宗教都具备这三个要素。有的宗教侧重其中一项，有的则侧重另一项。现在让我们先看看第一个部分，也就是哲学。存在一种普遍的哲学吗？到目前为止恐怕还没有。每种宗教都宣扬自己的教义，并坚称这是唯一真正的教义。不仅如此，每种宗教还都认为，不相信自己教义的人一定会被打发到某个可怕的地方去。一些人甚至会采取刀剑相向的方式来强迫他人像自己一样相信。这不是通过邪恶来起作用，而是借助于人类大脑中一种被称作狂热的独特疾病。狂热分子是非常真诚的，可以说是最真诚的人类了，但他们与世上其他的疯子一样不负责任。这种狂热是最危险的疾病之一，人类本性中的所有邪恶都会被它唤醒。愤怒会被煽起，神经会紧绷，人类会由此变成老虎。

有没有一种被所有宗教都接受的神话上的相似性、神话上的和谐或普遍的神话？当然没有。所有宗教都有自己的神话，只不过它们都在说："我的故事可不只是神话。"让我们通过例子来理解这个问题。需要说明的是，我并不想批评任何宗教。基督教徒相信上帝会化作鸽子的外形降临地球，对他们而言，这是历史而不是神话。印度教徒相信神在牛身上得以显现，基督教徒则说，这样的信念是迷信，只是神话，不是历史。犹太教徒认为，如果以盒子或箱子的形式来塑造一个形象，在两边各树立一个天使，它就可以被摆放在至圣所[1]，这对耶和华来说是神圣的；可如果用美丽的男子或女子的形象进行塑造，他们就会说："这是可怕的偶像，快把它砸碎！"这就是我们神话中的统一性！如果有人站起来说"我的先知做了这样一件神奇的事情"，其他人就会说"这只是迷信"，可与此同时他们却说自己的先知做了更神奇的事情并把这当作是历史。据我所知，世上没有人能分辨出这些人头脑中的历史与神话之间的微妙差别。无论属于何种宗教，这些故事其实都是神话，其中偶尔会混入那么一点历史。

1　至圣所（Holy of Holies）是犹太教中的一个术语，被认为是耶和华的住所。具体布置请参阅《旧约·出埃及记》25—30。

现在我们来看看仪式。每个教派都有自己独特的仪式，并认为这是神圣的，而其他教派的仪式不过是彻头彻尾的迷信。如果一个教派崇拜一种特定的符号，另一个教派就会说："天啊，这真可怕！"例如，我们可以看看一种一般性的象征。男性生殖器当然是一种性别上的象征，但它的这个方面逐渐被忘却，现在则成了造物主的象征。那些把它作为象征的民族并不认为它是男性生殖器，它仅仅是一个象征，不过如此。但来自另一个种族或信奉另一种宗教的人却只在其中看到了男性生殖器，并开始谴责它；可与此同时，这个人可能正在做着比所谓的生殖崇拜更可怕的事情。对此我做两点说明，那就是男性生殖器象征和基督教徒的圣礼[1]。对基督教徒来说，男性生殖器是可怕的，而对印度教徒来说，基督教圣礼则是可怕的。他们说，在圣礼中人们吃一个被杀死的人的肉、喝他的血，以此来获得他的善良品质，这完全是茹毛饮血，只有未开化的蛮族才会这样做。如果一个人很勇敢，蛮族就会杀死他并吃掉他的心脏，因为他们认为这会使自己获得那个人所拥有的勇敢、英勇的品质。甚至像约翰·卢伯克爵士[2]这样虔诚的基督教徒也承认这一点，并且说这种基督教仪式就起源于那种野蛮的观念。当然，基督教徒不会承认这种观点，他们永远也不会想到这意味着什么。这代表了神圣的东西，这

1　圣礼（sacrament）是基督教的一种仪式，被认为是上帝恩典的表现，但不同派别对圣礼的看法不同。从下文看，这里具体指的是圣餐礼（Eucharist）。

2　约翰·卢伯克爵士（Sir John Lubbock, 1834—1913），英国银行家、考古学家和自由派政治家，在十九世纪关于进化论的争论中很有影响力。

就是他们想知道的一切。因此，即便在仪式中也不存在得到共同认可和接受的普遍象征。那么普遍性在哪里呢？怎么可能有一种普遍的宗教形式？但这的确已经存在了，现在就让我们看看它是什么。

我们都听说过普遍的手足之情，也听说过社会是如何特意宣扬这一点的。我想起一个古老的故事。在印度，喝酒被认为是很糟糕的。一天夜里，两个兄弟想要偷偷喝酒。他们的叔叔是一个非常正统的人，就睡在紧挨着的房间里。所以，在开始喝酒之前，他们相互说道："我们必须保持安静，否则叔叔会被吵醒。"当他们喝酒时，继续彼此重复道："保持安静！别让叔叔醒了。"每个人都试图用自己的声音压过对方，随着声音的增大，叔叔自然就醒了过来，走进房间发现了一切。现在，我们所有人都像那两个醉汉一样在呼喊："普遍的手足之情！我们都是平等的，所以让我们结成一个教派吧。"一旦结成了教派，你就是在反对平等，平等也就不复存在了。有的宗教宣扬人类普遍的手足之情，可实际上发生了什么呢？任何不是他们教派的人都不被视作兄弟，这是为什么？这样的人倒是更可能被割喉。基督教徒也谈论这些，但有些人却觉得不是基督教徒的人都必须被打发去那个会被永远炙烤的地方。

我们就这样在这个世界上追寻着普遍的手足之情和平等。当你们听到这样的言谈时，我希望你们能有所保留，要小心照顾好自己，因为这背后常常是最强烈的自私。"在冬天，有时会出现雷雨云，它不断咆哮着，却只打雷不下雨；而在雨季，云朵沉默不语，却用雨水淹没世界。"所以，真正的实践者、真正在心中感到人类普遍的手足之情的人，不会说得太多，不会为了人类普遍的手足之情去结成微不足道的教派；但他们的举止、行为和整个一生，都清楚地表明他们真的拥有对人类手足之情的感受，表明他们拥有对所有人的爱与同情。他们并不说话，而是行动和生活。这个世界充满了气势汹汹的大话，我们想要的则是：多一点认真热情的行动，少一点夸夸其谈。

到目前为止我们看到，很难找到与宗教有关的任何普遍的特征，但我们知道这样的特征是存在的。我们都是人类，但我们都平等吗？当然不是。谁说我们是平等的？只有疯子才这样说。我们的大脑、力量和身体是平等的吗？一个人比另一个人更强大，或比另一个人更有头脑。如果我们都是平等的，为什么会有这样的不平等存在？这是谁造成的？其实就是我们自己造成的。因为我们在头脑、身体上的能力各不相同，这注定会在我们之间造成一些差别。可我们知道，平等的教义深深吸引着我们的心。我们都是人类，但有些是男人，有些是女人。这里有黑人，有白人，但大家都是人，都拥有同样的人性。我们的面孔是千差万别的，我没见过两张同样的面孔，但我们都是人类。这个同样的人性在哪里？我发现一个男人或女人，可能是这种或那种肤色，但我知道，在所有这些面孔中有一种抽象的人性，它对于所有人来说都是共同的。当我尝试去把握、感知并实现它时，却反而找不到它了，但我知道它肯定存在。如果还有什么事情是我能够确定的话，那就是：这种人性对我们来说是共同的。正是通过这种一般化的东西，我把你们视作男人或女人。普遍宗教也是如此，它以神的形式贯穿世上各种各样的宗教，它必定而且的确永远存在。"我是贯穿所有这些珍珠的丝线"[1]，每一颗珍珠都是一种宗教或其中的一个教派。它们就是不同的珍珠，而万物之主则是贯穿它们的丝线，只不过大多数人完全没有意识到这一点。

多样性中的统一性是宇宙的蓝图。我们都是人，但又彼此不同。作为人类的一个部分，我与你们是一体的，但作为某某先生，我与你们是不同的；作为男人，你们与女人是分开的，但作为人类，你们与女人是一体的。作为人类，你们与动物是分开的，但作为生物，男人、女人、动物和植物都是一体的；作为存在，你们与整个宇宙是一体的。普遍的存在就是神，是宇宙中终极的统一性，在祂那里我们都是一体的。与此同时，在显现中，这些差异一定总会存在。在我们的行动中、在我们的能量中，当它们在外部显现时，这些差异一定总会存在。然后我们会发现，如果普遍宗教观念的意思是全人类都应该相信同一组教义，这肯定是不可能的。永远不可能有这样一个时间，所有面孔都变得一样。同样，如果我们期待存在一种普遍的神话，那也是不可能的，绝不可能是这样。同样，也不存在普遍的仪式。这样的状态是永远不会存在的，否则世界就会被摧毁，因为多样性是生命的第一原则。是什么使得我们变成存在者？是差异。完美的平衡只

---

1 出自《薄伽梵歌》7.7 中克里希那的话，黄宝生的译文是："没有比我更高的存在，/ 所有一切与我相连，/ 犹如许许多多珍珠，/ 它们串在一根线上。"

会带来我们的毁灭。假设这个房间里的热量趋向于相等和完全平均的分布，实际上热量就会停止存在。是什么使得宇宙中的运动成为可能？是平衡的丧失。只有当宇宙被摧毁时，千篇一律的统一性才会出现，否则这样的事情是不可能的。不仅如此，这还会非常危险。我们一定不要希望所有人都以同样的方式思考。这样思想就不会存在了。这样的话我们就都一样了，就像博物馆里的埃及木乃伊似的，面面相觑，默默无语。不同、差异，以及平衡的丧失，这些才是我们进步的灵魂，也是我们所有思想的灵魂，一直都是如此。

那么，我所说的普遍宗教的理想是什么意思呢？我指的不是任何普遍的哲学、神话或仪式，因为我知道，这个世界必须继续运转，环环相扣，这样盘根错节的机器是最复杂、最奇妙的。那我们可以做些什么呢？我们可以让它运转得更流畅，可以减少摩擦，让齿轮润滑。怎么做到这些呢？通过认识到多样性在本质上是必要的。正如通过自己的本性来认识统一性那样，我们也必须认识多样性。我们必须知道真理可以用十万种方式得以表达，每种方式就其自身而言都是真的。我们必须知道同样的东西可以从十万种不同的角度来看待，而这个东西本身是不变的。就拿太阳来说吧。假设一个人站在地球上，在早晨太阳升起时看着它，会看到一个大球。假设他开始了一趟朝向太阳的旅行，并且带着一部相机，在旅行的每个阶段都拍照，直到抵达太阳。每个阶段的照片看上去都与其他阶段不同，实际上当他回来时，会带回如此多不同的太阳照片。但我们知道，在旅行的不同阶段他拍摄的都是同一个太阳。万物之主也是如此。通过高级或低级的哲学，通过最高贵或最粗鄙的神话，通过最精致的仪式至上主义或最糟糕的拜物教，每个教派、每个灵魂、每个民族、每种宗教都在有意识或无意识地努力朝向神。人类所看到的真理的每一种形象，都是祂而不是任何其他东西的形象。假设我们都拿着容器去湖边取水，有人拿的是杯子，有人拿的是罐子，有人拿的是水桶，等等，而我们都装满了自己带的容器。无论容器是什么，水自然都会呈现出相应的形式。带的是杯子的人，打的水就是杯子的形式；带的是罐子的人，打的水就是罐子的形式，以此类推。但无论如何，容器中都只有水，别无他物。宗教也是如此；我们的心灵就像是这些容器，而我们每个人都在努力达到对神的亲证。神就像是充满了各种不同容器的水，在每个容器里，神的形象都会呈现为那种容器的样子。但祂是一，祂在任何情形下都是神，这是我们可以获得的唯一一种对普遍性的认知。

到目前为止，从理论上看还算不错，但有什么方法可以在实践上实现宗教中的和谐吗？我们发现，关于各种宗教观点都是正确的这种认知，其实已经非常古老了。在印度、埃及、欧洲、中国、中国西藏、日本，最后在美国，人们已经进行了数百次尝试，制定出和谐的宗教纲领，使得所有宗教都在爱中挽手而行。但它们都失败了，因为它们没有采取任何实际的计划。很多人都承认世上的所有宗教都是正确的，但他们并没有给出能够使它们融合在一起而又在洪流中保持自身个体性的实际方法。只有这样的计划才是实际的：它不会破坏信仰任何宗教的人的个体性，与此同时又向他显示出与其他所有人的结合点。到目前为止，在提议吸收各种不同宗教观点的同时，人们已经尝试了各种关于宗教和谐的计划，在实践中试图把它们归纳为一些教义，可由此却产生了更多新的教派、争斗和相互倾轧。

我也有自己的小小计划。我不知道它能否行得通，现在就交给你们来讨论吧。这计划是什么呢？首先，我希望人类能够承认这条格言："不要破坏。"激进的反传统改革者对世界没有益处。不要打断任何东西，不要拆毁任何东西，要去建设。如果可以的话就去帮助；如果不行的话，就双手合十站在一旁，看着事情的发展。如果不能提供帮助，就请不要带来损伤。只要一个人是真诚的，我们就不该对他的信念评头论足。其次，让人们站在他们所站立的地方，让他们从那里开始提升。如果神真的是所有宗教的中心，而且我们都沿着某一条半径走向祂，就肯定会到达那个中心。在所有半径相交的中心，一切差异都会消失，但除非到达那里，差异也就一定会存在。所有半径都汇聚在同一个中心。一个人会根据自己的本性沿着其中一条半径前进，而另一个人会走另一条路。如果我们都按照自己的道路前进，肯定都会到达中心，因为"条条大路通罗马"。我们都按照自己的本性自然地成长和发展，经过一段时间后都会知道最高的真理，人们必须自己教导自己。你和我能做些什么？你认为自己可以教哪怕一个孩子吗？不能。孩子自己教导自己，你的责任是提供机会并移除障碍。一株植物在生长，是你让植物生长的吗？你的责任是在它周围围上一圈篱笆，防止动物把它吃掉，你的职责也就到此为止了。那株植物自己生长，每个人灵性的成长也是如此。没有人能够教你，没有人能够使你成为一个有灵性的人。你必须自己教导自己，你的成长必须来自内部。

外部的老师可以做些什么呢？他可以清除一些障碍，而他的职责也就到此为止了。因此，如果可以的话就去帮助，但不要去毁坏。要放弃所有这样的想法：你可以使人变得有灵性。这是不可能的。除了自己的灵魂外，对你而言没有任何别的老师了，要认识到这一点。由此可以得到什么呢？在社会上，我们看到很多不同的本性，有数不清的心灵和倾向性。一种彻底的概括是不可能的，但从实际的角度考虑，把它们划分为四类就足够了。第一类是活跃的人，也就是行动者，他想要行动，肌肉和神经中都有大量的能量。他的目的就是行动——建造医院、街道，做慈善，做出计划并进行组织。第二类是有强烈情感的人，他极度热爱崇高和美丽的东西，热爱思考美丽的东西，享受大自然中带有审美性的那一面，崇敬爱本身和爱之神（God of Love）。他全心全意爱着所有时代伟大的灵魂、宗教的先知和地球上神的化身，并不关心理性是否能证明基督或佛陀的存在，不在乎登山宝训或是克里希那出生的确切日期，他关心的是他们的人格和让人喜爱的特征，这就是他的理想，是爱者的本性，是有强烈情感的人的本性。第三类是神秘主义者，他的心灵想要分析自身，想要理解人类心灵的运作、是内部的什么力量在运作，想要知道如何操纵和控制这些力量，这是神秘主义者的心灵。第四类则是哲学家，他想衡量一切，并使用自己的理智去超越人类哲学的所有可能性。[1]

为了满足最大多数的人类，一种宗教必须能够为所有这几类心灵提供养分，可在需要这种养分的地方，现存的所有教派却都很片面。假设你遇到一个宣扬爱与情感的教派，他们边唱边哭，还宣扬爱，可只要你说："我的朋友，这都挺好的，可我想要更有力的东西—— 一点点理性和哲学，我想一步接一步地、更理性地理解事情。"他们就会说："滚出去！"他们不仅会把你赶走，还会尽其所能把你打发到别的地方去。结果就是，这样的教派只能帮助那些性情上多愁善感的人。他们不仅无法帮助其他人，还试图去毁灭他们。整个事情中最邪恶的部分是，他们非但不帮助他人，还不相信那些人的真诚。同样，有一些哲学家对印度和东方的智慧高谈阔论，使用着长达五十个音节的心理学术语，可如果一个像我这样的普通人去问他们："你能告诉我任何可以使我变得灵性的东西吗？"他们的第一反应就是笑着说："噢，你在理性上比我们可差得太远了，怎么可能理解灵性呢？"这就是高高在上的哲学家。面对你们，他们只会端茶送客。还有一些神秘教派，他们谈论存在的不同层面、心灵的不同状态、心灵的力量可以做些什么，等等。如果你是个普通人并且说道："请向我展示任何我能做的善事，我不想做太多的思辨，你们能给予我什么适合我的东西吗？"他们就会笑着说："看看那个笨蛋，他一无所知，他的存在一文不值。"这样的事情到处都在发生着。我想找到所有这

1　这里说的四种心灵和倾向性分别对应四种瑜伽：业瑜伽、奉爱瑜伽、王瑜伽、智瑜伽。

些教派的极端拥护者，把他们关在一个房间里，把他们美丽的、充满讽刺意味的笑容都给拍下来！

这就是宗教现在的状况，也是世界现在的状况。我想要传播的是一种所有心灵都能平等接受的宗教，它对哲学、情感、神秘学和行动的助益必须是同等的。大学教授、科学工作者和物理学家会寻求理性，那就让他们尽可能多地拥有自己想要的东西。一定会有这样一个临界点，超越这个临界点之后，他们会认为，如果不打破理性就无法前进了。他们会说："这些关于神和救赎的观念都是迷信，别被它们的伪装骗了！"我则会说："哲学家先生，您的身体才是一个更大的迷信。放弃它吧，不要回家吃晚饭或躺进你的哲学之椅。放弃这具身体吧，如果做不到的话，就请求宽恕并坐下吧。"宗教一定能够表明如何实现这样的哲学：它告诉我们这个世界是一，告诉我们宇宙中只有一个存在。同样，如果神秘主义者来了，我们也必定会欢迎他，准备好为他提供心智分析方面的科学（the science of mental analysis），并在他面前进行实际的演示。如果情感丰富的人来了，我们一定会以万物之主的名义与他一起坐卧、欢笑、哭泣，我们一定会"饮下一杯爱并变得疯狂"。如果精力充沛的行动者来了，我们一定会竭尽所能与他一起行动。这样的联合将会是最接近普遍宗教的理想。愿上天让所有人都变成这样的人：哲学、神秘主义、情感和行动这些要素都同等地充斥在他们心中！这就是我关于完美之人的理想。任何只拥有一种或两种要素的人在我看来都是"片面"的，这个世界几乎充满了这样"片面"的人，他们只拥有自己所走的那条路的知识，而任何其他东西对于他们来说都是危险的、可怕的。在所有这四个方向实现和谐的平衡，这就是我关于宗教的理想。在印度，这种宗教是通过瑜伽——结合（union）[1]——来获得的。对于行动者来说，这是人与整个人类的结合；对于神秘主义者来说，这是他较低级的自我和更高级的大我的结合；对于爱者来说，这是他自己和爱之神的结合；对于哲学家来说，这是一切存在的结合。这就是瑜伽的意思。这是一个梵语词，而瑜伽的四个部分在梵语中都有不同的名字。追寻这种结合的人被称作瑜伽士（yogi）。行动者被称为业瑜伽士（karma yogi），通过爱来寻求这种结合的人被称作奉爱瑜伽士（bhakti yogi），通过神秘主义来寻求它的人被称作王瑜伽士（rāja yogi），通过哲学来寻求它的人被称作智瑜伽士（jñāna yogi）。"瑜伽"这个词包含了所有这些方面。

让我们先来谈谈王瑜伽（rāja yoga）。王瑜伽，也就是对心灵的掌控，究竟是什么呢？在这个国家里，你们恐怕会把"瑜伽"这个词与各种稀奇古怪的东西联系在一起，因此我必须首先告诉你们并不是这样的。任何一种瑜伽都不会要求放弃理性，不会让你们受到蒙蔽，也不会把你们的理性转交到任何类型的神职人员手中。每种瑜伽都不会让你们效忠任何超凡的使者，都告诉你们要坚持自己的理性，牢牢抓住它。在所有存在者中，我们发现了三种知识的工具。首先是本能，你们会在动物中发现本能得到了最充分的发展，但这是知识的最低级的工具。第二种工具呢？那

1　"瑜伽"（yoga）一词的本意即有结合、连接的意思。

就是推理。你们会发现这在人类这里是最发达的。首先，本能是一种不充足的工具，动物活动的范围是非常有限的，本能就是在这样有限的范围内起作用。在涉及人类时，你们看到它在很大程度上发展成了理性，活动的范围在此也扩展了。但即便理性也仍然是非常不充分的。理性只能前进一点点，然后就止步不前了，如果你们尝试去推动它，结果将会是无助的混乱，理性自身会变得一点都不理性。逻辑会变成循环论证。我们以物质和力为例，这是我们感知的基础。什么是物质？那是力施加于其上的东西。可什么是力呢？那是施加于物质上的东西。你们看到了其中的复杂之处，这被逻辑学家称为跷跷板（see-saw）[1]：这个观念依赖于那个观念，可那个观念也依赖于这个观念。你们会发现，理性面前有一个巨大的障碍，不超越它推理就无法进行，人们总是迫不及待地要进入无限者的超越领域。这个世界，也就是我们的感官所感到的宇宙或我们的心灵所思考的宇宙，不过是无限者的一个原子，它被投射到意识的层面上，我们的理性就在由意识之网所限定的狭隘限度内运作，无法超越。因此，一定存在其他工具带我们超出这样的限度，这样的工具就被称为灵感（inspiration）。所以，本能、理性和灵感是知识的三种工具。本能属于动物，理性属于人类，灵感则属于神人（God-men）。但在所有人类那里，这三种工具的萌芽都或多或少地被发现了。为了让这些精神工具得以发展，萌芽必须存在。我们还必须记住：一种工具是另一种

---

[1] 目前的逻辑学中似乎没有这个术语，不清楚辨喜这个说法的根据是什么。不过他要表达的意思还是很清楚的。

工具的发展，因此它们并不是相矛盾的。是理性发展成了灵感，因此两者并不相矛盾，灵感是理性的充分实现。理性不能得到的东西被灵感照亮，这些东西并不与理性相抵触。老人并不与孩子相抵触，而是孩子的充分实现。因此你们必须始终牢记，最大的危险在于把较低级的工具形式当作较高级的工具形式。本能多次被当作灵感呈现在世界面前，然后所有关于预言能力的虚假说法就都出现了。一个傻瓜或疯子会认为自己大脑中的混乱就是灵感，还想让大家跟随自己。世上曾被宣扬过的最自相矛盾、最没道理的胡言乱语，不过就是来自疯子混乱大脑的黑话，就是这些东西竟然还试图冒充灵感的语言。

检测真正的教导的第一条标准就是：这种教导不应该与理性相抵触。你们会看到，这就是所有这些瑜伽的基础。让我们再来看看王瑜伽，这是关于心理学的瑜伽，是通向结合的心理学之路。它是一门广阔的主题，而我现在只能向你们指明它的核心观念。我们只拥有一种获得知识的方法。从最低级的人到最高级的瑜伽士，所有人都必须使用同样的方法，这被称作专注（concentration）。在实验室工作的化学家集中了心灵中的一切力量，把这些力量集中在一个焦点上，投射到元素上去，这些元素得到分析，知识就被获得了。天文学家也将心灵的力量集中到一个焦点上，通过望远镜把它们投射到天体上，恒星和星系在运动着，向他敞开自己的秘密。就这样，在所有情形下——坐在椅子上的教授、看书的学生——所有在行动的人都知道这样的事情。你们在听我说话，如果我的话让你们感兴趣，你们的心灵就会专注在它们之上；假设此时闹钟响了，由于有这样的专注，你们也不会听到闹钟声。越是能让心灵专注，你们就能越好地理解我；越是让自己的爱和力量专注，我就能越好地表达想要传达的东西。这种专注力越强大，获得的知识就越多，因为这是获得知识的唯一方法。即便是最低级的擦鞋匠，如果能更专注的话，也会把鞋擦得更好，而专注的厨师会做出更好的饭菜。在挣钱、崇拜神或做任何事情方面，专注力越强，人们就能做得越好。这是一种召唤、一种敲击，它打开了本性的大门，让光亮照射出来。专注力是打开知识宝库的唯一钥匙。王瑜伽体系几乎就是专门练习它的。在目前的身体状况下，我们的注意力如此分散，我们的心灵在无数事情上挥霍着自己的能量。一旦我试图让思想平静下来并把心灵集中到任何一个知识对象上去，就会有成千上万非我所愿的冲动涌进大脑，就会有成千上万的想法涌进心灵并扰乱它。如何发现这一点并让心灵得到控制，就是王瑜伽研究的全部主题。

现在来看看业瑜伽，也就是通过行动来达到神。显然，社会上有些人似乎就是为了某种活动而生的，他们的心灵无法单纯专注于思想层面，他们只拥有一种观念，这种观念在行动中变得具体化、可见、可感知。肯定也会有针对这种生命的科学。我们都在从事某种行动，但大多数人都挥霍掉了自己大部分的能量，因为大家并不知道行动的秘密。业瑜伽解释了这种秘密，并教导我们应该在哪儿行动、如何行动，如何最大程度地利用自己的能量去尽可能好地完成眼前的行动。但在了解了这个秘密之后，我们必须考虑那种反对行动的巨大力量，也就是说，行动会引起痛苦。所有不幸和痛苦都来自执着。我想要行动，想对人类做些善事，但十有八九会出现的情况是，我帮助的那个人是忘恩负义的，而且还反对我，这样的结果对我来说可真痛苦。这样的事情会阻止人类去行动，对痛苦和不幸的恐惧在相当大的程度上破坏了人类的行动和能量。业瑜伽指导我们如何为了行动而行动，不要执着，不要关心被帮助的人是谁，不要关心这样的帮助是出于什么目的。业瑜伽士之所以行动，是因为这是他的本性，是因为他感到这样做对自己而言是好的，除此之外没有任何目的。他在这个世上的定位就是一个给予者，他从不在乎是否收到任何东西。他知道自己在给予，而且不要求任何回报，因此才避开了不幸。无论痛苦在什么时候到来，都是"执着"的反作用力的结果。

接下来的奉爱瑜伽是为了那些在本性上拥有强烈感情的人的，这些人是爱者。他想爱神，依赖并使用各种仪式、鲜花、香火、美丽的建筑、形式和所有类似的东西。你要说这些是错误的吗？我们必须告诉你们一个事实。大家最好记住，尤其是在这个国家，世上伟大的灵性巨人只产生自那些拥有丰富神话和仪式的宗教教派。所有试图不借助任何形式或仪式而去崇拜神的教派，都毫无怜悯地粉碎了宗教中一切美丽和崇高的东西。他们的宗教最多是一种狂热，是枯燥无味的东西。世界历史就是对这种事实的见证。因此，不要谴责这些仪式和神话，让人们拥有它们吧，让渴望这些的人拥有它们。不要表现出不屑一顾的嘲笑，不要讥讽他们说："这是些傻瓜，随他们去吧。"不要这样。我在一生中见过的最伟大的人、在灵性发展上最出色的人，都来自这些仪式的规训。我不认为自己有资格坐在他们脚下，更没有资格批判他们！我怎么知道这些观念如何作用于人类的心灵？我该接受哪些观念、拒绝哪些观念？我们会倾向于批评世上的一切东西，却并没有充分的道理。让人们拥有自己想要的所有神话吧，带着神话中美丽的灵感。你们必须始终牢记，情感的本性并不关心真理的抽象定义。对拥有强烈感情的人来说，神是可感知的，是唯一真实的东西。他们感到、听到、看到了祂，他们爱祂。让他们拥有自己的神吧。理性主义者在他们看来倒像是傻瓜，因为理性主义者在看到美丽的塑像时，竟然想要打破它以找出它是由何种材料制成的。奉爱瑜伽教导人们如何去爱，<u>丝毫不能别有用心</u>。爱神、爱善，只是因为这样做是好的，而不是为了往生天堂、得到孩子、获得财富或其他事情。它教导人们，爱本身就是爱的最高回报——神自身就是爱。它教导人们，要全心全意向神致敬，神是创造者、全在者、全知者、伟大的支配者、父亲和母亲。可以表达祂的最高级的措辞、人类心灵可以设想的关于祂的最高观念就是：祂是爱之神。任何有爱的地方就有祂。"神就是爱。住在爱里面的，就是住在神里面，神也住在他里面。"[1]在丈夫亲吻妻子的地方，祂就在亲吻中；在母亲亲吻孩子的地方，祂就在亲吻中；在朋友相互握手的地方，万物之主作为爱之神出现。当一个伟大的人热爱并希望帮助人类时，祂就在那里慷慨地将自己爱中的恩惠给予人类。在人心所及的地方，祂就得以显现。这就是奉爱瑜

---

1 《新约·约翰一书》4.16。

伽的教导。

最后我们来看看智瑜伽士，他是哲学家、思想家，想要超越可见的东西。他不满足于世上渺小的东西。他的想法是要超越日常的吃喝拉撒，教授给他几千本书都无法令他满意，甚至所有的科学都无法令他满意，因为那最多也就是把这个渺小的世界呈现给他。还有什么可以令他满意呢？甚至无数的世界体系也不会让他满意，在他看来，这些不过是沧海一粟。他的灵魂想超越所有这些东西，进入存在的核心，而方法是如实地看到实在，亲证祂、成为祂，与普遍的存在成为一体——这就是哲学家。说神是父亲或母亲，是创世主，是宇宙的保护者和指引者，这些对他而言都完全不足以表达祂。在他看来，神是他生命的生命、灵魂的灵魂。神就是他的大我，除了神之外再无其他东西。一切可朽的部分都被哲学的重击打得粉碎，清除得一干二净，最后真正剩下的东西就是神自身。

同一棵树上有两只鸟，一只在上一只在下。上面的那只鸟平静、沉默、庄严，沉浸在自己的荣耀中，下面那只交替吃着甜美和苦涩的果子，在树枝间跳来跳去，在快乐与痛苦间变来变去。一段时间后，下面的鸟吃了一颗特别苦涩的果子，感到很恶心，并抬头看到了那只有着神奇金色羽毛的鸟，那只鸟不吃甜美或苦涩的果子，既不快乐也不痛苦，却很平静，把大我放在中心，不去看任何大我之外的东西。下面的鸟也渴望变成这样，但很快就忘记了，又开始吃果子。不一会儿，它又吃到了另一颗非常苦涩的果子，感到非常痛苦，便再次抬头，试图更靠近上面那只鸟。可它再次忘记了这一点，然后又试图靠近，就这样反复着，直到它离那只鸟非常近并且看到对方周身围绕着羽毛反射出的光，它感到了一种改变，自己似乎溶解掉了。当它靠得再近一些，自身的一切都溶解掉了，它最终理解了这种奇妙的改变。下面的鸟其实不过是影子，是上面那只鸟的投影，从本质上说，它自己一直就是上面那只鸟。吃甜美或苦涩的果子、交替地哭泣和欢笑，这不过都是空洞的幻想，是一场梦。真正的鸟始终都在上面，平静而沉默，庄严而荣耀，超越悲伤，超越苦难。上面的鸟就是神，是宇宙的万物之主，下面的鸟则是人类的灵魂，吃着世上甜美和苦涩的果子。灵魂时不时会遭受沉重的打击。有一段时间，它不再进食，走向未知的神，而光明也涌现出来了，它认为这个世界是空洞的幻影。然而感官又把它拖拽下来，它开始像之前一样吃世上甜美和苦涩的果子。然后又是异常沉重的打击，它的心再次向神圣的光明敞开。它就这样逐渐接近神，随着距离越来越近，它发现旧的自我溶解了。当靠得足够近时，它发现自己就是神，因而惊呼道："我向你们描述的那个宇宙生命，那个出现在原子、太阳和月亮中的祂——就是我们生命的基础，是我们灵魂的灵魂。不，汝即那。"这就是智瑜伽（jñāna yoga）所教导的东西。它告诉人们，人本质上就是神圣的。它向人类展示了存在的真正统一性，展示了我们每个人都是显现在地球上的万物之主自身。从爬行在我们脚下的最低级的蠕虫，到我们带着惊奇和敬畏而仰望着的最高级的存在者——所有这些都是同一个万物之主的显现。

最重要的是，所有这些瑜伽都必须在实践中被践行，因为单纯的理论不会给我们带来任何好处。我们首先必须对它们有所了解，然后必须思考它们。我们必须把这些思想推断出来，把它们铭记在心，还必须冥想它们、亲证它们，直到它们最终变成我们的全部生命。宗教将不再是一堆观念或理论，也不再是理智上的赞同，而是会进入我们内心深处。通过理智上的赞同，我们可能会在头一天认可很多愚蠢的东西，第二天又完全改变了想法。但真正的宗教永远不会改变。宗教是亲证，不是言谈，不是教义，也不是理论，这些东西再美丽也不是宗教。它是存在和生成（being and becoming），不是听说或承认，而是整个灵魂都变成它所信仰的东西——这才是宗教。

吠檀多哲学和数论哲学

公开的秘密

加利福尼亚州洛杉矶　1900 年 1 月 5 日

　　无论试图以何种方式如其所是地理解事物，只要分析得足够深入就会发现，自己最终会进入一种奇特的、看上去是自相矛盾的状态中：我们的理性无法把握的东西却是事实。我们开始处理某个东西——我们知道它是有限的，但只要开始分析它，就会超出我们的理性，结果我们永远不会穷尽它的性质、可能性、力量和关系，它变得无限了。就拿一朵普通的花来说吧，这可真是有限，可谁能够说自己知道了关于这朵花的全部事情？任何人都不可能穷尽关于那一朵花的知识。这朵花变得无限了——可它在一开始却是有限的。一粒沙子也是如此，让我们来分析它。我们假定它是有限的，可最终发现并非如此，它是无限的，我们却把它看成是有限的。花朵同样被当作有限的东西。

　　无论在身体还是精神方面，我们所有的思想、经验莫不如此。我们或许会从一个很小的东西开始，把它们理解为渺小的，

117

可它很快就会迷惑我们的知识，纵身跃入无限的深渊。而第一个被感知到的最伟大的东西，就是我们自己。我们也处在同样的关于存在的两难困境中。我们存在。我们看到自己是有限的存在者，生生死死，视野是狭窄的。这里的我们是有限的，面对着周围无垠的宇宙，大自然可以在一瞬间让我们的存在灰飞烟灭，我们渺小的身体只是被连结在一起，随时可能在一瞬间支离破碎。我们都很清楚这些。在行动的领域内，我们是多么无力啊！我们的意愿到处受挫，我们想要做如此多的事情，可真正能做的又有多少！我们的意愿可是无限的，可以想要一切东西，可以渴望前往天狼星，但得以实现的愿望何其少啊！身体不允许我们实现这些愿望，好吧，大自然也会阻碍愿望的实现。我们非常脆弱，花朵、沙粒、物理世界和每一种思想，这些东西的真实性都比我们自己的真实性多上一百倍。我们也处于同样的存在的两难困境中：既是有限的又是无限的。我们就像大海中的波浪，波浪既是海洋又不是海洋。我们不可能对着波浪中的任何部分说"这是海洋"。"海洋"这个名称适用于波浪，也同样适用于海洋的所有其他部分，这些部分又是与海洋相分离的。在存在的无限海洋中，我们就像是小小的涟漪。与此同时，当我们想真正把握自己时，却又做不到——我们又变成了无限者。

我们仿佛走在梦中。梦在梦境里并没有什么，但只要你们想抓住其中的一场梦，它就会消失。为什么？它并不是错误的，而是超出了理性的能力，理智的力量无法理解它。生命中的一切如此浩大，以至于理智也相形见绌。它拒绝受到理智法则的束缚！

它嘲笑理智试图在自己周身布下的束缚。人类灵魂的情况还要比这广大上一千倍。"我们自己"——这就是宇宙最大的谜团。

这一切多么奇妙啊！看看人类的眼睛吧，它多么容易被摧毁，但最大的太阳仅仅因为你们眼睛的观看才存在，世界仅仅因为你们眼睛的见证才存在。想想那个谜团吧！想想那些可怜的、渺小的眼睛！强烈的光或一根针就可以摧毁它们，可最具毁灭力的引擎、最大的灾难、最奇妙的存在、无数的恒星、月亮和行星都依赖于眼睛的存在，而且必须由这一对小东西来见证！它们说"自然啊，你存在"，我们才相信自然存在。所有的感官都是如此。

这是什么意思呢？什么是软弱？什么是强大？什么是伟大，什么是渺小？在存在的奇妙的相互依存中，最小的原子对于整个存在来说也是必不可少的。什么是高，什么是低？谁是伟大的，谁是渺小的？这可真是不恰当的说法啊！为什么是这样呢？因为没有人是伟大或渺小的。一切都在无限的海洋中相互渗透，它们的实在就是无限，而任何表面上的东西也都是那个无限。那棵树是无限的，你们看到或感到的一切都是如此——每颗沙粒、每个思想、每个灵魂、每个存在的东西都是无限的。无限就是有限，有限就是无限，这就是我们的存在。

现在这或许是真的，但所有对无限者的感觉现在几乎都是无意识的。我们并不是忘记了自己无限的本性：没有人可以这样做。谁能想到自己可能被消灭？谁能想到自己会死？没有人。我们与无限者的全部关系都在不知不觉中运作着。因此在某种意义上，我们忘记了自己真正的存在，所有苦难就由此出现了。

在实际的日常生活中，我们被微不足道的事情伤害，被微不足道的存在者奴役。苦难之所以出现，是因为我们认为自己是有限的——认为我们是微不足道的存在者。可要相信我们是无限的存在者是多么困难啊！在所有的苦难和麻烦中，当一件微不足道的事情就可以让我们失去平衡时，我们必须相信自己是无限的。实际上我们就是无限的，我们有意识或无意识地在寻找那个无限的东西，一直在寻找那个自由的东西。

从没有一个人类种族没有宗教，不崇拜神或神祇。神或神祇是否存在，这不是问题，问题是，如何分析这种心理学现象？为什么整个世界都在试图发现或寻找神？为什么？因为尽管有所有这些束缚，尽管大自然和自然法则的强大能量碾压着我们，绝不允许我们走向另一面——无论走到哪里、无论想做什么，我们都受到自然法则的阻挠，它是无处不在的——尽管如此，人类灵魂也从未忘记自己的自由，并一直在寻找它。所有宗教都在追寻自由，无论它们是否知道这一点、是否很好地做出表述，这样的观念都一直存在。即便最低级、最无知的人，也在追寻一个掌控着自然法则的东西。他想看到一个恶魔、一个鬼魂、一位神祇，总之是某个可以征服大自然的存在者，对这个存在者来说，大自然不是全能的，也不存在自然法则。"噢，这个存在者可以打破自然法则！"这是发自人类内心的呼唤。我们一直在寻找打破自然法则的存在者。高速运动的列车沿着铁轨行驶，渺小的蠕虫让开了路，看到这样的场景我们会立即说："列车是死的，是机器，蠕虫则是活的。"因为蠕虫试图打破自然法则。引擎的全部力量和能力都绝不会打破自然法则，它沿着人们希望的方向前进，但只能如此。蠕虫虽然非常渺小，却试图打破自然法则并避免危险，尝试让自己反其道而行，坚持自己的自由，它身上有着未来的神的迹象。

我们到处都可以看到这种自由的主张，这是灵魂的自由。它在每种宗教中都以神或神祇的形象体现出来，但这都只是外部的——只是为了那些仅仅在外部看到神祇的人。人的渺小是由自己决定的，他害怕自己永远不会自由，所以去寻找自然之外的某个自由的人。他认为有很多很多这样的存在者，并逐渐把它们合并为一个众神之神、万主之主。即便如此他仍不满足，试图进一步接近真理，然后逐渐发现，无论自己是什么，其实都以某种方式同众神之神、万主之主联系在一起。虽然认为自己受到束缚、是低级而软弱的，但他以某种方式与众神之神联系在一起。他看到了各种景象，思想开始出现，知识开始进步。然后他开始愈加接近那个神，最终发现：那个神和所有神祇，以及与追寻全能且自由的灵魂有关的整个心理学现象，都不过是他关于自身的观念的反映。最后他发现，不仅是"神就照着自己的形像造人"[1]，而且是人照着自己的形象造了神。这带来了神圣自由的观念。神圣的存在总是在内部的，在近得不能再近的地方。我们曾在外部寻找祂，最后却发现祂就在我们内心的最深处。你们可能听说过这个故事，有人误把自己的心跳声当作敲门声，打开门后却发现空

1 《旧约·创世记》1.27。

无一人，只好又回来。接着他似乎再次听到敲门声，但还是没有人。然后他才知道那是自己的心跳，而他误以为是敲门声。同样，人们在经过寻找后发现，自己一直以为在外部自然中的无限自由其实就是内在的主体，就是永恒的灵魂的灵魂，就是实在，就是他自己。

最终他开始认识到存在着奇妙的双重性：无限和有限的主体是一体的，无限的存在就是有限的灵魂。无限者似乎陷入了理智的网络中，看上去显现为有限的存在者，但实在并没有改变。

因此，这才是真正的知识：我们灵魂的灵魂，我们内在的实在，就是那个不变的、永恒的、永远得到福佑的、永远自由的东西。这是我们所依赖的唯一坚实的基础。

这是所有死亡的终点，是所有不朽的降临，也是所有痛苦的终结。那个在多中看到一的人，那个在充满变化的宇宙中看到不变的一的人，那个把祂看作自己灵魂的灵魂的人，会获得永恒的宁静——没有其他人能够获得。

在苦难和退化的深渊中，灵魂发出一束光芒，人们醒了过来，并发现什么是真正属于自己的、永远不会失去的东西。不，我们永远不会失去真正属于自己的东西。谁会失去自己的存在（being）？谁会失去自己的实存（existence）？如果我是善良的，那么存在是第一位的，然后才会有善的品质出现。如果我是邪恶的，那么存在仍然是第一位的，然后才会有邪恶的品质出现。存在是第一位的，也是最终的、永恒的，绝不会失去，永远在那里。

因此，这里包含着所有人的希望。没有人会死亡，没有人会永远衰退下去。生命不过是一个游乐场，无论游戏的规模多么宏大。无论我们会遭受多大的打击，无论会受到多大的伤害，灵魂都在那里，永远不会受伤。我们就是那个无限者。

一位吠檀多主义者唱道："我从不害怕或疑惑。死亡从不会到我这里来。我从没有父母，因为我从未出生。我哪有仇敌？因为我就是全部。我是存在、知识和绝对的欢喜。我就是祂，我就是祂。愤怒、欲望、嫉妒、邪恶的思想和所有这些东西从未出现在我这里，因为我是存在、知识和绝对的欢喜。我就是祂，我就是祂。"

这是对所有疾病的治愈，是可以疗愈死亡的玉液琼浆。我们在这个世界上，我们的本性却在反抗它。再说一遍："我就是祂，我就是祂。我从不恐惧、疑惑或死亡。我没有性别、信条或肤色。我还能拥有什么信条？我还能属于哪个教派？我还能被哪个教派说服？我在每个教派中！"

无论身体做出怎样的反抗，无论心灵做出怎样的反抗，在最黑暗的深渊中，在最痛苦的折磨中，在最无助的绝望中，都要重复那些话，一遍、两遍甚至更多。光明的到来可能会和缓、迟慢，但它一定会到来的。

我多次陷入濒死、饥饿、酸痛和疲倦；曾连续多天没有食物，常常无法行走。我会无力地坐在树下，生命似乎在消退。我无法说话，也几乎无法思考，但最终我的心灵回归到了这样的想法："我没有恐惧或死亡，从不饥饿或口渴。我就是祂！我就是祂！整个大自然都不可能碾压我，它是我的仆人。请宣告您的力量吧，万主之主，众神之神！请您重拾失去的帝国！站起来前进，不要停留！”于是，我站了起来，重整旗鼓，现在活着，在这里。因此，只要黑暗降临，我们就要坚信实在，坚信一切不利的东西都必定会消失。毕竟这只是一场梦。尽管困难看上去有山那么高，尽管一切看上去都可怕而阴沉，但它们只是摩耶。不要害怕，这都会被祛除的。压碎它，然后它就消失了，用力踩它，它就消亡了。不要害怕，不要去想自己失败了多少次，别介意这些，时间是无限的。前进吧：一次次地宣告，光明就一定会到来。你们可以为每个出生的人祈祷，但谁来帮助你们呢？谁知道如何逃脱不可避免的死亡呢？只能自己帮助自己。我的朋友啊，没有别人能够帮助你们。因为你们自己才是最大的敌人，才是最了不起的朋友。要牢牢抓住大我，站起来吧，不要害怕，在所有苦难和软弱的深渊里，让大我释放出来，尽管它最开始是微弱和难以察觉的。你们会获得勇气，最后会像狮子一样吼叫道：“我就是祂！我就是祂！”

“我既不是男人也不是女人，既不是神祇也不是恶魔，不是任何动物、植物或树木。我既不贫穷也不富裕，既不博学也不无知。所有这些与我都没有什么可比性，因为我就是祂！我就是祂！看啊，我是日月星辰上闪耀的光芒！我是火焰的美丽！我是宇宙中的力量！因为，我就是祂！我就是祂！

“任何认为我很渺小的人都犯了错误，因为大我就是一切存在的东西。太阳之所以存在，是因为我宣称它存在。离开了我，一切都无法存留，因为我是存在，是知识，是绝对的欢喜——永远幸福、永远纯洁、永远美丽。看啊，太阳是我们视觉的原因，但它本身并不被任何人眼睛的缺陷影响，对我而言也是如此。我通过所有器官行动，通过一切东西行动，但行动的善与恶从来没有附着在我身上。对我来说，没有法则，也没有业。我拥有着业力的法则。我过去和现在都是我所是（I ever was and ever am）。

"我真正的愉悦从不发生在尘世的事物中——不在丈夫、妻子、孩子或其他东西中。因为我就像是无限的蓝天：各种颜色的云朵在空中飘过，停留几秒钟，它们消散了，蓝天却从未改变。幸福与苦难、善与恶可能会在片刻笼罩我，遮盖大我，但我仍然在那里。它们之所以消散，是因为它们是可变的；我之所以闪耀，是因为我是不变的。如果苦难来临，我知道它是有限的，因此一定会消亡；如果邪恶来临，我知道它是有限的，因此一定会离去。只有我是无限的，不被任何东西影响。因为我是无限者，是永恒者，是不变的大我。"

——这是我们一位诗人的吟唱。

让我们饮下这一杯，它会导向所有不朽、不可改变之物。不要害怕，不要相信我们是邪恶的、有限的、会死的。这不是真的。

"这就是要听到的东西，接着去思考它，然后去冥想它。"在行动时，心中要重复道："我就是祂！我就是祂！"要思考它、梦到它，直到它深入你的骨髓，变成你的血肉，直到关于渺小、软弱、苦难、邪恶的可怕噩梦完全消失，只有那时真理才不会再向你隐藏片刻。

通向福佑之路

今晚我会向你们讲述吠陀中的故事。吠陀是印度教的神圣经典，是大量文献的汇集，其中最后的部分被称作吠檀多，意思是吠陀的终结。吠檀多处理吠陀中的理论，尤其是我们关心的哲学。它是用古老的梵语（archaic Sanskrit）[1]写就的，你们必须记住它可是在数千年前完成的。某个人想做一场盛大的祭祀。在印度的宗教里，祭祀扮演了重要的角色。存在着各种不同的祭祀。人们建造祭坛，把祭品投入火中，重复着各种颂歌，在祭祀的末尾，人们会准备好献给婆罗门和穷人的布施。每场祭祀都有自己独特的布施。有一场祭祀是这样的，一个人必须放弃自己拥有的一切。尽管这个人很富有，却非常吝啬，同时他又想通过进行这样一场最难的祭祀来博得好的声望。在进行祭祀时，他没有放弃自己的一切，而是仅仅献出了又瞎、又跛、又老、也不会再

1　吠陀文献使用的梵语被称为"吠陀梵语"，是最古老的，区别于"史诗梵语"和后世规范后的"古典梵语"。

产奶的奶牛。但他有一个儿子，名叫那吉盖多[1]，这是个聪明的小男孩，他看到了父亲准备的不像样的布施，琢磨着由此会累加在自己父亲身上的坏处，决心通过把自己作为布施来做出修正。他对父亲说："您打算把我献给谁？"父亲并没有回答，而他又第二次、第三次地追问，直到父亲厌烦地说道："我要把你献给阎摩（Yama），献给死神。"那个男孩径直去了阎摩的领地。阎摩不在家，他只好在那里等。三天后阎摩回来了，并对他说道："婆罗门啊，您是我的客人，可您在这里饿了三天了。我向您致敬，为了做出补偿，我许可给您三个恩惠。"男孩说出了第一个恩惠："希望父亲对我的愤怒能平息下来。"第二个恩惠是他想知道某种祭祀。然后是第三个恩惠："当人死去时，就会出现这个问题：他会变得怎样呢？一些人说他不再存在，另一些人说他还存在，请告诉我答案是什么。这就是我想要的第三个恩惠。"死神回答说："古代的神祇试图揭开这个谜团，这个谜团如此精微，很难被知晓。还是要个别的恩惠吧，别想这个了。比如可以要百年的寿命，或者是牛和马，甚至伟大的王国。请别强求我回答那个问题。无论你想要怎样的愉悦，我都会满足的，只是不要探求这个秘密。"男孩继续说道："不，先生，我并不满足于财富。我们的财富和寿命都在您的支配下。如果一个生活在尘世的凡人拥有了知识，获得了不腐、不朽的陪伴，知道歌舞带来的愉悦的本质，怎么还会在长寿中感到快乐呢？请告诉我关于伟大来生的秘密

1　那吉盖多（Naciketa）的翻译采用了黄宝生译本中的译法。这个故事出自《伽陀奥义书》。

吧，我不想要任何别的东西，死亡的秘密才是那吉盖多想要的。"死神感到很高兴。在之前的几次演讲里我们说过，智慧（jñāna）可以让心灵做好准备。可以看到，第一个准备就是：一个人除了真理之外，一定不要渴求任何别的东西，要为了真理而真理。看看这个孩子拒绝了死神提供的哪些施舍：财富、财产、金钱、长寿。他准备为了这种观念、知识和真理献出一切，只有这样真理才会到来。死神感到高兴，他说："有两条道路，一条通向享受，另一条通向福佑。这两条道路以各种方式吸引人类。选择了福佑之路的人成为智者，选择了享受之路的人却变得堕落。那吉盖多啊，我赞美你，你并没有要求满足欲望。我用各种方式引诱你走向享受之路，你却能经受住所有诱惑，你知道知识比享受的生活高级得多。

"你已经理解了，生活在无知和享受中的人与野兽别无二致。很多人深陷无知却还洋洋自得，自以为是了不起的智者，在弯弯曲曲的歧路上绕来绕去，就像被瞎子引导着的瞎子。那吉盖多啊，这样的真理绝不会在孩子般无知的人的心中闪耀，他们已经被一团团尘土迷住了。他们不理解这个世界，也不理解其他世界。他们否认这条真理和其他真理，因此一再被我控制。很多人甚至没有机会来听说这样的真理，还有很多人听到了却无法理解，因为他们的老师不够出色，可见承载知识的人也必须非常了不起。如果说话的人不那么高级，即便听了一百次、教了一百次，真理也绝不会照亮灵魂。那吉盖多啊，不要用空洞的论证扰乱自己的心灵，这条真理只有在纯洁的心灵中才变得光彩夺目。

不经历最大的困难就无法看到祂，祂是隐藏的，祂已经进入了内心最深处的洞穴——就是古老的一——不可能被外部的肉眼看到，要用灵魂之眼看到祂，既要放弃痛苦也要放弃快乐。知道这个秘密的人会放弃所有空洞的欲望，并获得极其精微（superfine）的感知，因此永远得到福佑。那吉盖多啊，那就是福佑之路。祂超越了一切德性、一切恶行、一切职责、一切职责之外的东西、一切存在、一切东西，他知道这一点，也只有他知道。祂是所有吠陀都在寻找的东西，人们为了看到祂经历各种苦行，我会告诉你祂的名字：那就是 oṃ。这个永恒的 oṃ 是梵，是不朽的一。如果一个人知道这个秘密，无论想要什么都会梦想成真。那吉盖多啊，你想了解的人类的大我，既不会出生也不会死亡。没有开始，永远存在，在身体毁灭时这个古老的一不会被摧毁。如果杀人者认为自己可以杀戮，而被杀死的人认为自己可以被杀死，他们就都错了，因为大我不可能杀戮，也不可能被杀死。一切生命的万物之主存在于一切存在者的心灵洞穴中，比最小的粒子还无限小，比最大的存在还无限大。在祂的所有荣耀中看到祂的人，会通过万物之主的仁慈而变得无罪。（我们发现，神的仁慈正是获得对神的亲证的原因之一。）无论站立还是坐下，祂都无处不在。除了心地纯洁、具有精妙理解力的人，还有谁有资格在各种相抵触的属性中遇到神呢？没有身体，却生活在体内；似乎可以触摸，却又无法被触碰；而且是全在的——智者知道真我就是这样的，他们已经抛开了所有的苦难。通过研究吠陀、通过最高的理智、通过大量的学习，都不能达到真我。只有真我寻找的人才能获得真我，祂向这个人显露自己的荣耀。不断作恶的人、心灵不平静的人、无法冥想的人、总是被扰乱而反复无常的人——这样的人不可能理解或亲证那个进入了心灵洞穴的真我。那吉盖多啊，这具身体就是战车，感觉器官是马匹，心灵是缰绳，理智是驭手（charioteer），灵魂则是战车上的骑手（rider）。当灵魂与驭手（也就是觉 [buddhi] 或理智）结合时，通过心灵（也就是缰绳）约束感官（也就是马匹），他就成为了享受者；他感知、工作、行动。如果一个人的心灵不受控制，没有分辨力（discrimination），他的感官就像烈马那样不可控。但拥有分辨力、心灵受到控制的人，他的感官总是像骑手驾驭的宝马良驹一样可控。有分辨力、心灵总是能够理解真理的人始终是纯洁的——他接受真理，不再重生。那吉盖多啊，这是非常难的，道路漫长，难以实现。只有拥有最精微感知的人才能看到这些、理解这些。但不要害怕，醒来吧，去行动吧，达到目标之前不要停下来。智者会说，这项任务非常艰难，就像在刀锋上行走。要超越感官、超越一切接触、超越一切形式、超越一切味觉，还要超越不变者、无限者，甚至超越智能、超越不可毁灭者——只有知道祂，我们才能从死亡的虎口逃脱。"

我们看到了阎摩对要达到的目标的描述。我们得到的第一个观念是：出生、死亡、痛苦和我们在世上遭受的各种颠簸，只能通过知道真实来克服。什么是真实呢？就是那个不变者、人类的大我、宇宙背后的大我。但祂是很难被知道的。知道并不仅仅意味着理智上的认同，而是意味着亲证。我们一再读到，这个大我会被看到、感知到，但我们无法用眼睛看到它，对它的感知必须极其精微。对墙壁和书本的感知是粗大的感知，但体察到真理的感知必定是非常精微的，这就是知识的全部秘密。阎摩说一个人必须非常纯洁，这就是让人的感知变得极其精微的途径，他还告诉我们其他一些方法。自身存在的一（self-existent One）远离感官。感官或工具向外看，自身存在的一——大我——则是向内看的。你们要记住，必不可少的东西是一种渴望，一种通过把眼睛转向内而知道大我的渴望。我们在大自然中看到的所有美丽的东西都很好，但这不是看到神的途径。我们必须学习如何把眼睛转向内，而眼睛向外看的欲望应该被限制。当走在繁忙的大街上时，由于过往车辆的声音，人们很难听到自己的同伴在说什么，对方也听不到你的声音。此时心灵是朝向外的，所以你们听不到身边的人在说什么。同样，我们周围的世界发出如此多的噪声，把心灵引向外部。这样怎么能看到大我呢？这种对外部的朝向必须停止，这就是把眼睛转向内的含义，只有这样才能看到内在的万物之主的荣耀。

　　这个大我是什么？我们看到，祂甚至超越了理智。我们从同一部奥义书中了解到：自我是永恒的、全在的，你、我和所有人都是全在的存在，大我是不变的。这个全在的存在只能是一个存在，不可能有两个同样全在的存在者——这是不可能的。不可能有两个无限的存在者，因此结论就是，其实只有一个大我，你、我和整个宇宙都是一，只是看上去是多而已。"一团火进入世界，会以各种方式显现自己，大我也是如此，一切的大我在所有形式中显现自身。"但问题是：如果大我是完美的、纯洁的，而且是宇宙唯一的存在，那么在进入不纯洁的、或好或恶的身体时，祂发生了什么呢？祂如何还能保持完美？"唯一的太阳是所有眼睛视觉的原因，但它不会被任何眼睛的缺陷影响。"如果有人患有黄疸病，他看到的一切都会是黄色的。他视力的原因是太阳，但他看到的一切都是黄色的这一点不会影响太阳。唯一的存在、每个人的大我也是如此，不会被外部的纯洁和不纯洁影响。"在这个一切都转瞬即逝的世界里，他知道祂是从不改变的；在这个无感知的世界里，他知道那个有感知的存在；在这个多的世界里，他知道那个一，并且在自己的灵魂中看到祂。永恒的福佑属于他，不属于其他任何人。如果太阳不闪耀、星星不发光、闪电不存在，还谈什么火呢？祂闪耀，一切才闪耀，借助祂的光芒一切都变得光辉灿烂。当扰乱内心的所有欲望都停止，可朽者就变得不朽，这时人们就达到了梵。当内心的一切扭曲都消失，当所有的症结都被解开，只有这时可朽者才变得不朽。这才是道路。但愿这样的学习能带给我们福佑，但愿它让我们得以保存，但愿它给予我们力量，但愿它变成我们之内的能量，但愿我们不再憎恨彼此，但愿所有人都获得宁静！"

这就是你们会在吠檀多哲学中发现的思路。我们首先看到，这里的想法与你们在别处看到的任何想法都完全不同。吠陀最古老的部分中的探寻与其他书籍并没有什么不同，都是向外的探寻。某些很古老的书籍提出了这样的问题："最开始有什么？

在一切都是虚无、黑暗笼罩着黑暗的时候，谁创造了这一切？"[1]于是探寻就开始了。人们开始谈论天使、天神（deva）和各种东西，后来却发现这些是没有希望的，于是就放弃了它们。在那个时代，探寻是向外的，结果什么都找不到。但后来，正如在吠陀中读到的那样，人们不得不向内寻找那个自己存在的一。吠陀的一个基本观念就是：我们在恒星、星云、银河、整个外部宇宙中的探寻，注定是一无所获的，绝不会解决生死的问题。我们必须分析奇妙的内部的机制，这会向我们揭示宇宙的秘密，研究星星或太阳都无法做到这一点。我们要剖析人，这不是指身体，而是指人的灵魂。人们在灵魂中找到了答案。是怎样的答案呢？在身体背后，甚至在心灵背后，才是自己存在的一，祂既不死亡也不出生。自己存在的一是全在的，因为祂没有形式。祂没有形式或形状、不受时空限制、不可能存活在某个特定的地方。当然如此了，祂无处不在，平等地通过我们呈现出来。

什么是人的灵魂？有一派人认为，有一个存在，也就是神，除此之外还有无限的灵魂，它们在本质、形式和其他一切方面都与神相分离。这是二元论，是一种古老而粗糙的观念。另一派人给出的回答则是：灵魂是无限的神圣存在的一部分。正如身体自身是一个微小的世界，在它背后的是心灵或思想，在心灵或思想背后的是个体灵魂，在个体灵魂背后的是普遍灵魂（universal soul），在普遍灵魂背后的是大的普遍灵魂（universal Soul）。正如身体是普

1　参阅巫白慧译解《〈梨俱吠陀〉神曲选》中的《有转神赞》，这首颂歌也被称为《无有歌》，参阅姚卫群编译《印度古代宗教哲学文献选编》第 3 页。

遍身体的一个部分，心灵也是普遍心灵的一个部分，人的灵魂也是大的普遍灵魂的一个部分。这是所谓的"viśiṣṭādvaita"，也就是限制不二论（qualified monism）。现在我们知道大的普遍灵魂是无限的。无限怎么可能有部分？它怎么可能被拆解、分开？说我是无限者的火花，这或许很有诗意，但这对于有思维能力的心灵来说却是荒谬的。什么叫被分开的无限者？它是某种可以被切分或分割成碎片的物质吗？无限者绝不可能被分开，否则就不再是无限者了。那么结论是什么？我们的答案是：那个大的普遍灵魂就是你，你不是祂的部分，而是祂的全部。你就是神的全部。那所有这些多样性是什么呢？我们已经发现了无数的个体灵魂，它们是什么？如果太阳映照在无数的水滴上，每颗水滴就都是形式，是太阳的完美形象，但它们只是形象，而真正的太阳是唯一的。与此相同，我们每个人身上的表面上的灵魂也都只是神的形象，不过如此。隐藏在背后的真正的存在，是那个唯一的神，我们在那里都是一。宇宙中只有一个大我存在。祂就是你和我，是唯一的，那个唯一的大我映照在作为各种不同自己（selves）的、各种不同的身体中。但我们并不知道这一点，反而认为自己是彼此相分离的，也是与祂相分离的。只要这么想，痛苦就会笼罩世界。这是幻觉。

痛苦的另一个重要根源就是恐惧。一个人为什么会伤害另一个人？因为他害怕自己将无法拥有足够的愉悦。一个人或许会担心自己没有足够的钱，而这样的恐惧会导致他去伤害并抢劫其他人。如果只有唯一的存在的话，怎么可能会有恐惧呢？如果有雷电劈到我脑袋上，那么我就是那道雷电，因为我是唯一的存在；如果瘟疫降临，它也是我；如果老虎出现，它还是我；如果死亡来临，它仍然是我。我既是生又是死。我们看到，恐惧源自这样的观念：宇宙中存在着二。我们总是听到人类在宣讲："彼此相爱。"[1]为什么要这样？这样的教义一直在被宣讲，可在这里我们才找到对它的解释。我为什么要爱每一个人？因为他们和我都是一。我为什么要爱自己的兄弟？因为他和我是一。存在的就是这种一体性，是整个宇宙的团结一心。从爬行在我们脚下的最低级的蠕虫，到曾经有过的最高级的存在者——大家都拥有各种各样的身体，但灵魂是唯一的。你通过所有的嘴进食，通过所有的手行动，通过所有的眼睛在看，在无数的身体中享受健康，也在无数的身体中忍受病痛。一旦这样的想法降临，一旦我们亲证了它、看到了它、感到了它，痛苦和随之而来的恐惧就会停止。我怎么可能死去啊？除了我之外什么都没有。恐惧停止了，只有这样，完美的幸福和爱才会出现。普遍的同情、普遍的爱、普遍的欢喜是永远不变的，这使得人们高过了一切。祂不做出反应，也没有痛苦可以触及祂，但世上微不足道的吃喝却总是会带来各种反应。这一切的全部原因就是二元论，就是认为我与宇宙相分离、与神相分离。一旦亲证了"我就是祂，我就是宇宙的大我，我是永恒的福佑、永恒的自由"，真正的爱就会到来，恐惧就会消失，一切痛苦就会停止。

1　《新约·约翰福音》13.34。

耶若伏吉耶和梅怛丽依 [1]

我们说："没有听到万物之主名字的那天才是糟糕的一天，而阴天根本不算什么。"耶若伏吉耶是位伟大的智者。你们知道，印度的圣典[2]要求每个人在年老之后放弃这个世界。所以耶若伏吉耶对自己的妻子说："我的挚爱啊，这是我所有的钱和财产，我要走了。"她回答说："亲爱的，就算我的世界充满了财富，这难道会带给我不朽吗？"耶若伏吉耶说："不会的。你会很富有，但也就不过如此了，财富不会带给我们不朽。"妻子追问道："那我该怎么做才能变得不朽？如果知道的话请告诉我。"耶若伏吉耶回答说："你一直是我的挚爱，现在的这个问题让我更爱你。来吧，坐在这里，我会把知道的告诉你，在倾听之后，请冥想我说的意思。"他继续说道："妻子不是为了丈夫而爱丈夫，是为了真我而

1 　耶若伏吉耶（Yājñavalkya）和梅怛丽依（Maitreyī）的故事出自《大森林奥义书》2.4、4.5，这里采用了黄宝生译本对人名的翻译。

2 　"圣典"（śastra）一词的字面意思是准则、手册、书籍等，常被用作后缀表示某一种特定的知识或学问，有些类似于英语中的后缀"-logy"。

爱丈夫，因为她爱大我。人不是为了妻子而爱妻子，是因为爱大我而爱妻子。不是为了孩子而爱孩子，是因为爱大我而爱孩子。不是为了财富而爱财富，是因为爱大我而爱财富。不是为了婆罗门性（brahmin）而爱婆罗门性，是因为爱大我而爱婆罗门性。不是为了刹帝利性（kṣatriya）而爱刹帝利性，是因为爱大我而爱刹帝利性。不是为了世界而爱世界，是因为爱大我而爱世界。同样，人不是为了神而爱神，是因为爱大我而爱神。不是为了一样东西而去爱它，是因为爱大我而爱它。因此，这个大我要被听到、被推理、被冥想。我的梅怛丽依啊，当大我已经被听到、被看到、被亲证，一切就都会被知道。"[1]这告诉了我们什么呢？我们发现了一种奇怪的哲学。有这样的说法：每一种爱都是自私的，而且是在"自私"这个词最低级的意义上而言的；我是因为爱自己而爱别人。但不可能是这样。现代有一些哲学家说，小的自我（self）才是世上唯一的动力。这既是对的也是错的。这个小的自我不过是背后的真正大我的影子。它之所以显得是错误和邪恶的，是因为它是渺小的。对这个大我——也就是宇宙——的无限的爱，看上去是邪恶的、渺小的，这是因为它是通过渺小的部分而显示出来的。即便在妻子深爱丈夫时，无论她是否知道，她都是因为那个大我而爱丈夫。这在世界上显现为自私，但这种自私其实只是大我之私[2]的一小部分。只要一个人在爱，就必须在

1　参阅《大森林奥义书》2.4.5、4.5.6。

2　这里的"大我之私"是"Self-ness"，是对"自私"（selfness）一词的改写。

大我中、通过大我来爱。这个大我需要被知道。这里有什么区别呢？那些不知道祂是什么而爱大我的人，他们的爱是自私的。那些知道大我是什么而又在爱的人，他们的爱是自由的，他们是智者。"一个到处看到婆罗门性，却唯独不在大我中看到婆罗门性的人，会被婆罗门性抛弃。一个到处看到刹帝利性，却唯独不在大我中看到刹帝利性的人，会被刹帝利性抛弃。一个到处看到世界，却唯独不在真我中看到世界的人，会被世界抛弃。一个爱着神祇、知道神祇到处都是，却唯独不知道神祇在真我中的人，会被神祇抛弃。一个知道一切事物，却唯独不知道这些都是真我的人，一切事物都会远离他。婆罗门性、刹帝利性、世界、神祇和任何存在的东西都是真我。"[1]这就是他对爱的含义的解释。

每当把一个对象特殊化时，我们都把它与大我区分开。我试图爱一个女子，一旦她被特殊化，就与真我分离了，而我对她的爱也不会是永恒的，只会以悲伤告终。一旦我把她看作真我，我的爱就变得完美，永远不遭受苦难。一切都是如此：一旦你执着于宇宙中的任何东西，把它与整个宇宙相分离、与真我相分离，就会出现反作用。悲伤和痛苦产生于我们在大我之外所爱的一切。如果我们在大我之中爱一切，就像爱大我一样，就不会出现任何痛苦或反作用。这是完美的欢喜，可怎样达到这样的理想呢？耶若伏吉耶继续告诉我们达到那种状态的过程。宇宙是无限的，我们怎么可能在不知道真我的情况下，接受每个特殊的东西

1　参阅《大森林奥义书》2.4.6、4.5.7。

并把它们看作真我？"正如远处传来我们无法捕捉到、无法征服的鼓声，一旦我们来到鼓的旁边并把手放在上面，鼓声就被征服了。当海螺被吹响时，我们无法捕捉到或征服海螺的声音，直到我们来到海螺的旁边并抓住它。当维纳琴[1]被弹奏、当我们来到维纳琴旁边时，我们就来到了声音源头的中心。当有人在燃烧潮湿的燃料时，各种烟和火花就会出现，那个伟大的一就像这样从这些东西里呼出知识，一切都从祂而来，祂呼出所有的知识。对所有水而言，唯一的目标是大海；对所有触觉而言，唯一的中心是皮肤；对所有嗅觉而言，唯一的中心是鼻子；对所有味觉而言，唯一的目标是舌头；对所有形式而言，唯一的目标是眼睛；对所有声音而言，唯一的目标是耳朵；对所有思想而言，唯一的目标是头脑；对所有知识而言，唯一的目标是心；对所有行动而言，唯一的目标是双手。被投入海水中的一块盐溶解了，我们不可能把它找回来，梅怛丽依啊，普遍存在者是永恒无限的，所有知识都在祂之中，整个宇宙都由祂而来，并会再归于祂。不再有知识、垂死或死亡。"[2]由此可以得到的观念是：我们都像是来自祂的火花，当你们知道祂时，就会返回祂并再次与祂合而为一。我们就是普遍者。

梅怛丽依感到害怕，就像在任何地方感到害怕的人似的。她说："亲爱的，这恰恰是你让我产生迷惑的地方。你说不再有神

---

1 维纳琴（vīṇā）是印度的一种传统拨弦乐器，也被称作印度七弦琴。

2 参阅《大森林奥义书》2.4.7—12、4.5.8—13。

祂，这可真是吓到我了。所有个体性都会消失。没有人去认知，没有人去爱，没有人去恨。我们会变成什么样子啊？""梅怛丽依啊，我并不想让你困惑，还不如就此罢休。你可能会感到害怕。在有二的地方，其中一个看到另一个、听到另一个、欢迎另一个、思考另一个、知道另一个。可是当一切都成了真我时，谁被谁看到、谁被谁听到、谁被谁欢迎、谁被谁知道？"[1]叔本华在自己的哲学中采用了这样的观念。我们通过谁知道这个宇宙，通过什么知道祂？如何知道知者（knower）？我们可以通过什么方式知道知者？这是如何可能的？因为在那之中、通过那，我们知道一切。我们可以通过什么方式知道祂？不可能通过任何方式，因为祂本身就是那种方式。

到目前为止的观念是：一切都是唯一的无限存在。那是真正的个体性，此时不再有区分和部分——这些微不足道的观念非常低级、虚假。无限者在个体性的每颗火花中、通过每颗火花闪耀着。一切都是真我的显现。如何达到祂呢？首先，你们要这样说，正如耶若伏吉耶自己说的那样："真我首先被听到。"[2]他是这样陈述的，然后他把这一点说清楚，最后再展现如何知道祂，所有知识通过祂才是可能的。再之后，他对此进行冥想，在微观和宏观的层面上进行了对比，并展示了它们如何沿着特定的线路滚动，展示这是何其美丽。"对于所有存在者来说，大地如此令人

1　参阅《大森林奥义书》2.4.13—14、4.5.14—15。

2　参阅《大森林奥义书》2.4.5。

欢喜、如此有帮助；对于大地来说，所有存在者也是如此有帮助：所有这些都是自身辉煌的一的显现，是真我的显现。"[1] 即便最低级的意义的欢喜也是祂的反映。所有善的东西都是祂的反映，当这种反映是一团阴影时就被称为邪恶。并不存在两个神。当祂的显现较少时，就被称为黑暗、邪恶；当祂的显现较多时，就被称为光明。事情不过如此。善与恶只是程度问题：是较多的显现或较少的显现。就拿我们自己的生活来说吧。我们在童年时看到的很多被认为是善的东西其实是恶的，而相反的情况又有多少啊！观念的改变多么巨大啊！一个观念会经历怎样的起伏！我们曾经认为非常好的东西，现在却被认为并不那么好了。善与恶不过是迷信，其实并不存在。差别只是程度上的，一切都是真我的显现，祂在一切中得以显现。只不过，当显现很浓厚时我们称之为恶，当显现很稀薄时我们称之为善。所有遮盖的东西都被去除后才是最好的。宇宙中的一切都只应该在这样的意义上被冥想，而我们可以把宇宙看作是完全善的，因为它是最好的。有恶也有善，善恶的顶点或中心则是实在。祂既不善也不恶，祂是最好的。最好的东西只能是唯一的，善和恶则可以是多。善恶之间会有不同程度的改变，但最好的东西只能是唯一的。当通过稀薄的遮盖被看到时，我们把最好的东西称为各种不同的善；当通过浓厚的遮盖被看到时，我们把最好的东西称为各种不同的恶。善恶都是迷信的不同形式，它们穿过了各种二元的妄想和各种观念，

1　参阅《大森林奥义书》2.5.1。

这些语词浸入了人类心中，让男男女女感到恐怖，像暴君似的存在着，让我们变成猛虎。我们对别人的一切仇恨，都源于自幼被灌输的愚蠢观念——善与恶。我们对人性的判断完全错了，我们让美丽的地球成了地狱。但只要能够放弃善恶，这里就会变成天堂。

　　"对于所有存在者来说，大地都是令人欢喜的（'blissful'这个词在字面上可以被翻译为'甜蜜的'），对于大地来说，所有存在者也都是甜蜜的，它们都互相帮助。一切甜蜜都是真我，是辉煌的、不朽的一，它就在大地上。"[1] 这种甜蜜属于谁？除了祂还能有谁呢？唯一的甜蜜以各种方式显现自身。任何有爱的地方，无论圣徒还是罪人、天使还是凶手、在身体心灵还是感官中，一切甜蜜都是祂。身体、精神、灵性上的愉悦都是祂。除了祂之外还可能有什么呢？怎么可能有两万个神魔打来打去？真是幼稚的迷梦啊！任何最低级的身体愉悦都是祂，最高级的灵性愉悦也是祂，除了祂之外再无甜蜜——这就是耶若伏吉耶的说法。当你们进入了那种状态并用同样的目光看待一切时就会发现，即便在醉汉饮酒的乐趣中也只有那种甜蜜，此时你们就会获得真理，然后你们才会知道幸福、宁静、爱的意思是什么；而只要做出那些空洞的区分，呆傻、幼稚、愚蠢的迷信和各种痛苦就会到来。但那个不朽的、辉煌的一就在大地上，一切都是祂的甜蜜，身体内存在的也是同样的甜蜜。身体仿佛就是大地，而祂就在身体的所有力量、所有愉悦之内。眼睛在看、皮肤在触碰，所有这些愉悦都

1　参阅《大森林奥义书》2.5.1。

是什么呢？那个自身辉煌的一就在身体内，祂就是真我。这个世界对所有存在者来说都如此甜蜜，一切存在者对它来说也都如此甜蜜，这都是那个自身辉煌者，不朽者就是世界之内的欢喜。在我们之内，祂就是那种欢喜，祂就是梵。"空气对所有存在者而言如此甜蜜，所有存在者对空气而言也如此甜蜜，但空气中那个自身辉煌的不朽存在者也在身体之内，祂把自身表达为所有存在者的生命。太阳对所有存在者来说如此甜蜜，所有存在者对太阳来说也如此甜蜜，祂就是太阳中自身辉煌的存在者，我们把祂反射成较小的光明，除了祂的反射之外还可能有什么？祂就在身体之内，正是祂的反射让我们看到了光明。月亮对所有存在者来说如此甜蜜，所有存在者对月亮来说也是如此甜蜜，但那个自身辉煌的、不朽的一是月亮的灵魂，祂把自身表达为心灵。闪电如此美丽，对闪电来说每个人都如此甜蜜，但那个自身辉煌的、不朽的一是闪电的灵魂，也在我们之内，因为一切都是梵。真我、大我就是一切存在者的国王。"[1]这些观念对人非常有帮助，它们是冥想的对象。例如，冥想大地，同时要知道我们拥有那个在大地上的祂，这些都是一回事。把身体等同于大地，把灵魂等同于背后的大的灵魂。把空气等同于空气中的灵魂、等同于我之内的灵魂。它们都是一，只是以不同的形式显现出来。亲证这种统一性，这就是一切冥想的终点和目标，也就是耶若伏吉耶试图向梅怛丽依解释的东西。

1　参阅《大森林奥义书》2.5.4—5、7—8、15。

灵魂、自然与神

　　根据吠檀多哲学，人由三种实体构成。最外在的是身体，是人的粗大形式，其中包含眼睛、鼻子、耳朵等感觉工具。眼睛并不是视觉器官，而只是工具，在眼睛背后的才是器官。同样，耳朵也不是听觉的器官，也是工具，在它背后的才是器官，或者用现代生理学的话说是中枢。器官在梵语中被称作根（indriya）。如果支配眼睛的中枢被损坏，眼睛就看不到了，其他感官也莫不如此。同样，器官本身是无法感知到任何东西的，除非有别的什么东西附着其上，这个东西就是心灵。很多时候你们发现自己沉浸在某种思想里，钟声响起也听不到。为什么会这样？耳朵还在那里，振动也传入进来并被传递给大脑，但你并没有听到声音，因为心灵并没有与器官连接在一起。外部对象的印象被传递给器官，而当心灵附着在器官之上时，它才接受相应的印象并给它们着色，这就是自我性（egoism），也就是"我"（I）。看看在做工作时被蚊子叮的例子吧。我并没有感到被叮了，因为我的心灵没有与其他东西相连接。随后，当我的心灵与被传达给感官的印象相连接时，反应就出现了。由于这种反应，我才意识到蚊子的存在。甚至即使心灵与感官连接在一起也还是不够的，必须还有以意志的形式出现的反应。这种产生出反应、产生出知识或理智的能力，被称为"觉"。首先必须有外部的工具，然后是器官，再然后是心灵必须与器官相连接，接下来必须有理智的反应，当所有这些都齐备时，"我和外部对象"这样的想法就会立即闪现，如此才会有感知、概念和知识存在。仅仅作为工具的外部器官在身体中，其背后则是更精微的内部器官，然后是心灵，再然后是理智能力，接着是自我性，它会说"我"——"我看到""我听到"等等。整个过程都由特定的力推动，你们可以把这些力称为生命力（vital forces），在梵语里它们则被称作生命气。包含着外部工具的人的粗大部分——也就是身体——在梵语中被称作"sthūla śarīra"，也就是粗大身（gross body）；这背后是一系列东西，从器官开始，然后是心灵、理智和自我性。这些东西和生命力一道形成一个复合物，被称为精微身，梵语中称作"sūkṣma śarīra"。这些力量由非常精微的元素组成，精微到任何对身体的伤害都无法摧毁它们，它们可以在任何发生在身体上的打击中生存下来。我们看到的粗大身是由粗大的物质构成的，因此它总是在不断地更新、变化。但内部器官、心灵、理性和自我性则由最精微的物质构成，精微到它们会经久不衰地持存下去。它们如此精微，以至于不可能被任何东西反抗，可以越过任何障碍。粗大身是没有智能的，由精微物质组成的精微身也是如此。尽管一个部分被称为心灵，另一个部分被称为理智，第三个部分被称为自我性，但我们立即看到它们都不可能是"知者"（Knower）。它们中没有一个是感知者、见证者，是做出行动者，是行动的见者（seer）。所有心灵中的活动、理智能力或自我性，一定都在为了另外某个东西而运转着。这些由精微物质组成的东西不可能是自身辉煌的，它们的光辉不可能来自于自身。例如，桌子的显现不可能是任何物质的东西造成的。因此，在所有这些背后一定有某个东西，它才是真正的显现者、真正的见者、真正的享受者，祂在梵语中被称为真我，也就是人的灵魂、人的真正大我，是祂真正看到了东西。外部工具和器官捕捉到印象并把印象传递给心灵，再由心灵传递给理智，理智把它们反映在一面镜子上，镜子背后就是看着它们并给出命令和指导的灵魂。祂是所有这些工具的支配者，是房子里的主人，是身体中的国王。自我性、理智、沉思的能力，还有器官、工具、身体，所有这些都遵循祂的命令，祂显现在所有这些之中。这就是人的真我。同样，我们可以看到，在宇宙的一小部分中的东西也一定在整个宇宙中。如果一致性（conformity）是宇宙的法则，那么宇宙的每个部分一定都按照与整体同样的计划被建造。所以我们自然会认为，在形成了我们宇宙的粗大物质背后，一定还存在着一个精微物质的宇宙，我们称之为思想；而在这背后一定还存在着灵魂，祂使得所有思想成为可能，祂发出命令、是宇宙的国王。每个心灵和身体背后的灵魂被称为"pratyagātman"[1]，也就是个体的真我（individual

---

1　参阅《伽陀奥义书》2.1.1，黄宝生译作"内在自我"。

ātman），而在宇宙背后作为其指导者、支配者、统治者的灵魂，就是神。

接下来的问题是，所有这些东西是从何而来的。答案是：什么叫"来"？如果它意味着某个东西从虚无中被制造出来，那么这是不可能的。所有的创造、显现都不可能从零中被制造出来。没有东西能够无原因地被制造，结果不过是原因的再现。这里有一只玻璃杯。假设我们把它摔碎，碾成粉末，并通过化学手段几乎毁灭了它，它会变回零吗？当然不会。形式会被打破，但构成它的粒子仍然在那里，它们会超出我们的感官，但仍然存留着，而且很可能从这些材料里再造出另一只杯子。如果在一种情形下是这样，在所有情形下就都是如此。任何东西都不可能从虚无中被造出来，也都不可能变回零。它可能变得越来越精微，然后再变得越来越粗大。雨滴以蒸汽的形式从海洋中被提取出来，然后通过空气飘浮到山上，在那里再次变成水，流淌数百英里返回大海母亲那里。种子变成树，树死了，只留下种子，它会再次作为另一棵树出现，这棵树的结局仍然是种子，如此下去。看看鸟是怎么来的吧，它产下蛋，变成一只美丽的鸟，度过一生然后死去，只留下另一些蛋，包含着未来鸟的胚芽。动物和人也都是这样。一切都开始于某些种子、萌芽或精微的形式，然后变得越来越粗大，接着再变回精微的形式并平息下去。整个宇宙都在这样运转着。有一天，整个宇宙都消解了，变得更精微，最终似乎完全消失了，但仍然作为极其精微的物质存留着。我们通过现代科学和天文学了解到地球正在变冷，随着时间的流逝它会变得非常冷，然后会变成碎片，变得越来越精微，直到再次变成以太。[1]粒子会存留下来以形成物质，从这样的物质中另一个地球会被投射出来。这一切都会再次消失，然后再有新的东西出现。宇宙就这样返回自己的原因，它的材料会再次聚在一起并具有形式，就像波浪平息后再次涌起并具有形状。返回原因和再次出现、具有形式的活动，在梵语中被称作"saṃkoca"和"vikāsa"，意思是收缩和扩张。整个宇宙似乎都在扩张，然后收缩。用更易于接受的现代科学术语来说，这就是退化（involved）和进化（evolved）。你们听说过关于进化的事情，知道所有形式是如何从较低级的东西逐步变得越来越高级的。这是非常正确的，但每次进化其实都预设了相应的退化。我们知道，宇宙中展现出的能量总和始终是固定的，而且物质是不灭的。你们绝不可能带走哪怕一颗物质微粒，也不可能带走或增加哪怕一磅的能量。总体始终是固定的，变化的只是显现，是显现在退化和进化。这次循环就是从之前那次循环的退化中产生出来的进化，而这次循环也会再次退化，变得越来越精微，由此产生出下一次循环。整个宇宙就这样运转着。因此我们发现，在从虚无中创造出某物的意义上，并不存在创造[2]。更准确地说，存在的只是显现，而神就是宇宙的显现者。宇宙似乎是从祂那里被呼出的，并且会再次收缩回祂那里，然后再次被投放出来。吠陀中给出了最美丽的比喻："那个永恒的一，

1　辨喜在此指的可能是当时科学界的某种观点，但这样的观点现在看来或许并不成立。

2　这里的"创造"（creation）一词也有"创世"的意思。

呼出这个宇宙，再把它吸进去。"这就像我们呼出一点尘埃再把它吸进去一样。这都是非常好的，但可能会有这样一个问题：第一次循环是怎样出现的呢？答案是：什么叫第一次循环？并没有这么一回事。如果有人可以给出时间的开端，整个时间概念就瓦解了。试着去思考时间开始的界限，你们肯定会想到超出那个界限的时间。试着去思考空间开始的地方，你们肯定会想到超越那个地方的空间。时空都是无限的，因此无始无终。这比上帝在五分钟内创造宇宙，然后一直沉沉睡去的观念更好。另一方面，这种观念会让神成为永恒的创造者。这里有一系列的潮起潮落，而神在指导着这个永恒的过程。既然宇宙是无始无终的，神就也是如此。我们看到情况必定是这样，因为如果说有这么一个时间，无论在粗大还是精微的形式中都没有创造，那么神就不存在，因为神作为"sākṣi"——也就是宇宙的见证者——而被我们知道。如果宇宙不存在，祂也就不存在。一个观念紧随着另一个观念：我们从结果的观念中得到原因的观念，如果不存在结果，也就不存在原因。这自然就意味着，既然宇宙是永恒的，神就也是永恒的。

灵魂一定也是永恒的。为什么呢？首先我们看到，灵魂并不是物质。它既不是粗大身，也不是我们称为心灵或思想的精微身。它既不是物质身体，也不是基督教徒所说的灵性的身体（spiritual body）[1]。粗大身和灵性的身体都是容易变化的。粗大

1　"灵性的身体"出自《哥林多前书》15.44：："所种的是血气的身体，复活的是灵性的身体。若有血气的身体，也必有灵性的身体。"指信仰基督的人在复活后会获得一种与可朽的普通身体不同的身体。

身几乎每分钟都在变化，而且会死亡；精微身会存续很久，直到一个人变得自由才消散。当一个人变得自由，灵性的身体也会散去。每当一个人死亡时，粗大身都会瓦解，但不由任何粒子构成的灵魂一定是不灭的。我们所说的毁灭是什么意思呢？毁灭就是构成任何东西的材料的瓦解。如果这个玻璃杯被摔成碎片，材料就会瓦解，这就是玻璃杯的毁灭。粒子的瓦解就是我们所说的毁灭。这自然就意味着，任何不是由粒子组成的东西都不可能被毁灭。灵魂就不是由任何材料构成的，是不可分的，因此一定是不灭的。出于同样的理由，它也没有任何开端，是无始无终的。

我们拥有三样东西。其中，自然是无限的，但是可变。整个自然无始无终，但在它之内有千姿百态的变化。它像是一条历经千年奔流向大海的河流，始终是同一条河流，但每时每刻都在变化，水的粒子在不断改变自己的位置。然后是神，祂是不变的支配者。还有像神一样不变的灵魂，永恒但受到支配者的支配。一个是主人，另一个是仆人，第三个则是自然。

神是宇宙投射、存续和消解的原因，为了产生出结果，这样的原因必定存在。不仅如此，原因还会变成结果。玻璃杯是由制作者用特定的材料和力制造出来的。在玻璃杯中，存在的是这些力加上这些材料。这些力变成了黏合力，如果这种力不存在了，玻璃杯就会变成碎片。材料无疑也在玻璃杯中，只不过，材料的形式被改变了。原因会变成结果。无论在任何地方看到结果，你们都总是可以把它分析成相应的原因，这个原因把自身显现为结果。这意味着，如果神是宇宙的原因而宇宙是结果，那么神就变成了宇宙。如果灵魂是结果而神是原因，那么神就变成了灵魂。因此，每个灵魂都是神的一部分。"就像从一团火焰中飞出无数的火花，就这样从永恒的一之中产生出整个灵魂的宇宙。"

我们已经看到，存在着永恒的神和永恒的自然，还存在着无数的永恒灵魂。这是宗教的第一个阶段，被称为二元论。在这个阶段，人们把自身和神看作是永恒分离的，当神是一个与自己相分离的东西时，自我和他人也就是相分离的，而自然也是与这些相分离的。这就是二元论的主张：主体与对象在一切中都是彼此相对立的。当人看着自然的时候，他是主体而自然是对象。他在主体和对象之间看到了二元论。当他看着神的时候，就把神看作对象而把自己看作主体，它们是完全相分离的。这是人与神之间的二元论，通常是宗教的第一种观点。

接下来是我刚刚向你们展示的另一种观点。人们开始发现，如果神是宇宙的原因而宇宙是结果，神自身就一定变成了宇宙和灵魂，而人不过是作为整体的神的一颗微粒。我们不过是渺小的存在者，是从火焰中绽出的火花，而整个宇宙都是神自身的显现。这就是下一步，在梵语中被称作限制不二论。我拥有这具身体，这具身体又覆盖了灵魂，灵魂在身体之内、通过身体而存在，同样，由无限灵魂和自然构成的宇宙仿佛都是神的身体。当退化的时代来临，宇宙会变得越来越精微，但仍然是神的身体。当粗大的显现出现，宇宙也仍然是神的身体。正如人类灵魂是人类身体和心灵的灵魂，神也是我们灵魂的灵魂。你们在每种宗教中都听过这样的表达："我们灵魂的灵魂。"这就是它的意思。祂似乎在它们之内，引导着它们，是所有东西的支配者。在第一种观点——也就是二元论——中，我们每个人都是一个个体，永恒地与神和自然相分离。在第二种观点中，我们是个体，但并不与神相分离。我们是一团东西中飘浮着的微粒，那团东西就是神。我们是个体，但在神之中是一。我们都在祂之内，都是祂的部分，因此我们是一。而在人与人之间、人与神之间，还是存在着严格的个体性，既分离又不分离。

随之而来的是一个更细致的问题：无限可以拥有部分吗？什么叫无限的部分？如果你进行推理，就会发现这是不可能的。无限不可能被分割，它总是保持着无限。如果无限可以被分割，每个部分就都是无限的，但不可能存在两个无限者，否则的话，一个无限者就会限制另一个，而双方就都变成有限的了。无限只能是一，是不可分的。因此，我们达到的结论就是：无限是一而不是多，一个无限的灵魂通过无数镜子映照自己，显示为如此多的灵魂。这是同一个无限的灵魂，它是宇宙的背景，我们称之为神。这同一个无限的灵魂也是人类心灵——我们称之为人类灵魂——的背景。

宇宙论

存在着两个世界：微观的世界和宏观的世界，也就是内部的世界和外部的世界。我们通过经验从这两个世界中获得真理。从内部世界中收集来的真理是心理学、形而上学和宗教，从外部世界中收集来的则是物理科学。一条完美的真理应该与两个世界中的经验都和谐一致。微观世界必须能够证明宏观世界，反之亦然；物理学真理一定要与内部世界的真理相对应，而内部世界的真理也一定可以在外部世界得到证实。可一般说来，我们会发现很多真理是相冲突的。在一段历史时期，内部的东西变得至高无上，开始与外部的东西相冲突。现在，外部的东西——主要是物理学家——又变得至高无上，压制了心理学家和形而上学家的很多主张。就我的知识而言，我发现心理学真正的、本质性的部分与现代物理学知识的本质性部分是完全一致的。一个个体不可能在所有方面都非常了不起，一个种族或民族也不可能擅长所有知识领域。现代欧洲国家在关于外部物理学知识的探索中做得非常出色，但在对人的内在本性的研究中则并不突出。另一方面，东方人在对外部物理世界的探索中并不突出，却非常擅长对内部的探索。因此我们发现，东方的物理学和其他科学并不与西方的科学相一致，而西方的心理学也并不与东方的心理学相协调。东方的物理学家已经完败于西方的科学家。与此同时，每个人都声称要以真理为基础，而正如我们之前陈述的那样，任何知识领域中真正的真理都不会陷入自相矛盾的境地，内部的真理与外部的真理一定是相协调的。

通过现代天文学家和物理学家，我们都对关于宇宙的理论有所了解。同时我们都知道，他们多么严重地破坏了欧洲的神学，这些科学发现如同炸弹一样被投向神学的据点。我们还知道，神学家一直在试图打压这些研究。

我想在这里回顾一下东方人关于宇宙论的心理学观念，你们会发现它们与现代科学的最新发现完全一致；而在它们不一致的地方，你们也会发现有问题的是现代科学而不是东方人的心理学。我们都使用"自然"这个词。古代数论（sāṃkhya）哲学家用两个不同的名称来称呼它：一个是原质（prakṛti），与"自然"这个词是完全同义的；另一个则是更科学的名称，叫未显（avyakta），是未分化的意思，一切都从中而来，比如原子、分子、力、心灵、思想和智能。我们会惊讶地发现，印度的哲学家和形而上学家在很早的时候就说心灵是物质的。现在的物质主义者不就是想证明心灵与身体一样都是自然的产物吗？思想也是如此，而且我们还会发现智能也是如此。所有东西都来自那个被称作未显的自然，那个未分化的自然。数论把它定义为三种力量的平衡：悦性（sattva）、激性（rajas）和惰性（tamas）。惰性是最低级的力，是吸引的力；略高一些的是激性，是排斥的力；最高级的则是这两者的平衡，也就是悦性。当吸引和排斥两种力量平衡时，它们就完美地被悦性掌控，世界中也就不存在创造和运动。一旦平衡被打破或扰乱，其中一种力量就会变得比另一种更强大，创造和运动就开始了。这样的事物状态循环往复地、周期性地发生着。也就是说，有一段平衡被扰乱的时期，此时各种力开始重新组合，事物就被投射出来了。与此同时，一切都拥有回归原初平衡状态的趋势，而所有显现都湮灭的时刻也会到来。在一段时间后，整个事情都被扰乱了，一切被投射出来，然后再缓慢下降，就像波浪一样。所有运动、宇宙中的一切都可以被比作不断经历起落的波浪。有些哲学家认为整个宇宙会平静一段时期，另一些人则认为这种平静只适用于体系，也就是说，我们的体系——太阳系——会平静下来并返回未分化的状态，而无数其他的体系会向相反的方向发展，会向外投射。我更倾向于第二种意见，也就是说，这样的平静并不同时在整个宇宙中发生，在不同的部分有不同的事情发生。但原则还是一样的：我们看到的一切——也就是自然本身——不断在发生着起落。落下并返回完美平衡的一个阶段，被称作劫灭（pralaya），也就是一次循环的结束。印度的有神论作家把投射和宇宙的劫灭比作神的呼气与吸气：神仿佛呼出了宇宙，而宇宙也会再回到神那里。当平静下来时，宇宙会发生什么？它还存在，只是以更精微的、原因的形式存在，正如数论哲学说的那样。它并没有摆脱因果关系和时空，它们还在那里，只是变成了精微的形式。假设整个宇宙开始收缩，直到我们每个人都变成一颗微小的分子，我们应该根本不会感到变化，因为一切与我们有关的东西也同时在收缩。整个世界都在下降，然后再投射出来，原因导致了结果，就这样继续下去。

我们现在称为物质的东西，被古代心理学家称为"bhūta"，也就是外部元素。在他们看来，其中有一种元素是永恒的，任何其他元素都由它产生出来，它被称作空元素。尽管有些不同，但它与现代的以太观念很相似。和这种元素一道，还有一种原初的能量被称作生命气。生命气和空元素结合又重组，从中产生出各种元素。最终到了一劫（kalpa）的尽头，一切都消沉了，返回了空元素和生命气。在现存最古老的《梨俱吠陀》（*Ṛgveda*）里，有一段描写创世的优美片段，是最富诗意的："在一切都是虚无、黑暗笼罩着黑暗的时候，有什么存在？"而答案就是："它没有振动地存在着。"[1] 那时生命气存在，但其中不存在运动，"ānīdavātaṃ"的意思就是"没有振动地存在着"。振动停止了。然后，当一劫开始时，在一段漫长的间隔后，"ānīdavātaṃ"（无振动的原子）开始振动了，接着生命气对空元素进行了一次又一次的击打。原子变得凝聚在一起，由此形成了不同的元素。我们通常会发现这些意思被很奇怪地翻译出来，人们并不去哲学家或注释者那里寻求他们的翻译，也没有足够的头脑自己做出理解。一个愚蠢的人只能读三个

1　参阅巫白慧译解《〈梨俱吠陀〉神曲选》中的《有转神赞》，这首颂歌也被称为《无有歌》，参阅姚卫群编译《印度古代宗教哲学文献选编》第 3 页。

梵语字母，却翻译了一整本书。他把元素翻译成空气、火等等。如果他去注释者那里看看就会发现，元素并不是指空气或任何这样的东西。

反复受到生命气击打的空元素产生出风元素（vāyu）或者说振动。这种振动变得越来越快，导致了摩擦，进而产生出热，也就是火元素（tejas）。然后这种热终结为液体的形态，也就是水元素（āpas）。接着液体变为固体。我们就有了以太和运动，然后又是热，再变成液体，再凝结为粗大的物质，它会以完全相反的道路返回。固体会变得液化，然后转化为一团热，接着缓慢地返回运动，这种运动会停止，而这一劫也就将被毁灭。然后一切会再回来并溶解为以太。离开空元素的帮助，生命气不可能单独起作用。我们在运动、振动或思想的形式中知道的一切，都是生命气的改变，而我们在物质形式中——无论是作为形式还是作为阻力——所知道的一切，都是空元素的改变。生命气不可能独自存活，也不可能不通过媒介而起作用。当它是纯洁的生命气时，就存活在空元素自身中；当它转变为自然的力——也就是万有引力或离心力——时，就一定会有物质存在。你们从没有见过没有物质的力或没有力的物质，我们所说的力和物质不过是同样东西的粗大显现；当它们变得非常精微时，就被称作生命气和空元素。你们可以在英语中把生命气称作生命或生命力，但绝不能把它局限为人类的生命，同时也绝不能把它等同为灵性或真我。一切就这样继续着。创世不可能有开始或结束，它是在永恒进行中的。

我们会陈述这些古代心理学家的另一种立场，那就是：所有粗大的事物都是精微事物的结果。任何粗大的东西都是由被称为精微元素（tanmātra）的精微粒子构成的。我闻一朵花。为了能闻到，某些东西必须与我的鼻子发生接触。花朵就在那里，但我并没有看到它向我移动。来自那朵花并与我的鼻子相接触的东西被称作精微元素，是那朵花的精微的分子。对于热、光和一切事物来说都是如此。精微元素可以再被细分为原子。不同哲学家有不同的理论，而我们知道这些仅仅是理论。对我们的目的来说，知道一切粗大的东西都是由非常非常精微的东西构成的，这就足够了。我们首先得到在外部感觉到的粗大元素，然后出现的是与鼻子、眼睛、耳朵相接触的精微元素。以太的波触及我的眼睛，我看不到它们，但我知道为了能看到光，它们一定与我的眼睛发生了接触。

这里是眼睛，但眼睛并不能看。如果把大脑中枢移走，尽管眼睛还在那里，而且外部世界的图像还完全在视网膜上，眼睛也不会看见。所以，眼睛只是辅助性的工具，并不是视觉器官。视觉器官是大脑中的神经中枢。同样，鼻子也只是工具，而器官则在它背后。感官都只是外部工具。可以说，这些不同的器官——也就是梵语中的根——才是感知的真正场所。

心灵必须与器官相连接才能进行感知。一种常见的经验是，在埋头读书时我们不会听到钟声。为什么？耳朵还在那里，声音还在经由耳朵被传送给大脑，但声音并没有被听到，因为心灵并没有把自己附着在听觉器官上。

每种不同的工具都有不同的器官。如果一个器官为所有工具服务，我们就应该会发现，当心灵将自身与器官相连接时，所有感官都会变得同等活跃。但情况并非如此，就像我们在钟声的例子中看到的那样。如果对所有工具而言只存在一种器官，心灵就会同时看到和听到，同时看到、听到和闻到，但它不可能同时做这些。因此，每种感觉一定都有一种独立的器官，这已经为现代生理学证实。我们当然可以同时看到和听到，但这是因为心灵把自身分别附着在两种中枢上。

器官是由什么构成的呢？我们看到，眼睛、鼻子和耳朵这些工具是由粗大材料构成的。身体由粗大材料构成并把生命气制造成不同的粗大力量，器官则由精微元素构成，也就是空元素、风元素、火元素等，并且把生命气制造成更精微的感知力。器官、生命气的功能、心灵与觉，被统称为人的精微身——也就是"liṅga śarīra"或"sūkṣma śarīra"。精微身拥有真正的形式，因为一切材料都必定拥有一种形式。

心灵被称作意根（manas），是心念（vṛtti）中的心质（citta）或波动中的心质，是一种不安定的状态。如果向湖水里扔石头，首先会产生波动，然后会有阻力出现。一段时间后，水会波动，然后对石头产生反作用。当印象出现在心质上时，首先也会有一些波动出现，波动的心质就被称作意根。心灵把印象带得更远，把它呈现给决定性的官能——觉——觉会做出反应。觉背后是"ahaṃkāra"，也就是自我性或自我意识，它会说"我是"。在自我性之后是大（mahat），也就是智能，是自然存在的最高级形式。上述每个东西都是后一个东西的结果。在湖水的例子中，每次扰乱肯定都来自外部；但在心灵的情形下，击打则可能从外部或内部世界而来。在智能背后就是人的大我，是原人（puruṣa），是真我，是纯洁者、完美者，只有祂是见者，一切改变都是相对于祂而言的。

人们看着所有这些改变，自己却从来不是不纯洁的。通过吠檀多主义者所说的叠加（adhyāsa）、反思和暗示，人似乎是不纯洁的。就像红色或蓝色的花被放在一块水晶前，水晶会呈现出花的样子，颜色被反射在水晶上，但水晶自身却是纯洁的。我们想当然地认为存在着很多自我，每个自我都是纯洁和完美的，各种粗大和精微的物质把自己叠加在自我之上，让它看上去是多彩的。自然为什么要做这些呢？自然经历所有这些变化，就是为了灵魂的发展。所有创造都是为了灵魂的利益，为了让它能够自由。被我们称为宇宙的鸿篇巨制在人们面前展开，让人可以阅读，最终人们会发现自己是全知、全能的存在者。在这里我必须告诉你们，有些最好的心理学家并不在你们相信神的意义上相信神。我们的心理学之父迦毗罗[1]就否认神的存在。他的观念是，人格化的神是完全不必要的，自然自身就足以产生出整个创世。他驳斥了所谓的设计论[2]，并且说没有什么比这样的东西更幼稚

---

1 迦毗罗（Kapila）是传说中数论的创始人，有的说法说他是公元前四世纪左右的人，但并没有证据表明他是历史上实际存在的人物。根据佛教的传说，佛陀悟道前曾经学习过数论，这样的话数论的创立时间就会更早。参阅姚卫群《印度宗教哲学概论》第一编第五章（北京大学出版社 2006）。

2 这里指的是"智能设计论"（Intelligent design），是一种从宗教或神学角度出发的关于生命起源的理论，认为生命起源于某个超自然智能的设计而不是自然进化的结果。

了。但他承认一种独特的神。他说，我们都在努力获得自由，当我们变得自由时，就仿佛可以融化为自然，只是还会在下一次循环开始的时候出现，并成为那次循环的支配者。我们都现身为全知、全能的存在者。在这种意义上，我们可以被称为神，你们、我还有最卑微的存在者，都可以在不同周期中成为神。他说，这样的神是短暂的，但永恒的神、永恒的全能者和宇宙的支配者是不可能存在的。如果存在那样一位神，就会出现这样的困难：祂必定要么是受到束缚的灵体，要么是自由的灵体。一个完全自由的神不会创造，因为这没有必要；如果祂被束缚，就也不会创造，因为祂做不到，是无力的。无论如何，都不可能存在任何全知或全能的永恒支配者。他说，在我们的经文中，每当神被提到时，都指的是那些已经变得自由的人。

迦毗罗并不相信所有灵魂的统一性。到目前为止，他的分析堪称绝妙。他是印度思想家之父，佛教和其他体系其实都继承了他的思想。

根据他的心理学，所有灵魂都可以重新获得自己的自由和自然的权利，那就是全能和全知。但问题出现了：束缚是存在于哪里的呢？迦毗罗说这是没有开始的。但如果它没有开始，就一定也没有结束，这样我们就永远不会自由。他说，尽管束缚是没有开始的，但它并不像灵魂那样具有恒常齐一（constant uniform）的特征。换句话说，自然（也就是束缚的原因）是无始无终的，但这并不是在与灵魂同样的意义上而言的，因为自然是没有个体性的，它像是一条每时每刻都有新鲜的水补充进来的河流，这些水的总和就是河流，但河流并不是一种恒常的量。自然中的一切都在不断变化，但灵魂从不改变，正因为自然总是在变化，灵魂就有可能从束缚中挣脱出来。

整个宇宙都是按照同样的计划被建造的，宇宙的每个部分也是如此。正如我拥有一个心灵，也同样存在着宇宙心灵。在个体中是这样，在普遍者中也是这样。有一个普遍的粗大身，在那之后还有一个普遍的精微身，再之后是普遍的心灵，再之后是普遍的自我性或自我意识，再之后是普遍的智能。所有这些都是在自然中的，是自然的显现，并不在自然之外。

我们从父母那里得到粗大身，还有我们的自我意识。严格的遗传性告诉我们，我的身体是父母身体的一部分，我的自我意识或自我性的材料也是我父母的自我意识或自我性的一部分。我们可以通过利用普遍的自我意识，为从父母那里继承来的那一小部分东西增砖添瓦。有一座无限的智能的仓库，从中我们可以得到自己需要的东西。宇宙中有无限的精神力量的仓库，我们可以永恒地从那里汲取，但种子必须从父母那里得到。我们的理论就是遗传与轮回的结合。根据遗传规律，轮回中的灵魂从父母那里得到用来制造一个人所需的材料。

一些欧洲哲学家声称，这个世界之所以存在是因为我存在；如果我不存在，这个世界就不会存在了。有时这也被表述为：如果世上的人都死了，而且不再有人类了，而且具有感知和智能的动物也都没有了，所有的显现就都会消失。尽管这些欧洲哲学家知道这条原则，却不知道关于它的心理学，现代哲学只是瞥见了它。从数论的角度来看，这会变得容易理解。根据数论，任何不是作为我心灵材料的东西都不可能是我心灵的某个部分。我并不如其所是地知道这张桌子。一个来自它的印象进入眼睛，然后到达根，接着到达心灵，心灵做出反应，这种反应才是所谓的桌子。这就像往湖里扔一块石头，湖水会向石头投放出波浪，这样的波浪才是我们知道的东西。没有人知道外部的东西是什么，当我尝试去知道时，它已经变成了为我的心灵准备好的材料，变成了为我的眼睛准备好的材料。外面有一些东西存在，但这只是场合与提示，我把自己的心灵投射到那种提示上，它便具有了我看到的那种形式。我们所有人为何看到同样的东西？因为我们都拥有相似的宇宙心灵的部分。那些与我们具有相似心灵的人会与我们看到相似的东西，而不具有相似心灵的人则不会看到相似的东西。

关于数论哲学的研究

原质被数论哲学家称作是未分离的（indiscrete），被定义为其中材料的完美平衡，在完美的平衡中当然不可能存在任何运动。在任何显现出现之前的原初状态中，当不存在任何运动而只有完美平衡的时候，原质是不灭的，因为分解或死亡产生自不稳定或改变。同样，在数论看来，原子也并不处于原初状态。宇宙并不是从原子中产生的，原子或许处于次生的（secondary）或再次生的（tertiary）状态。原初的物质可以形成原子并变成更粗大的东西，这与现代研究导向的结论不谋而合。例如，在现代的以太理论中，如果说以太是原子一样的东西，这不会解决任何问题。更清楚地说，假设空气是由原子组成的，而且我们知道以太是无处不在的、相互渗透的、全在的，而且组成空气的原子是飘浮在以太中的。如果以太仍然由原子组成，那么在两个组成以太的原子中间就会存在空间。什么东西会填满这些空间呢？如果假设这里存在的是另一种更精微的以太，在组成它的原子中间就还会存在需要填满的空间，这就陷入了无穷倒退，数论哲学家把这称为"导向虚无的原因"。所以原子论不可能是最终的。在数论看来，自然是全在的，在这团全在的自然中，存在着一切事物的原因。什么叫原因呢？原因就是显现状态的精微状态，也就是变得显现的东西的未显现状态。你们所谓的毁灭是什么意思？其实就是返回原因。如果你们有一件陶器，然后对它进行击打，它就会被破坏。这意味着，结果可以返回自己的本性，也就是说，用来制造陶器的那些材料会返回自己最初的状态。在这种关于毁灭的观念之外，任何像灰飞烟灭（annihilation）这样的观念看上去其实都是很荒谬的。现代物理学可以证明，所有毁灭的意思都是迦毗罗在很久以前的说法——不过就是返回原因，返回更精微的形式就是毁灭的全部含义。你们知道，在实验室中可以证明物质是不灭的。就我们目前达到的知识水平而言，如果有人站起来说物质或灵魂灰飞烟灭了，他就会让自己显得愚蠢可笑，只有未经教育的傻瓜才会提出这样的命题。而奇特之处是，现代知识与古代哲学家的思想完全一致。一定是这样的，而这就是真理的证据。他们在探究中前进，把心灵当作基础，分析这个宇宙属于心智的部分，并达到了我们在对物理部分的分析中也一定会达到的结论，因为这两个部分一定都通向同一个中心。

大家必须记住，原质在宇宙中的第一种显现就是数论所说的"大"。我们也可以把它叫作智能——字面意思就是"伟大的原则"。原质的第一种变化就是智能，我不把它翻译成自我意识，这是错误的。自我意识只是智能的一个部分。大是普遍的，它覆盖了潜意识（sub-consciousness）、意识和超意识（superconsciousness）的全部基础，所以把意识的任何一种状态运用在大之上都是不够的。例如在大自然中，你们会注意到自己眼前发生的某些改变，你们看到并理解了这些变化，但还有其他变化存在，它们精微得多，以至于任何人类感知都无法捕捉到它们。它们来自同样的原因，是同样的大造就了这些变化，从大中产生出普遍的自我性。这些都是实体。物质和心灵之间并没有什么区别，差异只是在程度上的。无论以更精微还是更粗大的形式出现，实体都是同样的，一种东西变成另一种东西，这与现代生理学研究的结论完全一致。相信心灵不能与大脑分离的教导，你们就可以免于很多争斗和纷争。自我性还会变成两种不同的东西。在一种形态下，它变成了器官。器官有两种，分别是感觉器官（organs of sensation）和反应器官（organs of reaction）。它们不是眼睛或耳朵，而是在它们背后被称为大脑中枢、神经中枢之类的东西。自我性、物质或实体都会发生变化，那些中枢就是从这样的材料中被制造出来的。同样的实体可以被制造为另一种形态的东西，那就是精微元素，也就是精微的物质粒子，它们刺激我们的感知感官并产生出感觉。你们无法感知它们，只知道它们是存在的。从精微元素中可以制造出粗大物质——土、水和所有我们看到、感到的东西。

希望你们能铭记这些，因为对你们来说这是很难理解的，在西方国家，关于心灵和物质的观念是如此诡异，大家很难把这些诡异的印象从大脑中消除。我自己在少年时曾受过西方哲学的教育，在这方面也遇到了极大的困难。心灵和物质都是宇宙中的东西。想想物质普遍的广延（extension）吧，它是连绵不断的、是一种实体、是未经分化的、是一切东西的最初状态，然后开始发生变化，就像牛奶变成凝乳那样。第一种变化被称作大。大这种实体变成被称作自我性的更粗大的物质。第三种变化被显现为普遍的感官和普遍的精微粒子，它们会再次组合并变成包含着眼睛、鼻子、耳朵的粗大宇宙，我们可以看到、闻到、听到它。这就是数论描绘的宇宙的蓝图，这种蓝图也适合微观的世界。就拿一个人来说吧。他在自身之内首先拥有一部分未分化的本性，而他之内的物质本性会变成大，变成普遍智能的一颗微小的粒子；他之内普遍智能的粒子则变成自我性，然后变成感官和精微的物质粒子，它们会组合在一起并制造出他的身体。我希望自己讲得足够清楚，因为这是通向数论的垫脚石，你们绝对有必要理解这些，这是关于整个世界的哲学的基础。世上没有不可以被归于迦毗罗的哲学。毕达哥拉斯来到印度并研究这种哲学[1]，这就是希腊哲学的开端。随后，形成了亚历山大学派[2]，接着还有诺斯底派[3]。迦毗罗的哲学分为了两个部分，一部分去了欧洲和亚历山大，另

1　毕达哥拉斯是古希腊著名哲学家，主张数是万物的本原，关于他来印度学习的说法只是一种传说，缺少足够的证据，但他可能通过某些途径了解到印度的哲学思想。

2　亚历山大学派（Alexandrian school）指的是希腊化与罗马时期以埃及的亚历山大为中心形成的学派，除了受希腊哲学的影响外，也受到基督教的影响。

3　诺斯底派（Gnostic）是对公元一世纪起在古罗马出现的某些思想倾向和体系的统称，认为获得救赎的要素在于获得真知，这种真知是一种关于至高神性的神秘洞见，"诺斯底"一词的本意就是"拥有知识"。这种观念显然受到东方思想的影响，但一般被正统基督教视作异端。

一部分留在了印度，由此发展出了广博仙人[1]的体系。迦毗罗的数论哲学是世上第一个理性的体系，每个形而上学家都必须向他致敬。我想给你们留下这样深刻的印象，那就是我们一定要把他当作哲学之父来洗耳恭听。这个了不起的人是最古老的哲学家，甚至在权威经典[2]中被提到："万物之主啊，是您在太初造就了智者迦毗罗。"他的感知何等奇妙，如果有人要求给出关于瑜伽士非凡感知力的证据，那么他就是证据。瑜伽士可没有显微镜或望远镜，但他们的感知是何其精微，对事物的分析是何其完美和精彩！

在这里我要指出叔本华和印度哲学之间的区别。叔本华说，欲望或意志是一切事物的原因，是意志的存在使我们得以显现。我并不这样认为。意志等同于运动神经（motor nerves）。当我看到一个对象时，并不存在意志。当关于这个对象的感觉被传递给大脑时会出现反应，说"做这个"或"不要做这个"，这种自我实体（ego-substance）的状态就是所谓的意志。不可能有不是作

1　广博仙人（Vyāsa）音译为毗耶娑。一般说到毗耶娑指的是史诗《摩诃婆罗多》的作者，但关于他的资料都是传说，没有确切的历史依据。印度传统说他还编订了四部吠陀和一些往世书、撰写了吠檀多的哲学经典《梵经》，因为这些文献各自的成书年代相去甚远，很可能也只是传说。Vyāsa 有"划分""扩大""编排"之意，因而也可以理解为对经典作者和编纂者的泛指，以上参阅黄宝生《摩诃婆罗多（一）》前言第12页（中国社会科学出版社 2005）。

　　根据语境猜测，辨喜在这里可能是采用了传说中的说法，用 Vyāsa 来指代《梵经》的作者，因为他在其他地方说到《梵经》时使用的是 the Sutras of Vyāsa，意为《广博仙人经》。

　　但一般来说，《梵经》的梵语名称是 Brahma Sūtra，作者是跋达罗衍那，约公元一世纪人，参阅姚卫群编译《印度古代宗教哲学文献选编》第 559 页（商务印书馆 2020）。

2　这里的"权威经典"一词的原文是"śruti"，本意是"被听到的东西"，在印度教传统中指讲述核心教义的最权威的经典文本，一般被认为是通过直接经验获得的启示，包括四部吠陀本集和早期的奥义书等。

为反应而存在的、单一的意志的粒子。在意志出现之前还有很多
东西存在，它只是从自我中被制造出来的东西，而这个自我又是
从更高的层面上——也就是智能——被制造出来的东西，同样，
这仍然是对未分离的自然的改变。佛教的观念是，我们看到的一
切都是意志。从心理学上说这是完全错误的，因为意志只能等同
于运动神经。如果把运动神经抽离出来，一个人就完全没有意志
了。或许正如你们所熟知的那样，这样的事实是在对低级动物做
了一系列实验之后被发现的。

我们会好好研究这个问题。理解人之内的大——伟大的原
则、智能——的问题是非常重要的。智能自身被改变成自我性，
而智能就是身体中所有力量的原因，覆盖了全部的领域，包括潜
意识、意识和超意识。这三种状态是什么？我们在动物中发现了
潜意识状态，称之为本能。这几乎是不会出错的，但非常有限。
本能几乎不会失败，一只动物可以本能地辨别出食物和有毒的草
木，但本能是非常有限的。一旦有新的东西出现，它就失效了，
它像机器一样工作。更高级一些的知识状态是可错的，常常会犯
错的，但范围却更大，尽管比较缓慢，这就是你们所说的理性。
它比本能要大得多，但本能比理性更确定。在推理中出错的机会
比在本能中大得多。还存在一种更高级的状态，那就是超意识，
这属于瑜伽士，属于已经修习过它的人。我们一定要记住，大是
这里一切东西的真正原因，它以各种方式显现自身，覆盖了潜意
识、意识和超意识的全部领域，也就是覆盖了知识存在的全部三
种状态。

现在我们遇到一个总是被问到的精妙问题。如果完美的神创造了宇宙，其中为什么会存在不完美？我们所说的宇宙就是自己看到的东西，可这不过是意识和理性的渺小层面，在此之外我们什么都看不到。这个问题在现在是无法解答的。如果从一团东西里拿出一小部分并盯着它看，这似乎是不协调的。当然如此。宇宙之所以是不协调的，是因为我们让它成为这个样子。这是怎么做到的？什么是理性？什么是知识？知识就是发现事物的关联。你在街上看到一个自己认识的人，这是因为你记得心灵上的印象，或者说是心质上的印记。你见过很多人，每个人都在你的心灵上留下了印象，在看到这个人时，你会参照自己的储存库并在那里看到很多相似的图像。当看到它们时，你是满足的，并且把新的图像与其他的放在一起。当新的印象出现并在你的心灵中产生关联时，你是满足的，这种关联的状态就被称为知识。所以，知识就是像鸽舍（pigeon-holing）那样，把一个经验与已存在的经验储备相比对，而这是对如下事实的出色的证明：除非已经拥有了经验储备，否则人不可能拥有任何知识。如果没有经验，就像某些欧洲哲学家认为的那样，人的心灵一开始是一块白板[1]，人就不可能获得任何知识，因为知识的真相就是：通过与心灵中已存在的东西的关联来识别出新的东西。我们的手头一定有一处储存库，可供新的印象来参照。假设一个孩子没有这样的储备就出

1　"白板（tabula rasa）"是西方哲学的术语，指人在出生时心灵犹如一块白板，没有任何内容，而一切知识都来自经验。这种理论可以上溯到亚里士多德的《论灵魂》，较为系统的表述则来自约翰·洛克。

生在了世界上，就永远不可能获得任何知识。因此，孩子一定事先就处于拥有储备的状态，这样知识才会永远增加。请允许我避开论证，因为这是一个数学上的事实。一些西方的哲学流派也认为，离开了过去知识的储备就不可能有任何知识。他们建构了这样的观念：孩子出生时就是带有知识的。这些哲学家说，孩子来到世界时带有的印象不是源自他的过去，而是源自他祖先的经验，这不过就是遗传性传递（hereditary transmission）。他们很快就发现这样的观念是错误的，一些德国哲学家现在对这样的遗传观念做出了沉重打击。遗传是很好的，但并不全面，仅仅解释了事情的物理方面。你们如何解释环境对我们的影响？很多原因汇聚在一起才产生出一种结果，环境就是导致结果的原因之一。我们创造自己的环境：我们过去是这样的，所以找到了现在的环境。一个喝醉的人自然会被吸引到城市中最糟糕的贫民窟。

现在大家理解了知识的含义。知识就是把新的印象与旧的印象对号入座（pigeon-holing），从而识别出新的印象。这种识别是什么意思呢？就是发现与已经存在的相似印象的关联。如果是这样的话，知识就意味着发现关联，为了能够知道任何东西，我们都必须设定好与之相似的整个序列。难道不是这样吗？假设你拿起一块鹅卵石，为了发现关联，你必须看到与之相似的整个鹅卵石序列。但对宇宙整体的感知而言，我们却不可能做到这一点，因为在我们心灵的对号入座中，只存在着对感知的单一的记录，我们并不具有关于宇宙整体的感知或类似的东西，所以无法把它与其他东西相比较，无法把它与同它相关联的东西进行参照。被我们的意识切分出来的这一小块宇宙是一个惊奇的新事物，因为我们还未能发现它的关联。于是我们就与它争斗，认为它是可怕的、邪恶的、糟糕的；有时我们可能认为它是好的，但总是认为它并不完美。只有当发现了它的关联时，宇宙才能被知道。当超越了宇宙和意识的时候，我们才可以识别出宇宙，然后它会得到解释。在此之前，就算想破脑袋我们也无法解释宇宙，因为知识就是发现相似的东西，而在意识的层面上我们只能获得关于宇宙的单一的感知。我们关于神的观念也是如此。正如看到的只是宇宙的一个部分一样，我们看到的神也只是一部分，其余的部分都是超出人类认知的。"我，普遍者。我如此伟大，以至于宇宙也不过是我的一部分。"这就是为什么我们会认为神是不完美的，而且并不理解祂。理解祂和宇宙的唯一途径就是超越理性和意识。"要超越听到的东西和听觉，超越思想和思维活动，只有这样才会达到真理。""要超越经典，因为它们的教导仅限于自然和三性[1]。"只有超越了这些我们才会发现和谐，在此之前是做不到的。

微观和宏观世界是按照完全同样的计划建造的，在微观世界中我们只知道一个部分，也就是中间的部分。我们既不知道潜意识，也不知道超意识，只知道意识。如果有人站起来说"我是一个罪人"，他就说了不正确的话，因为他并不了解自己。他是最无知的人，只知道自己的一部分，因为他的知识只覆盖了他所占

---

1 "三性"（three qualities）是数论中的概念，指悦性、激性和惰性。

据领域的一个部分。所以在这个宇宙中，我们只能通过推理知道它的一个部分，但不可能知道全部。这是因为，潜意识、意识和超意识，个体的大、普遍的大和随之而来的所有改变，共同构成了宇宙。

是什么让自然（原质）发生变化呢？到目前为止我们看到的一切东西、所有原质，都是"jaḍa"，即无感知的（insentient）。它完全是复合的、无感知的。任何有法则的地方都证明了它起作用的领域是无感知的。心灵、智能、意志和其他一切都是无感知的，但它们都反映出感知力（sentiency），即某个超越了所有这些存在者的"cit"[1]，数论哲学家称之为"原人"。原人是宇宙中一切变化的不被觉察的原因。也就是说，在普遍的意义上，原人就是宇宙之神。我们说，是万物之主的意志创造了宇宙。作为通常的表达来说这是挺不错的，但我们看到真正的情况并非如此。意志怎么可能做到这一点呢？意志是自然中的第三或第四种显现，在它之前存在着很多东西，这些东西又是由什么创造的呢？意志是复合的，而一切复合的东西都是自然的产物。因此，意志不可能创造出自然，而说万物之主的意志创造了宇宙是无意义的。我们的意志只会覆盖自我意识的一个很小的部分，并推动我们的大脑运作。让身体和宇宙运作起来的并不是意志。身体是被另一种力量推动的，意志只是这种力量的部分显现。同样，在宇宙中也存在着意志，而那也只是宇宙的一个部分。整个宇宙并不是由意志

1　"cit"的字面意思是知道、知识。

指导的，这就是为什么我们不能通过意志来解释它。假设我想当然地认为是意志在推动身体，那么当我发现自己不能如自己所愿地行动时，就会开始烦躁、发怒。这是我的过失，因为我不应该把意志理论当作是理所当然的。同样，如果认为是意志在推动宇宙而同时又发现了与此不相符的事情，那也是我的过失。因此原人并不是意志，也不可能是智能，因为智能自身也是复合物。如果没有某种与大脑相对应的物质，就不可能有任何智能存在。在任何存在智能的地方，一定存在着与我们称之为大脑的物质非常相似的东西，它聚合为一种特定的形式并服务于大脑的目的。在任何存在智能的地方，这样的物质一定以一种或另一种形式存在着。但智能自身是复合物。那么原人是什么呢？它既不是智能也不是意志，而是所有这些的原因。正是它的存在让所有这些东西开始运转和组合。它并不与自然混合在一起，不是智能或大，而是大我、是纯洁者、是原人。"我是见证者，通过我的见证，自然在产出所有东西，无论是有感知的东西还是无感知的东西。"

自然中的感知力是什么呢？我们发现智能就是这种被称作"cit"的感知力。感知力的基础在原人之中，它是原人的本性。这是无法被解释的，却是一切知识的原因。原人并不是意识，因为意识是复合物，但意识中任何光明的、好的东西都属于原人。原人不是有意识的，但智能中任何光明的东西都属于原人。感知力就在原人之内，但原人并不是智能的，并不了知任何东西。原人中的"cit"加上原质，这就是我们在周围看到的东西。宇宙中的任何愉悦、幸福和光明都属于原人，但这些是复合物，因为它们是原人加上原质。"任何有幸福的地方，任何有欢喜的地方，都有不朽者——也就是神——的火花。""原人是宇宙中伟大的引力，尽管它不被宇宙触及，不与宇宙相关联，但它吸引着整个宇宙。"你们看到一个人追逐金钱，他背后也是原人的火花，尽管混入了大量的污垢。当一个男人爱自己的孩子或一个女人爱自己的丈夫时，这种吸引力是什么？就是他们背后的原人的火花。它就在那里，只是混入了"污垢"。没有别的东西可以吸引。"在这个充满无感知的世界里，只有原人是有感知的。"这就是数论所说的感知，这意味着原人一定是全在的，因为不是全在的东西一定是有限的。一切有限的东西都是有原因的，一定有开始和结束。如果原人是有限的，它就会死亡，就不会是自由的、终极的，而一定有某种原因。因此它一定是全在的。在迦毗罗看来，有很多原人，不是一个，而是无限多。你和我都有各自的原人，每个人都是这样。有无数个圆，每个都是无限的，都在宇宙中穿梭着。原人既不是心灵也不是物质，来自它的反射是我们知道的一切。可以确定的是，如果它是全在的，就肯定不生不死。它的光投射到自然之上，这就是生和死的阴影，但原人在其本性上仍然是纯洁的。到目前为止我们发现数论哲学是非常出色的。

可接下来我们要提出反驳了。到目前为止的分析是完美的，这种心理学是无可争议的。通过把感官划分为器官和工具，我们发现它们并不是单一的，而是复合的。通过把自我性划分为感觉和物质，我们发现这也是物质的，而大也是一种物质状态。最终我们发现了原人。到目前为止没什么好反驳的。但如果我们追问说:"谁创造了自然?"——数论就会说,原人和原质不是被创造的,是全在的,而且原人的数目是无限的。我们不得不驳斥这样的主张,并找出更好的解答,而这会把我们导向不二论。我们的第一个反驳是:怎么可能存在两个无限者?我们的论点是:数论并不是一种完美的概括,而且我们在其中不会找到完美的解答。接下来,我们会看到吠檀多主义者如何从这些困境中探索出一条道路并获得完美的解答,但所有的荣耀仍然属于数论。毕竟,在一条栩栩如生的龙已经被画好的情况下,最后的点睛之笔是很容易的。

数论与吠檀多

我会给出关于之前讲过的数论哲学的概述。在这次演讲里，我们希望能找出它的缺陷，并看看吠檀多可以在哪些地方对之做出补充。你们肯定记得，根据数论哲学，自然是所有显现的原因，我们把这些显现称为思想、理智、理性、爱、恨、触觉、味觉和物质等。一切都从自然而来。自然由三种元素构成，就是悦性、激性和惰性。这些并不是性质，而是元素，是整个宇宙从中演化而来的材料。在一次循环的开端，这些元素都还保持着均衡，当创世到来时，它们便开始组合和重组，并显现为宇宙。第一种显现就是数论所说的大或智能，由此出现了自我意识。根据数论，这也是一种元素（谛）[1]。从自我意识中进化出意根或心灵、感官以及精微元素（声音的粒子、触觉的粒子等）。所有精微的粒子都从自我意识进化而来，而从这些精微粒子中又产生出被我

---

1 这里的"谛"原文是"tattva"，本意是那个、原则或真理，也被认为是实在的一种元素。数论哲学中有"二十五谛"，即用来解释世界的二十五种要素，其中的"谛"就是"tattva"。

们称为物质的粗大元素。精微元素无法被感知到，但当变成粗大粒子时，我们就可以感觉到它们了。

心质具有智能、自我意识和心灵三重功能，它在这三重功能中运作着，并制造出被称作生命气的力。你们必须抛弃生命气是呼吸的观点，呼吸只是生命气的一种结果。生命气的意思是统治和推动整个身体的神经力量，也显现为思想，而呼吸运动是生命气最显著的显现。生命气作用于空气，而不是空气作用于生命气。控制呼吸运动就是调息（prāṇāyāma）。练习调息是为了掌控呼吸运动，最终的结果却并不仅仅是控制呼吸或让肺部变得强大。那可以被称作德尔萨特[1]的方法，但不是调息。生命气是操控整个身体的至关重要的力，而这些力反过来又被身体中的其他器官操控，也就是心灵或内部器官。到目前为止还算不错。数论的心理学是非常清楚和最为精确的，而且还是世上最古老的理性思想！任何有哲学或理性思想的地方，都应该或多或少有迦毗罗的功劳。毕达哥拉斯在印度学习过，并且在希腊进行教学活动；随后，柏拉图了解到这些；再之后，这些思想被诺斯底派传播到亚历山大，又从那里被传到欧洲。所以，只要在进行心理学或哲学尝试的地方，迦毗罗就是伟大的父亲。到目前为止，我们看到他的心理学是很出色的，但随着探讨的深入，我们会在某些

1　弗朗索瓦·德尔萨特（François Delsarte，1811—1871），十九世纪法国歌唱家、演说家和教育家。这里指的是他创立的德尔萨特体系。他通过观察实际生活中人类的行为、表情与情感之间的关系，总结出一套关于人类身体所有表现要素的科学体系，并运用它来指导演说家、歌手和演员等，帮助他们通过身体动作等手段恰当地表达自己的情感。这些理论和实践在十九世纪下半叶的美国产生了比较大的影响。

问题上与他产生分歧。我们发现，迦毗罗依赖的基本原则就是进化。他让一样东西从另一件东西里进化而来，因为他对因果关系的定义就是"原因以另一种形式再现"。就我们看到的来说，整个宇宙都在发展和进化。我们看到黏土，在另一种形式中我们称其为水罐。黏土是原因，水罐是结果。在此之外我们不可能拥有任何因果关系的观念。整个宇宙是从物质、原质或自然进化而来的，因此，宇宙和它的原因不可能有什么本质上的不同。在迦毗罗看来，无论是无差别的自然还是思想或理智，都不是他所说的"享受者"（Enjoyer）或"启示者"（Enlightener）。心灵就像是一团黏土，自身是没有任何光的，但透过它我们可以看到理性。所以，在它背后一定有一个东西，这个东西的光通过大和自我意识渗透进来，然后产生改变，这个东西就是迦毗罗所说的原人，是吠檀多主义者所说的大我。在迦毗罗看来，原人是单一的东西，不是复合物，它是非物质的，也是唯一非物质的东西，而所有的显现都是物质的。我看到一块黑板。首先，外部工具会把那种感觉传送给神经中枢，用迦毗罗的话说就是传送给根；从中枢出发，它会达到心灵并产生印象；心灵会把它呈现给觉，但觉并不能做出反应，反应是从背后的原人那里来的。可以说，这些都是原人的仆人，把感觉传送给它，而它则给出指令、做出反应，它是享受者、感知者、真正的一、王座上的国王、人的大我，它是非物质的。正因为它是非物质的，所以必定是无限的，不可能受到任何限制。每个原人都是全在的，我们每个人也都是全在的，但只能通过精微身起作用。心灵、自我意识、器官和生命力构成精微身或鞘（sheath），在基督教哲学中被称作人的灵性的身体。是这个精微身获得救赎、惩罚或往生天堂，是它在具身化（incarnates）和转世（reincarnates），因为我们从一开始就看到，原人或灵魂的来来去去是不可能的。运动意味着离开或到来，而从一个地方到另一个地方的东西不可能是全在的。我们在迦毗罗的心理学中看到灵魂是无限的，而且灵魂是唯一不是由自然组成的东西，是唯一在自然之外的东西，但显然也受到自然的束缚。自然在它周围，而它把自身等同于自然。它认为："我是精微身""我是粗大物质、是粗大身"，它就像这样享受快乐和痛苦，但这些其实并不真的属于它，而是属于精微身。

当冥想的状态既不是被动也不是主动的时候，常常被瑜伽士称为最高级的状态，在其中你可以达到离原人最近的地方。灵魂既没有愉悦也没有痛苦，它是一切的见证者，是所有行动的永恒见证者，但并不受到任何行动的果报。正如太阳是所有眼睛的视觉的原因，但它自己并不被眼睛中的任何缺陷影响；正如当一块水晶前被放上红色或蓝色的花朵时，水晶看上去会变成红色或蓝色，其实它自身并非如此；灵魂就是这样，它既不是被动的也不是主动的，而是超越了这两者。最接近表达这种状态的方法就是冥想。这就是数论哲学的主张。

接下来数论说，自然的显现是为了灵魂，所有结合都是为了第三个存在者。这些结合被你们称为自然，这些不断的变化在持续着，是为了灵魂的愉悦和解脱，为了让灵魂能够获得从最低级到最高级的经验。如果得到了这些经验，灵魂就会发现自己从来都不在自然之中，会发现自己是完全独立的，是不灭的，不可能离开也不可能回来，往生天堂或者重生都是自然之内的事情，不在灵魂之中。灵魂就这样变得自由。所有自然都在为了灵魂的愉悦和经验运转着。获得经验是为了达到目标，目标就是自由。但在数论哲学看来，灵魂有很多。存在着无数的灵魂。迦毗罗的另一个结论是，不存在作为宇宙创造者的神，自然自身就足以说明一切。数论说，神是不必要的。

吠檀多则说，灵魂在其本性上是绝对的存在、绝对的知识、绝对的欢喜。但这些都不是灵魂的性质：它们是一个东西而不是三个东西，都是灵魂的本质。吠檀多与数论一致，都认为由于智能是通过自然而来的，因此是属于自然的。吠檀多还表明，被称作智能的东西是复合物。例如，让我们检查一下自己的感知。我看到一块黑板。这样的知识是如何出现的？德国哲学家所说的黑板的"物自身"[1]是未知的，而且我绝不可能知道它。让我们把它称为 x。黑板 x 作用于我的心灵，心灵做出反应。心灵就像是一片湖水，如果把石头扔进湖里，就会有一股反作用的波浪涌向石头。波浪就是波浪，与石头完全不同。黑板 x 就像是一块被投入心灵的石头，而心灵向它投放出波浪，这股波浪才是我们所说的黑板。我看到了你们。作为实在的你们是未知的、不可知的。你们就是 x，作用在我的心灵上，而心灵则向你们的影响发生的地方抛出波浪，这股波浪就是所谓的某某先生或某某女士。在感知

1　"物自身"（thing-in-itself）是一个来自康德哲学的概念，指人类感官无法把握到的现象背后的东西。

中有两种要素，一种来自外部而另一种来自内部，这二者的结合，也就是 x+ 心灵，是我们的外部宇宙。所有知识都是通过反应才出现的。就拿一头鲸来说，我们已经通过计算知道了，在尾巴受到击打后多久它的心灵会做出反应并感到疼痛。内部感知也是如此。我之内的真正的自我也是未知的、不可知的，让我们把它叫作 y。如果我知道自己的情况是怎样的，那就是 y+ 心灵，那个 y 击打了我的心灵。所以我们的整个世界就是 x+ 心灵（外部）和 y+ 心灵（内部），x 和 y 分别代表外部和内部世界背后的物自身。

在吠檀多看来，自我意识的三个基本因素是：我存在、我知道和我是得到福佑的。我没有欲望，我是安宁的、宁静的，没有任何东西可以打扰我，这样的想法不时会出现，它其实是我们存在的核心事实，是我们生命的基本原则。可当它变成有限的东西、变成复合物时，就会把自身显现为现象上的存在、现象上的知识和爱。每个人都存在，每个人都有知识，每个人都为了爱而疯狂。人不可能不去爱，从最低级到最高级的存在都必定会去爱。与心灵结合在一起的内部的物自身——也就是那个 y——制造了存在、知识和爱，它被吠檀多主义者称作绝对存在、绝对知识和绝对欢喜。真正的存在是不受限制的、无混杂的、无结合的，不知道任何变化的东西，是自由的灵魂，而当与心灵混合、混杂在一起时，它就变成了我们所谓的个体存在。这就是植物生命、动物生命、人类生命，正如普遍的空间在房间和坛子中被切分出来一样。真正的知识不是我们知道的东西，也不是直觉、理性或本能。当它衰退并变得混杂时，我们就把它称作直觉；当进一步衰退时，我们称其为理性；如果继续衰败，我们就称之为本能。而无限的知识自身则是"vijñāna"[1]，既不是直觉也不是理性或本能，最贴切的表达应该是完全的知道（all-knowingness）。它是不受限制的，在它之内不存在结合。当那种欢喜被乌云遮盖时，我们称其为爱，就是被粗大身、精微身或观念吸引。这不过是那种欢喜的扭曲的显现。绝对存在、绝对知识和绝对欢喜并不是灵魂的性质，而是它的本质，它们与灵魂并没有区别，三者是一体的，我们是从三个不同的方面来看同一个东西。它们都超越了相对性的知识。大我的永恒知识通过人脑渗入进来，变成人的直觉、理性等等。它的显现根据自己所通过的媒介的不同而改变着。就灵魂而言，人与最低级的动物之间也没有区别，只不过后者的大脑发展得比较少，因而通过它的显现——也就是我们所说的本能——是非常愚钝的。在人类这里，大脑要精微得多，所以显现也要清楚得多，而在最高级的人那里显现就变得完全清楚了。对于存在来说也是如此，我们知道的存在——也就是有限的领域——不过是真正存在的一种反映，而真正的存在就是灵魂的本性。欢喜也是如此，我们所说的爱或吸引不过是对大我永恒欢喜的拒斥。限制伴随着显现而来，但灵魂未显现的本性则是不受限制的。对那种欢喜来说不存在限制，但在爱里则是有限制的。我今天还爱着你，第二天就恨上你了；我的爱今天还在增加，第二天就减少了，这都不过是一种显现。

1　"vijñāna"的本意包括知识、分辨力等，在佛教中被译作"识"，指意识、心灵等。辨喜在这里用它指一种与知觉、理性和本能都不同的东西，是知识本身。

我们要与迦毗罗争论的第一点就是他关于神的观念。正如对原质的一系列改变——这开始于个体的理智而终结于个体的身体——要求在背后存在一个原人作为支配者和统治者，在宇宙中，普遍的理智、普遍的自我性、普遍的心灵、普遍的精微和粗大的元素，也一定要有一个支配者和统治者。如果没有它们背后的普遍原人作为支配者和统治者，这些宇宙序列如何能够变得完备？如果一个人否定宇宙序列背后的普遍原人，他在个体序列背后的原人就也会被否定。如果在有等级的、进化的个体显现的序列背后，真的有一个超越所有这些东西的一，也就是不由物质组成的原人，那么同样的逻辑也适用于普遍的显现。这个普遍的大我超越了原质的普遍显现，被称作自在天（īśvara）、至高的支配者、神。

　　现在是更重要的不同之处。可能存在着不止一个原人吗？我们已经看到，原人是全在的、无限的。全在的、无限的东西不可能是两个。如果有两个无限者 A 和 B，无限者 A 就会限制无限者 B，因为无限者 B 不是无限者 A，而无限者 A 也不是无限者 B。同一性上的差异意味着排斥，而排斥意味着限制。因此，A 和 B 在相互限制着，不可能都是无限的。所以只能存在着唯一的无限者，也就是说只有一个原人存在。

　　现在来看看 x 和 y，我会尝试证明它们是一体的。我们已经表明，所谓的外部世界就是 x+ 心灵，而所谓的内部世界就是 y+ 心灵，x 和 y 都是未知的、不可知的东西。所有差别都源自时间、空间和因果关系，这些是构成心灵的要素。离开了这些，任何心智上的东西都是不可能的。你们不可能进行没有时间的思考，不可能想象任何没有空间的东西，也不可能拥有任何不具有因果关系的事物。这些都是心灵的形式，把它们清除掉吧，心灵自身其实并不存在。因此，所有差别其实都源自心灵。根据吠檀多的观点，是心灵、是心灵的形式在表面上限制了 x 和 y，让它们看上去像是外部和内部世界。但 x 和 y 都超越了心灵，并没有差异，因此是一体的。我们不可能把任何性质归属给它们，因为性质都是心灵的产物。无性质的东西肯定是一体的：x 是没有性质的，它只不过接过了心灵赋予它的性质，y 也是如此，因此 x 和 y 是一体的。整个宇宙都是一体的。宇宙中只有一个大我、一个存在，当那个唯一的存在穿过时间、空间和因果关系这些形式后，就被称作不同的名称，比如觉、精微物质、粗大物质、所有精神上的和物理上的形式。宇宙中的一切都是那个一，只是在各种形式中显示出来而已。当它的一个很小的部分进入时间、空间和因果关系的网络中，就具有了形式，如果移除这个网络，一切就都是一体的。因此，在吠檀多哲学中，整个宇宙在大我中都是一体的，这个大我就被称作梵。当大我出现在宇宙背后时，就被称为神。当同样的大我出现在渺小的宇宙——也就是身体——背后时，就是灵魂。所以，灵魂就是人之中的大我。只存在一个原人，那就是吠檀多所说的梵，而且经过分析我们发现，神和人在祂之内是一体的。宇宙就是你自己，是连绵不断的你，你遍及整个宇宙。"你通过所有的手行动，通过所有的嘴进食，通过所有的鼻孔呼吸，通过所有的心灵思考。"整个宇宙都是你，宇宙就是你的身体，你既是已形成的宇宙又是未形成的宇宙。你是宇宙的灵魂，也是宇宙的身体。你就是神，你就是天使，你也是人、是动物、是植物、是矿物，你就是一切，一切的显现也都是你，任何存在的东西都是你，你就是无限者。无限者不可能被分割，它没有部分，因为无限的任何部分都还是无限的，这样一来部分就与整体等同了，这是荒谬的。所以，你是某某先生这样的想法不可能是正确的，是白日梦。知道这一点并变得自由吧，这就是不二论的结论。"我不是身体、器官或心灵，我是绝对的存在、绝对的知识和绝对的欢喜，我就是祂。"这才是真正的知识，任何其他东西都是无知。对我来说知识还能在哪里呢，我就是知识自身啊！对我来说生命还能在哪里呢，我就是生命自身啊！我确信我在活着，因为我就是生命，是唯一的存在，除非通过我、在我之内、作为我，否则任何东西都无法存在。我通过这些元素得以显现，但我是自由的一。谁在寻求自由？没有人。如果你认为自己是受束缚的，就会继续受到束缚，是你制造了自己的束缚。如果你知道自己是自由的，你此刻就是自由的。这就是知识，是关于自由的知识，自由是整个自然的目标。

目　标

圣弗朗西斯科　1900 年 3 月 27 日

（转载自《吠檀多与西方》(*Vedanta and the West*)，1958 年 5 月至 6 月。该杂志的编辑根据记录将其出版，并在方括号内添加了必要的语词以保证行文的流畅，并通过省略号标示出记录中可能被遗漏之处。——原编者注）

我们发现人们总是被某个比自己更伟大的东西包围着，而人们也总是试图把握它的意义。人们永远都在寻求最高的理想。大家知道那个东西存在，而宗教就是对最高理想的追求。最初，所有寻求都发生在外部层面上——在天堂或其他地方——而这些的依据正是 [人们] 对人类总体本性的 [把握]。

[随后，] 人们开始在更近的距离上观察自己，开始发现真正的 "我" 并不是自己通常代表的那个 "我"。对人们来说，感觉与实际的情况并不一致。人们开始在自己之内 [寻找]，发现……

[被放置在]自己之外的理想其实总是在自己之内。人们在外部崇拜的东西就是自己真正的内在本性。二元论与多元论之间的差别在于：当理想被放置在[自己]外部时，就是二元论；当神在内部被[寻求]时，就是一元论。

首先还是关于为什么和原因的老问题……一个人是如何变得受限制的？无限者如何变得有限，纯洁者如何变得不纯洁？首先，你们永远不要忘记，这样的问题无法在任何二元论假设的框架下[得到]回答。

神为什么创造了不纯洁的宇宙？被完美、无限、仁慈的父制造出来的人为何如此不幸？为什么凝视苍穹和大地能够让我们得到关于法则的观念？没人能够想象任何自己没有见过的东西。

我们一生中受到的一切折磨都被安放在了另一个地方，那就是地狱……

无限的神为什么创造了这个世界？[二元论者说:]不就像是陶工制作陶罐那样吗？神是陶工，我们是陶罐……用更哲学的话语表述，这个问题就是：人的真正本性是纯洁的、完美的、无限的，这样的假定怎么是理所当然的？这是任何一元论体系中都会出现的困难。其他一切都是干净、清楚的。但这个问题不可能被解答，一元论者说，这个问题是自相矛盾的。

就拿二元论的体系来说吧——神为什么创造这个世界。这是自相矛盾的。为什么？因为——什么是神的观念？祂是一个不会受到任何外部东西作用的存在者。

你们和我都不是自由的。我现在就很渴。有口渴这么一回事，我是无法控制的，[这]迫使我去喝水。我身体的每个动作、甚至我心灵中的每个想法都从我之内被强制地抽取出来。我不得不去做这些，这就是为什么我是受到束缚的……我被迫去做这些，去拥有这些，等等……而为什么和原因是什么意思呢？[就是服从于外部的力。]你们为什么要喝水？因为口渴强迫你们这样做。你们是奴隶，永远不会按照自己的意志来做任何事情，因为你们被迫做着这一切。你们做出行动的唯一动机就是某种力……

除非有某种力的强迫，否则地球自身是绝不会运动的。光为什么会亮起？除非有人划亮火柴，否则它是不会亮的。在整个大自然中，一切都是受到束缚的。奴隶啊，都是奴隶啊！与大自然相和谐就是[奴隶]。是什么作为大自然的奴隶并活在金色的笼子里？最伟大的法则和秩序就在于这样的知识：[人类在本质上是自由和神圣的]。现在我们看到，为什么和原因这样的问题只能[在无知中]被提出。我只能通过另一样东西而被迫做某事。

[你们说]神是自由的，却还是在问神为什么创造了整个世界的问题——这是自相矛盾。神的意思就是完全自由的意志。用逻辑的语言来说就是：是什么在强迫那个不可能被任何东西强迫的祂创造了这个世界？你们其实就是在问是什么在强迫祂，这可完全是胡说啊。祂的本性就是无限的，祂是自由的。如果你们可以用符合逻辑的语言来提问，我们就可以给出解答。理性会告诉你们，只有一个实在，除此之外别无他物。任何二元论兴盛的地方，一元论就会出现并将其驱逐出去。

在这一点的理解上只有一处困难。宗教是一种常识和日常的东西。对于大街上的普通人来说,如果你用他的语言而不是哲学家的语言来陈述宗教,他就会了解宗教。人的本性很自然地会去 [投射] 自身。想想你们对孩子的感觉吧。[你们把自己等同于孩子。然后] 你就有了两个身体。[同样,] 你们可以通过自己丈夫的心灵感受到自己。这样的做法难道有终点吗?你们其实可以在无限的身体中进行感觉。

大自然每天都在被人征服,人类作为一个种族正在显现着自己的力量。请试着在想象中对这样的力量加以限制。你承认人类作为一个种族拥有无限的力量,拥有 [一个] 无限的身体。唯一的问题是,你究竟是什么?你是这个种族还是一个 [个体]?把自身孤立起来的那一刻,一切就都在伤害你。扩展自己并感受到他人的那一刻,你就会获得帮助。自私的人是世上最可悲的,而世上最幸福的人是毫不自私的人。他已经变成了所有被造物、变成了整个种族,神就在他之内……二元论——基督教、印度教和所有宗教——的道德伦理准则是:不要自私……要把东西奉献给他人!去扩展自己吧!……

无知的人也可以很容易理解这一点,博学之人就更不用说了。但一知半解的人却很难理解神。[真实的情况是,] 你不是 [与这个宇宙] 相分离的,正如你的精神并不是与你的其他部分相分离的。否则的话,你就什么也看不到、感觉不到。我们的身体不过是物质海洋中微不足道的漩涡。生命流转着,以另一种形式继续下去……日月星辰和你我都不过是漩涡。我为什么选择 [某个特定的心灵作为我的心灵呢？这不过] 是心灵海洋中的心智漩涡。

否则的话，我现在发出的振动怎么会波及到你们那里？如果把石头扔进湖里，它会引起振动并 [搅动] 湖水。我把自己的心灵投入欢喜的状态中，由此产生的趋势就是你们的心灵中也会出现欢喜。这样的情况有多少呢：你在心灵或心中 [想了些什么]，尽管没有 [言辞上的] 交流，[其他人却理解了你的想法] ？我们在任何地方都是一体的……这是我们从未理解的一点。整个 [宇宙] 是由时间、空间和因果关系组成的。而神 [作为这个宇宙显示出来]……自然是从什么时候开始的？开始于你 [忘记自己真正的本性] 而变得 [受到时间、空间和因果关系束缚的时候]。

这是你们身体的轮转，是你们的无限本性……自然就是时间、空间和因果关系，这就是自然的全部意思。当你开始思考时，时间就开始了；当你获得了身体时，空间就开始了，否则是不可能有任何空间的；当你变得受限制时，因果关系就开始了。我们必须获得某种回答，而答案就在这里。[我们的有限性] 是一场游戏，好好享受它吧。没有什么可以限制你，也没有什么可以强迫 [你，你是] 从未受到束缚的。我们都在自己发明的这场 [游戏] 中扮演各自的角色。

但还是让我们提出另一个关于个体性的问题。一些人非常害怕失去自己的个体性。对于猪来说，如果能够成为神，还有什么比失去猪的个体性更好的事情呢？事情就是这样，但可怜的猪这会儿可不会这么想。哪种状态才是我的个体性？是那个在地板上爬行的、试图吞咽自己手指的婴儿吗？这就是我不愿意失去的个体性吗？五十年后，在回顾自己现在的状态时，我会开怀大笑，就像 [现在] 回顾自己婴儿时的状态那样。我应该保留的究竟是这些个体性中的哪一种呢？

我们要理解这种个体性的意思……[有两种相反的趋势：] 一种是对个体性的保护，另一种则是强烈地渴望牺牲个体性……母亲会为了孩子的需要牺牲自己所有的意志……当她怀抱着孩子时，个体性的呼唤、自我保存的呼唤就不再被听到了。她会吃最糟糕的食物，但她的孩子则会享用最好的食物。我们已经准备好为一切自己所爱的人去牺牲。

[一方面] 我们在努力保持这种个体性，另一方面又在杀死它。结果究竟如何呢？一个叫汤姆·布朗的普通人可能会很努力地奋斗。他在为了自己的个体性而 [奋斗]。现在汤姆死了，地球表面上的任何地方都不会产生一丝涟漪。一千九百年前，一位犹太人 [1] 出生了，他从未动用哪怕一根手指来保护自己的个体性……想想他吧！那个犹太人从来没有努力去保护自己的个体性。这就是为什么他成了世上最伟大的人。这是这个世界所不知道的。

我们会变成个体。但这是在什么意义上说的呢？什么是人的个体性呢？并不是约翰·布朗，而是人之中的神。这才是 [真正的] 个体性。一个人越是接近这一点，就越是放弃了自己虚假的个体性。他越是努力地 [为自己] 搜集和获得一切，就越不是个

1　指耶稣。

体性的；越少 [为自己] 考虑，在生命中越多地牺牲自己的个体性……就反而更多是个体性的。这是这个世界并不理解的一个秘密。

首先我们必须理解个体性的意思是什么，那就是达到理想。你现在是男人 [或] 女人，你时刻都在变化着。这可以停下来吗？你想不想保持自己心灵现在的样子——天使、仇恨、嫉妒、争吵和心灵中的所有东西？你的意思是要保留所有这些吗？……你在任何地方都不可能停下来……直到获得了完美的征服，直到你变得纯洁、完美。

当充满了爱、欢喜和无限存在时，你就不会再生气了……你会保留自己的哪个身体呢？你在任何地方都不可能停下来，直到你到达永不停止的生命那里。无限的生命啊！你将在那里停下来。你现在拥有了一点知识，并总是试图获得更多的知识。应该在哪里停下来呢？不要在任何地方停下来，直到你变得与生命自身融为一体……

很多人都把愉悦 [当作] 目标，只在感官中追寻愉悦。可人们应该在更高的层面上追寻愉悦，接着是在灵性层面，然后是在自己之内——神就在自己之内。一个把 [自己] 之外的东西当作愉悦的人，会在那个东西消失时变得不快乐。你们不能让这样的愉悦依赖于宇宙中的任何东西。如果我的所有愉悦都在自身之内，我就会永远愉悦，因为我不可能失去自己……母亲、父亲、孩子、妻子、身体、财富——我可能失去一切，唯独不会失去我自己……和大我中的欢喜。所有欲望都被包含在大我之内……这就是永远不变的个体性，是完美的。

　　……如何获得它呢？我们会发现世上最伟大的灵魂——所有伟大的男人和女人——[通过持续的分辨力] 所发现的东西。……关于二十个、三十个神祇的二元论理论是什么？这根本不重要。它们都分享同一条真理，那就是错误的个体性必须被清除……所以这个自我（ego）越少，我就离自己真实的样子越近：那就是普遍的身体。我越少考虑自己个体的心灵，就越接近普遍的心灵。越少考虑自己的灵魂，就越接近那个普遍的灵魂。

　　我们都生活在同一具身体里。我们拥有痛苦和愉悦。只是为了所拥有的身体的微不足道的愉悦，我们就准备杀死宇宙中的一切来保存自己。如果我们拥有两个身体，这会不会好得多？就这样扩展下去直到欢喜吧。我在每个人之中，通过所有的手在行动，通过所有的脚在行走，通过所有的嘴在说话，生活在每个身体中。我的身体和心灵都是无限的，我生活在拿撒勒的耶稣中、佛陀中、穆罕默德中——在过去和现在所有的伟大和善之中。我还将生活在将来所有[可能]出现的东西中。这是理论吗？[不是，这是事实。]

　　如果能够亲证这一点，那将会是多么无限的愉悦啊。何等的狂喜！有哪个身体如此巨大，以至于我们在这里的一切都属于它……在生活在别人的身体中、生活在世上所有的身体中之后，我们会变得怎样？[我们会与无限者变成一体，而] 那就是目标。这是唯一的途径。一个人说："如果我知道真理，就会像黄油一样融化。"我倒真希望人们能够这样，可他们太顽固了，不会这么快就化掉！

为了自由我们要做什么？你们已经是自由的了……自由的人怎么可能受到束缚呢？这是一条谎言。[你们]从未受到束缚。不受限制者怎么可能被任何东西限制呢？无限被无限所除，被无限所加，被无限所乘，所得到的结果都还是无限。你们就是无限的，神就是无限的。你们都是无限的。不可能有两个存在，只有一个。无限者永远不可能变得有限，你们从未受到束缚，这就是全部真相……你们已经是自由的了，已经达到了目标——这就是所能达到的一切。永远不要认为自己还未达到目标……

我们会变成任何自己[想]变成的东西。如果认为自己是可怜的罪人，你就会催眠自己："我是可怜的、爬动的蠕虫。"那些相信地狱的人死后就会出现在地狱中，那些说自己会去天堂的人[就会往生天堂]。

一切都是游戏……[你可能会说：]"我们必须做些什么；让我们好好做吧。"[但]谁关心善与恶呢？去玩吧！全能的神就在玩。这就是事情的全部……你就是在游玩的全能的神。如果想在一旁玩耍并扮演乞丐的角色，你就不要[责怪其他人做出自己的选择]。你喜欢当乞丐，但知道自己真正的本性[是神圣的]。你就是国王，只是在扮演乞丐……这都是游戏。知道这一点然后去玩吧。这就是全部。去实践吧，整个宇宙都是巨大的游戏。一切都很好，因为一切都是游戏。恒星与我们的地球相撞，大家都死了，[这也是游戏。]只去想这些能让你感官愉悦的小事情吧！……

[我们被告知这里存在着]一位善良的神祇，一位邪恶的神

祗。当我犯错误的时候，邪恶的神祗总是会抓住我……当我还是孩子的时候就被告知，神注视着一切。我上床睡觉，仰面朝天，希望房间的天花板会打开。[结果什么都没有发生。] 除了我们自己之外，没有人一直注视着我们。除了我们的 [大我] 之外并没有万物之主，除了我们感到的东西之外并没有本性。习惯是第二本性，也是第一本性。一切存在的东西都是本性。我两次或三次地重复 [某样东西]；它就会变成我的本性。不要让自己悲惨！不要后悔！曾经的事情木已成舟。如果你点燃了自己，[就要承担后果。]

……要明智。我们会犯错误；可那有什么呢？一切都是游戏。有人为了自己过去的罪过而疯狂，又呻吟又哭泣。不要后悔！完成自己的行动后就不要再考虑它。继续吧！不要停下来！不要回头！回头又能得到什么呢？你什么都不会失去、什么都不会获得，不会像黄油那样融化。天堂、地狱和轮回——都是胡说！

是谁出生，是谁死亡？你是在玩，跟世界玩，跟一切玩。只要愿意，你就可以保留这具身体，如果不喜欢就不用保留它。无限者是真实的，有限者只是游戏。你就是无限的身体和有限的身体的结合。要知道这一点啊！但知识并不会带来任何不同，游戏还会继续……两个词——灵魂和身体——被结合在了一起。[片面的] 知识是原因。要知道你始终是自由的。知识之火燃尽了所有 [不纯洁和有限的东西]。我就是那个无限者……

你们一开始就是自由的，现在也是，将来还会一直是。知道自己是自由的人就是自由的，知道自己是被束缚的人就是被束缚的。

神、崇拜和所有这些事情会变得怎样呢？它们拥有自己的位置。我可以把自己划分为神和我，可以变成被崇拜者，我崇拜自己。为什么不呢？神就是我啊。为什么不崇拜我自身？普遍的神——祂也是我的大我。这非常有意思，没有其他的目的了。

生命的终结和目标是什么？没有这样的东西，因为我 [知道我是无限者]。如果你是乞丐，就可以拥有目标。我没有目标、欲望和目的。我来到你们的国家并做演讲——这仅仅是为了好玩，没有其他意义。还能有什么意义呢？只有奴隶才为了另外某个人去行动，你们不要为了别人去行动。如果一样东西适合你，就去崇拜它。你可以加入基督教、伊斯兰教、中国宗教或日本宗教。你可以崇拜过去和未来所有的神祇……

我就在日月星辰中。我与神同在，而且在所有神祇中。我崇拜我的大我。

这还有另一面，我也保留了它。我是那个将被绞死的人，是所有邪恶的人，受到往生地狱的惩罚。这 [也] 是游戏。哲学的目标就是 [知道我就是无限者]。目标、动机、目的和责任其实都在背景中……

首先要倾听这条真理，然后思考它。要通过各种方式推理它、论证它。已得到启示的人知道的事情也不过就是这些。要确定地知道，你就在一切之中。这就是为什么你不应该伤害任何人，因为这就是在伤害自己……[最后，] 要冥想这一点。要好好考虑它。总会有那么一天，一切都化为尘土，只有你独存——你能亲证这一点吗？那个狂喜的（ecstatic）时刻永远不会离开你，你会切实地发现自己并没有身体，而且从来就没有身体。

我就是一，是永恒的。我该害怕谁呢？一切都是我的大我，要不断冥想这一点。通过亲证，你会变成他人的 [福佑]……

"你神采奕奕，好像知道了梵。"（《歌者奥义书》4.9.2）这就是目标。这不是一种宣讲，而是实际在发生的事情。"我在树下看到一位老师，他是一个十六岁的孩子，弟子则是一位八十岁的老者。老师在沉默中教导，弟子的疑虑消失。"（《湿婆赞美诗》12）[1] 是谁在说话？谁会为了看到太阳而点燃蜡烛？当真理 [降临] 时，就不需要见证了。你们知道这一点……这就是你们要做的……要亲证它。[首先] 思考它、推理它，满足自己的好奇心。然后不要 [思考] 任何别的东西。我希望我们永远不要阅读任何东西。万物之主会帮助我们所有人！不信就看看 [博学] 之人会变成什么样子吧。

"有这样那样的说法……"

"我的朋友，你会怎么说？"

"我什么也不说。" [他引用了] 其他人的所有想法，但丝毫不去思考。如果这都算是教育，那我都不知道精神病是什么样了。看看所有写作的人吧！……现代的作家，都没有几句话是自己写的！都是些引用……

书本并没有太多价值，而 [二手] 宗教则毫无价值。这就像

---

1 《湿婆赞美诗》（Dakṣiṇāmūrtistotram）相传为商羯罗所作。"Dakṣiṇāmūrti" 是湿婆的化身之一，是最高的知识之神，是瑜伽、音乐和智慧的老师。

是吃东西。你的宗教无法满足我。犹太人看到了神，佛陀看到了神。如果你没有见过神，就不比无神论者好到哪儿去。只不过无神论者是安静的，而你说得太多了，扰乱了这个世界。书本、《圣经》和经典都是无用的。我小时候曾遇到一位老人，[他没有学习过任何经文，但通过一次触碰就传播了神的真理]。[1]

让世上的老师沉默，让书本沉默，万物之主啊，只有您能说话，而您的仆人则在倾听……如果真理并不存在，生命还有何用？我们都认为自己会抓住它，但并非如此。我们大多数人只能抓住尘埃。神并不在那里。如果没有神，生命又有何用？宇宙中难道有任何栖身之处吗？[这要由我们来寻找]；只是我们并没有[努力去寻找它。我们]就像是洪流中一块微不足道的东西。

如果这条真理存在，如果神存在，它一定就在我们之内……[我一定能够说：]"我用自己的眼睛看到了祂。"否则我就没有宗教信仰。信念、教义和布道并不构成宗教，只有对神的亲证和感知[才是宗教]。这个世界所崇拜的所有那些人的荣耀是什么？[对他们来说，]神不再是一种教义。[他们之所以相信它，]难道是因为他们的祖父相信它吗？不。这是对无限的亲证，比他们自己的身体、心灵和一切都更高级。这个世界包含了一点微不足道的神的反射，只有就这个范围内而言，世界才是真实的。我们爱一个好人，因为在他脸上闪耀着的这种反射更多一些。我们必须自己把握住它，别无他法。

---

1 指的是辨喜的上师罗摩克里希那（Ramkriṣṇo）。

这就是目标，为了它奋斗吧！拥有你们自己的《圣经》，拥有你们自己的基督，否则就不是虔诚的。不要谈论宗教。人们总是说个不停。"一些人陷在黑暗里，却骄傲地认为自己拥有光明。不仅如此，他们还要把别人放在自己的肩膀上，结果双双掉进了坑里。"（《伽陀奥义书》[Kaṭha Upaniṣad]1.2.5）[1]

没有一座教堂自己得救。出生在寺庙里是好事，但对那些在寺庙或教堂里死去的人来说就是不幸。要从这些东西中摆脱出来！……这是好的开始，但不能停在这儿！这是孩子们的地方……就随他们去吧！……直接到神那里去。没有理论，没有教义。只有这样所有疑惑才会消失。只有这样，所有弯路才会变成坦途……

在多之中，他看到了那个一；在无尽的死亡中，他看到了唯一的生命；在多之中，他看到了自己灵魂中从不改变的东西——永恒的宁静属于他。

1　黄宝生的译文是："始终生活在无知之中，/ 却自认是智者和学者，/ 愚人们徘徊在歧路，/ 犹如盲人引导盲人。"

吠檀多的精神

论吠檀多

拉合尔 1897 年 11 月 12 日

我们生活在两个世界中，一个是外部的，一个是内部的。自古以来，人类在这两个世界中前进的脚步几乎是平行的。探索从外部开始，人们最初也是想从外部自然中获取所有深奥问题的答案，想满足自己对周围一切美丽和崇高事物的渴求，想用具体的语言表达自身和自己心中的一切。人们得到的答案的确也是宏伟的，是关于神和崇拜的最奇妙观念，以及对于美的最热烈的表达。崇高的观念的确来自外部世界，但另一个开放稍晚的世界则向人类展示了更崇高、更美丽、更辽阔的宇宙。在吠陀的仪式部分[1]可以发现最奇妙的宗教教导，以及关于宇宙的创造者、维护者和毁灭者的奇妙观念，这些观念在语言中的表达有时是扣人心

---

1 吠陀包含三个部分，即仪式部分（karma kāṇḍa，"karma"一词除了"业""行动"之外也包含"仪式"的意思）、智慧部分（jñāna kāṇḍa）和崇拜部分（upāsanā kāṇḍa），其中仪式部分主要涉及能够产生净化作用的活动或行为。

弦的。你们大多数人可能还记得《梨俱吠陀本集》中最奇妙的一颂（śloka），其中有对混沌（chaos）的描述，这或许是迄今从未见过的最崇高的东西。尽管如此，这仍然只是关于外部崇高之物的图画，它是粗大的，一些物质性的东西仍然附着在上面。因此，这只是在物质的、有限的语言中对无限者的表达，最多是肌肉的无限而非心灵的无限，是空间的无限而非思想的无限。因此，在吠陀的第二部分即智慧部分中，我们会发现一种完全不同的过程。首先是在外部自然中探寻宇宙的真相，这是尝试从物质世界获得对生命的深层次问题的解答。"喜马拉雅山宣告祂的荣耀。"这是一种宏大的观念，但对于印度来说还不够宏大。印度人一定会把心灵转向内部，采取一种不同的探索方式，从对外部的探索转向对内部的探索，从对物质的探索转向对心灵的探索。于是出现了这样的呼喊："一个人死后会发生什么？""一些人说他还存在，另一些人说他已经消失，死神啊，真相到底是什么？"在此我们发现了完全不同的过程，从外部能获得的一切都无法令印度人的心灵满意，它想进一步探究，深入自己的灵魂，那里才有最终的答案。

吠陀的这个部分被称作奥义书、吠檀多、森林书或奥秘（rahasya）。在这个部分我们立即发现，宗教摆脱了任何外部的形式，灵性的东西不是用物质的语言而是用灵性的语言被讲述的，极其精微的东西用极其精微的语言被讲述。不再有任何粗大的东西附着其上，也不再有对世俗考量的妥协。在奥义书中，智者们的心灵是大胆、勇敢的，超越了现代的观念，它们宣告了可以对人类宣扬的最高贵的真理，没有任何妥协和恐惧。同胞们，这就是我想向你们展现的东西。吠陀的智慧部分是一片广阔的海洋，为了理解其中的一小部分可能都要花上好几世。诚如罗摩奴阇[1]所说，奥义书构成了吠陀的头部、肩部和顶峰，也的确可以说奥义书已经成为了现代印度的《圣经》。印度人对吠陀的仪式部分抱有最大的敬意，但实际上我们知道，一直以来，对智者来说权威经典仅仅指奥义书。我们知道所有伟大的哲学家，无论广博仙人、帕坦伽利[2]、乔达摩[3]还是所有哲学之父——伟大的迦毗罗，只要他们想为自己所写的东西提供权威性的证据，就可以去奥义书中寻找，而且没有别的地方有这样的证据，因为那里有永恒的真理。

存在着只有在特定思路上、特定方向中、特定环境下、特定时间里才成立的真理，这些真理的基础是不同时代的机制。另一些真理则建基于人类自身的本性，只要人类存在它们也就一定会存在。只有这样的真理才是普遍的，尽管印度已经在社会环境、服饰、饮食和崇拜等方面发生了各种变化，这些权威经典中的普遍真理、这些绝妙的吠檀多的观念却始终崇高庄严，坚如磐石、牢不可破、不死不灭、永恒不朽。在奥义书中得到发展的所有观念的种子其实已经存在于吠陀仪式部分的教导中了。所有吠檀多

1　罗摩奴阇（Rāmānuja）是限制不二论吠檀多的代表人物，生活在约十一至十二世纪。

2　帕坦伽利（Patañjali）是瑜伽（yoga）派最早的经典《瑜伽经》的作者，又译“钵颠阇利”，关于他的生活年代没有定论，研究一般认为《瑜伽经》的成书年代在公元二世纪至五世纪之间。公元前二世纪还有一位语法学家也叫帕坦伽利，但没有明确证据表明二者是同一个人。参阅黄宝生《瑜伽经》导言第 3 页。

3　印度历史上叫“乔达摩”（Gautama）的人很多，比如佛陀的名字就是乔达摩，此外还有《梨俱吠陀》中的一位智者，名为 Maharṣiḥ Gautama。这里指的更可能是正理（nyāya）派创始人、《正理经》的作者乔达摩（Akṣapāda Gautama），也叫“足目仙人”，是约公元一世纪的人。参阅常磐大定《印度文明史》第 204 页（陈景升译，华文出版社 2019）。

学派都接受的宇宙论观念、作为所有印度思想流派共同基础的心理学，都已经在那里被呈现出来了。所以，在开始谈论灵性的部分——即吠檀多——之前，有必要先来谈谈仪式部分。首先，我想解释一下自己是在何种意义上使用"吠檀多"一词的。

不幸的是，现代印度有一种错误的观念，认为"吠檀多"这个词指的仅仅是不二论体系。实际上你们必须记住，在现代印度，三个源头（three prasthāna）在所有宗教体系的研究中都被认为是同等重要的。首先是像你们的《启示录》一样的权威经典，我指的就是奥义书。其次，在我们的哲学中，《梵经》是最突出的，因为它是对之前所有哲学体系的完善。这些体系相互之间并不矛盾，而是相互依存的，其中有一种逐渐展开的主题，它在《梵经》中达到了顶峰。最后，介于奥义书和《梵经》之间的是《薄伽梵歌》，它是对吠檀多绝妙真理的系统化，是对吠檀多的神圣注解。

印度任何一个声称自己是正统或权威的教派，无论是二元论、限制不二论还是不二论，都接受奥义书、《梵经》和《薄伽梵歌》，三者的权威一道构成了我们所说的三个源头。无论是商羯罗[1]、罗摩奴阇、摩陀婆[2]、婆尔罗巴[3]还是摩诃巴布[4]，任何想提出新教派的人都必须接受这三个体系并对之做出新的注解。因此，

1　商羯罗（Śaṅkara）是不二论吠檀多的代表人物，生活在约八至九世纪。

2　摩陀婆（Madhva）是二元论吠檀多的代表人物，生活在约十三至十四世纪。

3　婆尔罗巴（Vallabha, 1479—1531）又译"伐拉婆"，创立了清净不二论（śuddhādvaita, Pure Nondualism），生活在约十五至十六世纪。

4　柴坦尼亚·摩诃巴布（Caitanya Mahāprabhu, 1486—1534）是孟加拉地区的精神导师。

206

把"吠檀多"一词限定为奥义书中出现的体系是错误的，上述这些其实都属于吠檀多的范畴。在被称为吠檀多主义者这一点上，限制不二论者拥有和不二论者同样的权利。实际上我会进一步主张，"印度教"这个词的真正含义其实就等同于吠檀多主义。希望大家注意，这三个体系很久很久以前便在印度流行，你们可千万别以为商羯罗是不二论体系的发明者。在商羯罗之前很久不二论就存在了，他只是它最后的代表之一。限制不二论体系也是一样，它在罗摩奴阇之前很久就已经存在了，他在自己撰写的注解中也表明了这一点。与这些体系并存的二元论体系同样如此。就我有限的知识而言，我的结论是：它们彼此并不矛盾。

正如在六派哲学[1]中那样，我们发现它们是伟大原则的逐渐展开，它们的乐章开始于轻柔的低音，终结于不二论欢欣鼓舞的爆发。同样，在这三个体系中我们都发现人类心灵在逐渐走向越来越高级的理想，直到一切都在吠檀多体系中融合为奇妙的统一体。因此这三者并不矛盾。另一方面，我们必须告诉大家的是，错误理解它们的人可不是少数。一位教授不二论的老师会保留那些主要讲述不二论的文献，并试图按照自己的意思来解释二元论或限制不二论。同样，教授二元论的老师也会试图把二元论的意思注入对不二论文本的解读。我们的上师是了不起的伟人，但俗话说"即便上师的错误也必须被指出"。我的看法是，这些上师

1　六派哲学（six darśanas）是印度教的正统哲学流派，包括数论、瑜伽、胜论、正理、弥曼差和吠檀多，所谓"正统"即承认吠陀经典的权威性。"darśana"是印度用来称呼哲学的词，本意是看见、看法，因此也被译作"见"。

的错误就在于上述方面。我们不要陷入咬文嚼字，不要陷入任何宗教上的不诚实，不要陷入任何语法上的纠缠，不要尝试把自己的想法注入文本中，从而解读出一些它们本不具有的意思。一旦你们理解了求同存异[1]的奇妙原则，事情就会变得清楚而容易。

不同的奥义书的确拥有同样的主题："知道了什么，便知道了所有一切？"[2]用现代语言来说，奥义书的主题就是寻找事物终极的统一性。知识不过就是在多样性中发现统一性，这是每一门科学的基础，所有人类知识的基础都是在多样性中发现统一性。如果人类知识的一小部分——也就是科学——的任务是在一些现象中发现统一性，那么当我们的主题是在五光十色的宇宙中发现统一性时，任务就会变得非常艰巨，因为宇宙中充满了无数名称和形式、精神与物质的差异，每一种思想或形式都彼此不同。调和无穷无尽的层面和世间（loka），在无限的多样性中寻找统一性，这就是奥义书的主题。另一方面，"Arundhatī Nyāya"[3]的古老观

---

1 "求同存异"（adhikārabheda）这个词由两部分组成，"adhikāra"的意思是"权威"，"bheda"的意思是区分、分开，合在一起指的是能够理解同样真理的人之间存在的差异，因此译者将其译作汉语中比较接近的成语"求同存异"。这种观念主张，奥义书、《梵经》和《薄伽梵歌》等经典的具体说法各有不同，但其实并不矛盾，是为不同的人准备的。这成为调和印度不同教派和思想流派的基础。

2 参阅《剃发奥义书》1.1.3。

3 "Arundhatī Nyāya"的全称是"Arundhatī Darśana Nyāya"，字面意思是发现阿兰达蒂（Arundhatī）的方法，指的是一种从粗大到精微的发现真理的方法。阿兰达蒂是七位最古老的智者之一婆私吒（Vasiṣṭha）的妻子。古印度有把仙人视为天上星辰的传统，这七位智者就被视作北斗七星，阿兰达蒂也获得了崇高的地位，和她的丈夫被视作其中的一对双星"Mizar"和"Alcor"，即中国传统中的"开阳"和"开阳增一"。这对双星是肉眼可见的，但人们需要通过较明亮的那颗去发现较暗的那颗，这样的观测方式被引申为发现真理的方法。"Nyāya"的字面意思是规则、方法、判断，也是正统六派哲学之一的正理派的名称，正理派的主要贡献就在于逻辑和认识论方面。

念也是适用的。为了让人看到精微的阿兰达蒂星，人们首先把目光固定在距离它最近的一颗又大又明亮的星星上，然后就可以很容易地把目光移向阿兰达蒂。这就是我们的任务，而为了证明自己的想法，我会向你们宣读奥义书的某些部分。你们会看到，它的每个部分几乎都开始于二元论的教导，也就是崇拜部分。神首先被说成是宇宙的创造者、维护者，一切最后也会回归于祂。祂是被崇拜者、支配者、外部和内部自然的指导者，看上去却像是在自然之外、是外在的。继续前进的话我们会发现，同样的老师会教导说，神不是在自然之外的，而是自然所固有的。最后这两种观念都被抛弃了，任何真实的东西都是祂，一切差别都消失了。"希婆多盖杜啊，汝即那。"固有的一最终被说成是与人类灵魂中的一是一样的。在此不存在妥协，也不用担心他人的意见。勇敢的真理是用勇敢的语言表达的，我们如今也不必惧怕用同样勇敢的语言去宣扬真理，靠着神的恩典，我希望自己至少能成为一名勇敢的传道者。

现在回到我们的主题。首先有两件事情需要理解：一是所有吠檀多学派共有的心理学方面，二是它们共有的宇宙论方面。我们先讨论后者。现代科学中的奇妙发现如从天而降的闪电一样，让我们看到了做梦都想不到的奇迹，但其中很多只是对很早之前就被发现的东西的再发现。前不久现代科学才发现在各种不同的力中存在着统一性，热量、磁力、电力等都可以被转换为同一种统一的力，因而大家可以选择一个名称来称呼所有这些东西。但其实在吠陀本集中就有这样的发现，这是很古老的文献，其中却有我刚才提到的那种关于力的观念。无论称之为重力、引力还是斥力，无论被表达为热量、磁力还是电力，所有力都不过是那种统一能量的变体。无论是把自己表达为从内在器官（antaḥkaraṇa）中反射而来的思想，还是表达为来自外部器官的行动，作为它们源头的统一体就是生命气。什么是生命气呢？它是一种振动（spandana）。当整个宇宙都将返回自己的原初状态时，这种无限的力会变得怎样呢？它们会消失殆尽吗？当然不会。如果它们消失殆尽，那么下一次振动的原因会是什么呢？毕竟，运动不就是以振动的形式一再起起落落吗？有一个词叫"sṛṣṭi"，被用来描述宇宙的诞生，但它并不意味着创世。这里使用英语很难表达，我只能尽力翻译这些梵语词。"sṛṣṭi"可以被理解为投射。在一次循环的末尾，一切会变得越来越精微，分解为自己从中而来的原初状态，然后会沉寂一段时间，准备再次涌出——这就是"sṛṣṭi"。所有这些力或者说生命气又会变得怎样呢？它们会分解为原初的生命气，这种生命气会变得几乎静止不动，但并不是完全的静止。一首吠陀颂歌（sūkta）这样描述道："它无振动地振动着（It vibrated without vibrations）"——这就是"ānīdavātaṃ"。奥义书中有很多难以理解的技术性表达，比如"vāta"这个词，它很多时候指的是空气或运动，而人们常常把这两种意思搞混。我们必须防止这种混淆。我们所说的物质又会变得怎样呢？力弥漫在所有物质中，物质都会分解为空元素，然后再次从空元素中涌出，空元素可以说就是原初的物质。无论把它翻译成以太还是别的什么词，都不要忘记空元素是物质的原初形式。空元素在生命气的作用下产生振动，当下一次"sṛṣṭi"来临时，随着振动变得越来越快，空元素被击打成各种波浪的形式，我们称之为太阳、月亮和星系。

我们还会读到："宇宙中的一切被投射了出来，生命气在振动。"[1]大家必须注意"ejati"这个词，它来自动词"eja"，意思是振动；"niḥsṛtam"的意思是被投射出的；"yadidaṃ kiṃca"的意思是宇宙中的一切。

这就是宇宙学方面的一部分，其中还有很多细节在起作用。比如，这种过程是如何发生的，以太最初是如何出现的，其他东西又是如何从以太而来的，以太是如何开始振动并产生出风元素的。这里的一种观念是：较粗大的东西是从较精微的东西而来的。粗大的物质是最后出现的，也是最外在的东西，它之前的则是更精微的物质。可以看到一切都分解为两种东西，但还没有实现最终的统一性。现在存在着力的统一体，也就是生命气，还存在着物质的统一体，也就是空元素。这二者之间还存在着任何统一性吗？它们可以融为一体吗？现代科学在这个问题上缄默不语，尚未找到出路，如果它想对此做出解答，像人们之前缓慢地发现同样古老的生命气和空元素那样，就必须沿着同样的思路前进。

接下来的统一性是全在的人格化存在者，它在古老神话中的名字是梵天（Brahmā），梵天有四个头，在心理学上可以称之为大，是上述两种存在结合的地方。所谓心灵不过是被大脑捕捉

1　参阅《伽陀奥义书》2.3.2。

到的大的一小部分，而被头脑之网捕捉到的所有心灵的总和就是"samaṣṭi"，也就是总和、普遍者。到这里分析还是不够，需要更进一步。我们每个人似乎都是一个微观世界，而放在一起组成的世界就是宏观世界。在"vyaṣṭi"[1]——也就是个体——中的任何东西，都可以被合理地推测为也存在于外部。如果有能力分析自己的心灵，我们就可以安全、合理地推测在宇宙这个心灵中也发生着同样的事情。问题在于心灵究竟是什么。在现代西方国家，随着物理学的飞速发展，随着生理学逐渐攻占了古老宗教的一个又一个要塞，西方人不知道该如何立足了，因为令他们绝望的是，现代生理学在任何地方都把心灵等同于大脑。但在印度我们一直都知道这一点，这可是每个印度孩子要学习的第一课：心灵是物质的，只是更精微罢了。身体是粗大的，身体背后的是精微身（sūkṣma śarīra）或心灵，它也是物质的，只是更精微，但并不是真我。

我无法把"真我"这个词翻译成英语，因为在欧洲并不存在相应的观念，没法翻译。一些现代的德国哲学尝试把它翻译成"大我"（Self），而除非这个词得到了普遍的认可，否则还是无法被使用。我们可以把真我称为"大我"或别的什么东西，但要记住它才是背后真正的人。是真我在使用物质的心灵，把它作为内在器官，这是一个用来称呼心灵的心理学术语。心灵通过一系列内部器官让身体的可见器官运作。什么是心灵？直到不久前

1　这里的"samaṣṭi"和"vyaṣṭi"是一对反义词，前者指总体、总和，后者指个体、特殊的东西。

西方哲学家才知道眼睛并不是真正的视觉器官，真正的器官在它们背后，也就是诸根，如果诸根被破坏了，就算像因陀罗一样有一千只眼睛也不会获得视觉。你们的哲学开始于这样一种假设，即视觉指的并不是外部视觉。真正的视觉属于内部器官，即大脑中枢。你们可以根据自己的喜好来称呼它们，但要记住诸根并不是眼睛、鼻子或耳朵。诸根的总和加上意根、觉、心质、自我意识等，就是所谓的心灵。如果现代生理学家告诉你们，大脑就是所谓的心灵，而大脑是由各种器官组成的，大家完全不需要害怕。请告诉这位生理学家，你们的哲学家一直都知道这一点，这是你们宗教的基本原则之一。

现在我们必须理解意根、觉、心质和自我意识等词的含义。首先来看看心质。它就是心灵材料，是大的一部分，是心灵自身的通用名（generic name），包括心灵的各种状态。假设在夏天的傍晚，有一片宁静的湖水，没有一丝涟漪。现在有人向里面扔了一块石头，此时会发生什么？首先会出现活动，湖水会受到击打；然后湖水会涌起并向石头投放出反作用力，这种反作用力会以波浪的形式出现。先是湖水出现微小的振动，然后立即以波浪的形式发出反作用。心质就可以被比作这样一片湖水，外部对象就是被投向它的石头。一旦心质通过诸根——诸根必须把这些外部对象带到内部——与外部对象发生了接触，就会有振动出现，这就是意根，但它并没有决定能力。接下来会出现反应，也就是决定性的官能——觉；与觉一道闪现出的是自我意识的观念和外部对象的观念。假设我手上落着一只蚊子。这种感觉被传递到我的心质，它发生了微小的振动，这就是心理学上的意根。接着会有反应出现，于是这样的观念立即浮现出来：我手上落着一只蚊子，我得把它赶走。石头被投进了湖水中，湖水受到的每一次击打都是来自外部世界的，但对心灵来说，击打既可能来自外部世界也可能来自内部世界。这一系列东西就被称作自我意识。

除此之外你们还要理解一件事情，这会有助于理解随后讲到的不二论体系。你们肯定都见过珍珠，大多数人也知道珍珠是如何形成的。一粒沙子进入珍珠贝的贝壳中，在那里产生出一种刺激，珍珠贝会对这种刺激做出反应，用自己的分泌物覆盖住那粒沙子，这会形成结晶并变成珍珠。整个宇宙都是这样，它就是我们结成的珍珠。我们从外部世界获得的只是击打，一旦意识到这种击打，我们就会做出反应，而一旦做出反应，我们也就把自己心灵的一部分投射到这种击打上，当我们知道它时，它其实就是我们的心灵被这种击打塑造成的样子。对于那些希望相信外部世界坚实可靠的实在性的人来说，面对如今的生理学也不得不承认如下事情：我们用"x"表示外部世界，我们真正知道的东西其实是"x"加上心灵，而且心灵这个要素如此强大，以至于能够包裹整个"x"，这个"x"始终都是未知的，也是不可知的；因此，即使外部世界存在，也只能始终是未知的和不可知的。我们知道的外部世界是由自己的心灵塑造、形成和打造的，我们知道的内部世界甚至灵魂、真我也是如此。我们需要通过心灵才能知道真我，因此，我们知道的关于真我的渺小知识，不过是真我加上心灵。也就是说，真我是被心灵覆盖、打造和塑造的，不过如此。

我们随后会再返回这个话题，现在让我们先记住这一点。

　　接下来要理解的问题是：身体是一条不断流淌的物质之流的名称，我们每时每刻都在向其中添加物质，每时每刻也都有物质被从中抛出——这就像是一条奔腾不息的河流，大量的水总是在改变自己的位置。尽管如此，我们还是把这些东西想象成一个整体并称之为同一条河流，我们究竟是把什么叫作河流呢？水无时无刻不在变化，河岸和环境也是如此，那么究竟什么是河流？它只是一系列变化之物的名称。心灵也是如此。这就是"kṣaṇika vijñāna vāda"[1]，是最难理解的，但在佛教哲学中得到了最严格、最合逻辑的表达。这种理论在印度被用来反对吠檀多的某些部分。我们必须回应这种理论，而随后可以看到，除了不二论没有别的东西可以回应它。我们还会看到，尽管人们对不二论的观念很好奇，却对它感到害怕，但它是拯救世界之法，因为只有在那里才有事物的原因。二元论和其他主张作为崇拜的方法是很好的，可以满足我们的心灵，或许还能帮助心灵成长。但如果人们想要同时变得理智和虔信，不二论才是唯一的选择。现在让我们把心灵看作一条河流，它在一端不断填充自己，在另一端又不断排空自己。被我们称为真我的统一性在哪里呢？我们的观念是：尽管身体和心灵都在不断变化，但在我们之内存在着不变的东西，它使得我们关于事物的观念也显得是不变的。来自不同方向

1　这里的三个概念，"kṣaṇika"的意思是刹那、刹那缘起，"vijñāna"的意思是识、意识，"vāda"的意思是知识。辨喜在此指的可能是后来佛教的唯识学（Vijñānavāda/Vijñaptimātratā vāda）。

的光线落在一块屏幕、墙壁或某个不变的东西上，只有在这种情况下它们才能形成一个统一体，也只有在这种情况下它们才能形成一个完整的整体。人类器官中的这种统一性在哪里？各种不同观念落在某个东西上，变成一个统一体和完整的整体——这个东西是什么？显然不是心灵自身，因为它也在改变。所以，肯定有一个既不是身体也不是心灵的、不变的、永恒的东西，我们所有的观念、感觉都落在其上，形成一个统一体和完整的整体，它才是真正的灵魂，是人的真我。一切物质性的东西，无论称其为精微物质还是心灵，都必定是可变的，而所谓的粗大的物质、外部世界也必定是可变的，这种可变性就是相对于那个不变的东西而言的。不变的东西不可能是物质实体。因此，它是灵性的，也就是说它不是物质，是不可毁灭的、不变的。

接下来的问题是：抛开那些只出现在外部世界中的古老论点，抛开那些支持设计论的论证，究竟是谁创造了这个外部世界、物质等等？这种问题体现出的观念是：只有从人的内在本性中才能知道真理，而这个问题产生的方式与关于灵魂的问题产生的方式相同。我们理所当然地认为每一个人之内都有一个不变的灵魂存在，它既不是心灵也不是身体，在不同灵魂之间有一种观念、感觉和共感的统一性。我的灵魂如何能够对你的灵魂起作用，通过何种介质来运作和起作用？我如何能够感觉到关于你灵魂的任何事情？是什么东西既与你的灵魂相接触又与我的灵魂相接触？因此，从形而上学的角度来说，承认另一个灵魂的存在是必要的，因为必须有这样一个灵魂，它通过物质对不同的灵魂起作用。这样的灵魂涵盖世上无限的灵魂并渗入其中，这些灵魂在它之内生存，通过它来同情、爱、彼此帮助。这个普遍的灵魂就是"paramātman"，也就是宇宙的万物之主。我们之所以推论出它的存在，是因为灵魂不是物质的，而是灵性的，不可能遵守物质的法则，不可能由物质的法则来判定。因此，它是不可征服的、无生无死的、不变的。

"刀劈不开它，火烧不着它，水浇不湿它，风吹不干它。人的大我是不变的、遍在的、不动的、不可移动的，永恒的。"[1]从《薄伽梵歌》和吠檀多中我们了解到，这种个体的大我也是全能的（vibhū），根据迦毗罗的说法，它是全在的。当然，印度有些教派认为大我是无限小的（aṇu），但他们指的是显现出来的大我，它的真正本性还是全能的、遍在的。

还有另一种或许让人有些吃惊的观念，但也是典型的印度观念，而且如果在印度的各种教派之间有什么共同点的话，那就是这种观念了。所以请大家注意并记住这种观念，因为它是印度一切思想的基础。现在就让我们来阐述它。你们听说过德国和英国的博学之士在西方世界宣扬的物理上的进化论原则，这种理论声称：不同的动物身体其实是一体的，我们看到的不同的东西只是同一系列东西的不同表现，从最低级的蠕虫到最高级、最神圣的人类，一切都不过是一——这个一不断变成另一个东西，不断上升，变得越来越高级，直到完美。印度人也有这样的观念。帕

1　参阅《薄伽梵歌》2.23。

坦伽利宣称：一个物种（jāti）会变成另一个物种，这就是进化[1]；"pariṇāma"这个词的意思就是一个东西变化成另一个东西，比如一个物种变化成另一个物种。这种观念与欧洲的观念有何不同呢？帕坦伽利说，这种进化是通过"prakṛtyāpūrāt"[2]实现的，也就是"自然的填充"（the infilling of nature）；欧洲人则说，这是通过竞争、自然选择和性选择（sexual selection）实现的，这些东西迫使一具身体变成另一种形式。帕坦伽利的观念是一种更好的分析，"本性的填充"的说法更深入事物的本质。什么叫"本性的填充"呢？我们承认，阿米巴虫会变得越来越高级，直到成为佛陀，但与此同时我们也非常确定，除非你已经向机器中注入了某种形式的东西，否则它不可能产生出任何东西。无论形式如何，能量的总和是不变的。如果你想在结尾处获得一定的能量，就必须在开端处注入相应的能量，能量的形式可能改变，但从机器中产生出的能量的总量必定是不变的。因此，如果佛陀是一系列变化的终点，阿米巴虫就一定曾经是佛陀。如果佛陀是进化的阿米巴虫，阿米巴虫就也是退化的佛陀。如果宇宙是几乎无限能量的显现，那么当它处于劫灭时，就一定也包含着同样数量的退化的能量。事情肯定是这样。由此可以得出的结论是：每个灵魂都是无限的。从在我们脚下爬行的最低级的蠕虫到最高贵、最伟大的圣人，一切存在者都拥有这种无限的力量、无限的纯洁和无限的一切，唯

---

1 参阅《瑜伽经》4.2。

2 参阅《瑜伽经》4.2—3。

一的差别只在于显现的程度。蠕虫只显现出一小点那种能量，你显现得更多，另一个神一样的人则显现得还要多——这就是全部的差别，无限的力量始终是一样。帕坦伽利说："就像农民灌溉自己的农田。"[1] 农民通过农田的一个角落把水从水库引过来，他可以建造一个水闸以控制水流量。需要水时他只需打开水闸，水就会凭借自身的力量流入。这种力量不需要被添加，因为它已经在水库中了。同样，我们每个人、每个存在者都拥有这种力量的水库，那里有无限的力量、无限的纯洁、无限的欢喜、无限的存在，这是我们的背景；而阻止我们表达自身完美的东西不过是那些水闸，也就是身体。

随着身体组织变得越来越精微，惰性的东西会变成激性的东西，激性的东西会变成悦性的东西，这种力量和纯洁越来越多地得到显现，所以印度人才如此关心饮食上的问题。正如婚姻一样，原初的观念或许被遗忘了——尽管与主题无关，但我们可以把婚姻作为一个例子，如果将来有机会，我会再跟你们谈谈这方面的事情。现在先让我告诉你们，我们婚姻体系背后的观念是唯一的这样的观念：通过这些观念，可以有真正的文明存在。没有别的观念能扮演这样的角色。如果人们被允许自由地把任何男女作为自己的丈夫或妻子，如果对动物本能的满足和愉悦在社会上变得失控，结果肯定就会带来邪恶，会产生邪恶的孩子、恶魔般的人。人们在每个国家都做着奇怪的事情，一方面造就出这些野

1　参阅《瑜伽经》4.3。

蛮的孩子，另一方面又增加警力来压制这种野蛮。其实问题并不在于如何消灭这些邪恶，而在于如何防止这种邪恶的出现。只要生活在社会中，你的婚姻就肯定会影响其中的每个成员，因此社会有权利规定你可以同什么人结婚、不能同什么人结婚。这种伟大的观念一直存在于婚姻体系的背后，也就是新娘新郎的门当户对[1]。我可以顺便说一下，根据《摩奴法论》[2]，一个出于淫欲而被生下的孩子不能算作雅利安人。一个人从怀胎到死亡都必须符合吠陀的准则，这样的人才是雅利安人。这样的孩子在每个国家都越来越少，结果就是罪恶的增加，我们称其为争斗时代[3]。但我们已经失去了所有这些理想，尽管的确很难把所有理想都原封不动地付诸实践，我们现在却对其中一些伟大的观念冷嘲热讽。令人扼腕叹息的是，如今的父母已不再是过去的样子，社会也不再像过去那样有教养，不再像过去那样爱其中的个体。但是，无论结果可能有什么错误，原则都是可靠的；如果运用中出了问题，或者一种方法失效了，就应该更好地让原则发挥作用，为什么要反过来去消灭原则呢？食物的问题也是如此。行动和细节的确很糟糕，但这仍然不会损害原则。原则是永恒的，必定永远存在，我们需要做的是让它重新好好运转起来，得到更好的运用。

1　这里的原文是"astrological jāti"，其中"jāti"的本意是出生或是由出生赋予的地位、种姓等处境，因此译者将其译作"门当户对"。

2　《摩奴法论》（Manusmṛti）又译《摩奴法典》，是婆罗门教的伦理规范，假托传说中的人类始祖摩奴（Manu）所作，成书时间约在公元前二世纪到公元二世纪。

3　根据印度教的观念，世界的每次循环包括四个时代（yuga）：真理时代（kṛta yuga）、三分时代（tretā yuga）、二分时代（dvāpara yuga）和争斗时代（kali yuga）。

真我的伟大观念是印度的每个教派都必定会相信的。差别只是在于，二元论者宣称真我由于邪恶的行动而变得"saṃkucita"，也就是它的力量和本性都变得收缩了，而通过善行，这种本性还会再次扩展；不二论者则宣称，真我从不收缩或扩展，只是看上去是这样罢了。差异不过如此，但所有教派都有这样一种观念：我们的真我已经拥有一切力量，不会有任何东西从外部进入祂，也不会有任何东西从空中掉入祂。要记住，吠陀并不是被接纳的启示（inspired），而是被呼出的东西（expired）[1]，它们并不来自某个外在的地方，而是存活在每个灵魂中的永恒法则。吠陀既在蚂蚁的灵魂里，也在神祇的灵魂里。蚂蚁只需要进化并获得智者或仙人的身体，吠陀就会显露出来，永恒的法则就会表达自身。如下观念是了不起的：我们的力量已经是我们的了，救赎已经在我们之内。说真我在收缩或被摩耶之幕遮盖，这其实都不重要。这种观念已经存在了，你们必须相信它，相信每个人包含的可能性，相信即使最低级的人也拥有与佛陀同样的可能性。这就是真我的原则。

但后来出现了一股有力的反驳力量，来自佛教徒，他们把身体分析成物质流，把心灵分析成另一种物质流。至于真我，他们说这是毫无必要的设定，我们根本不需要这个东西。一个这样的实体有什么用处呢，有怎样的性质附着其上？他们只承认性质

---

1 辨喜在此做了一些词语游戏。"inspire"既有"启示"的意思，也有"注入"或"接纳"的意思，而"expire"在此指的应该是呼吸中的"呼出"。他通过这样的对比说明吠陀不是外在于我们的，而是由我们的内心发出的。

（guṇas），毕竟，如果一种原因就足以解释全部的事情，那么假定有两种原因就是不合逻辑的。争论还在继续，而佛教徒把所有坚持实体和属性之分的理论都打翻在地。这是因为，在那些坚持实体和属性的思路中有一处断裂：他们认为你有一个灵魂，我有一个灵魂，每个人都有一个与心灵和身体相分离的灵魂，每个这样的灵魂都是一个个体。

到目前为止我们看到二元论的观念还算不错：先有身体，然后有精微身，也就是心灵，再之后有真我，贯穿在所有真我中的则是普遍灵魂，也就是神。这里的困难在于，这种真我和普遍灵魂都被称作实体，而心灵、身体和其他所谓的实体都像属性一样附着在它之上。没有人见过实体，也没有人可以设想它，那么思考这种实体又有什么用呢？为什么不变成一个刹那生灭论者（kṣaṇikavādin），宣称任何存在的东西不过是心智之流的前后相续？这些心智之流并不相互依存，不构成一个统一体，它们一个追随着另一个，就像海洋中的波浪，从不完整、从不形成一个整体。人就是前后相续的波浪，一个波浪消失时就会有另一个波浪出现，所有这些波浪形式的止息就是所谓的涅槃（nirvāṇa）。可以看到，二元论者在这个问题上是沉默的，因为他们无法提出任何论证，而二元论的神在这里也不可能被保留。佛教徒宣称，这样的神的观念是幼稚的：神是全在的，又是一个不靠双手就可以创世、不靠双脚就可以移动的人，神像陶工（kumbhakāra）制造陶罐（ghaṭa）那样创造了整个宇宙。在佛教徒看来，如果这就是神，那么人们应该与它战斗而不是崇拜它。这个宇宙充满了苦难，如果它是神的作品，我就还是跟这样的神战斗吧。此外，你们所有人都会意识到，这样的神是不合逻辑的，也是不可能的。我们不需要深入探究设计论的缺陷，因为所有刹那自身就可以很好地揭示这些缺陷，因此人格化的神注定要崩溃。

真理，只有真理，才是不二论的口号："只有真理才是胜利，非真理不是胜利。通向神祇的路一定是经过真理的。"[1] 所有人都打着这样的旗号在前进，但软弱之人的立场只会在这样的前进中自己崩溃掉。你可以带着自己关于神的二元论观念去和崇拜某个形象的穷人争吵，你认为自己非常理性，可以说服他，可如果他反过来击垮了你的人格化的神并宣称那不过是虚构的理想，你该怎么办呢？你会求助于信仰、无神论者或软弱之人的哭喊——能击败他的都是无神论者。如果你想理性，就必须始终保持理性，否则就要允许他人拥有与你同样的特权。你如何能够证明这样一个神的存在？相反，祂的存在倒是几乎可以被驳倒。关于祂存在的证据连影子都没有，却有着有力的反证。你如何证明你的神的存在，证明祂的性质，证明无数作为实体的灵魂的存在、每个灵魂还都是个体？在什么意义上你是一个个体？你不是身体，毕竟你可能比古老的佛教徒还清楚如下道理：曾经在太阳里的物质现在可能正在你的身体内，将来还可能变成某株植物的一部分。某某先生，你的个体性在哪里？同样的论证也适用于心灵。你的个体性在哪里？你今晚有一个想法，可到明早就变了，你的思维方

1　参阅《剃发奥义书》3.1.6。

式也和小时候不同，等你老了还会再发生变化，那么你的个体性在哪里？不要说它在意识中，因为这仅仅涵盖了你存在的一小部分。当我跟你说话时，我的所有器官都在运作，但我并没有意识到这一点。如果意识是存在的证据，它们就都不存在了，因为我没有意识到它们。那么，你的人格化的神的理论又可以被安放在哪里呢？你如何能够证明这样一个神？

佛教徒还会坚称：这不仅不合逻辑，而且是不道德的，因为这会教导人们去做一个胆怯的人，在外部寻求帮助，实际上只会一无所获。人类制造了宇宙，为什么要依赖一个虚构出来的外部存在者？它没有可见的形体，无法被感到，我们为什么要向它寻求帮助？你为什么要让自己变得胆怯，还教育自己的孩子说：人类的最高级状态就是像狗一样，在那个虚构的存在者面前卑躬屈膝？你为什么要说自己是软弱和不纯洁的，是宇宙中一切糟糕透顶的东西？另一方面，佛教徒会坚称，你不仅在说谎，还会给自己的孩子带来大量的恶，因为这就是一个催眠术的世界：无论告诉自己什么，你都会成为相应的样子。伟大的佛陀最重要的教导就是："你所想的东西就是你所是的样子，你将来所想的东西就是你将来所是的样子。"如果的确如此，就请你不要说自己一无是处，不要说如果自己没得到某个高坐云端之人的帮助就只能一事无成，因为这样做的结果就是你每天都会变得越来越虚弱。不断重复"我们如此不纯洁，万物之主啊，请让我们变得纯洁吧"，这会让你被各种恶行催眠。佛教徒说，每个社会中百分之九十的恶行都应归咎于这种人格化的神的观念，这是人类的一种可怕观念，这种对生命的表达最终只会让人变得像狗一样。佛教徒对毗湿奴的信奉者说，如果你的理想、目的和目标就是去往一个叫作毗湿奴界 [1] 的神居住的地方，然后永远合手站在神的面前，那还不如自杀。佛教徒还会宣称，这就是为什么自己要达到涅槃以摆脱这样的事情。我只是暂时站在佛教徒的立场上向你们呈现这些观念，因为据说这些不二论观念会让你们变得不道德，而我则试图向你们展示另一方的说法。让我们勇敢地面对这两方吧。

首先可以看到，人格化的神创造了世界的想法是无法被证明的，现在还有孩子相信这一点吗？因为陶工创造了陶罐，所以神创造了世界！如果真是这样，陶工就也是神；而如果有人告诉你这位陶工可以在没有头和手的情况下行动，你就可以把他送到疯人院去了。你的那位人格化的神、那位你一生都为之感动哭泣的世界的创造者，曾经帮助过你吗？这是来自现代科学的挑战。现代科学将证明，你曾获得的任何帮助其实都可以通过自己的努力获得，而且更好的是，你并不需要在哭泣上耗费精力，没有这些哭泣你只会做得更好。我们已经看到，与这种人格化的神相伴的是暴政和宗教权谋，而佛教徒说，只要人格化神的观念还存在，只要这样的谎言不被彻底揭穿，那些暴政和把戏就不会停止。只要人们认为自己必须在某个超自然存在者面前卑躬屈膝，只要神职人员拥有让人们在自己面前卑躬屈膝的权力和特权，这些可怜的人就会继续要求某个神职人员充当自己和超自然存在者之间的

1　毗湿奴界（vaikuṇṭha）是传说中毗湿奴居住的地方，据说根据往世书等文献对它位置的描述，它在摩羯座方向。

调解人（interceder）。我们可以废除整个婆罗门阶层，但请记住，这样做的人又会把自己摆在婆罗门的位置上，甚至变得更糟，因为婆罗门好歹还具有慷慨大方的品质，可这些新贵暴发户却总是最糟糕的暴君。如果一个乞丐突然变得富有，就会认为整个世界轻如鸿毛。因此，只要人格化神的观念还存在，这些神职人员就必定会存在，而社会上也不可能有什么伟大的道德存在。暴政和宗教权谋总是结伴而行，它们为什么被发明出来？因为一些古代的强者把人们捏在手里并威胁他们说，如果不服从就会被毁灭——不过就是这么一回事。"雷神的想法就是击杀任何不服从自己的人。"

接下来佛教徒说道，到目前的阶段你已经变得完全理性了，一切都是业力法则的结果。你们相信灵魂是无限的、无生无死的，这种无限性和对业力法则的信仰是完全契合的。不存在没有结果的原因，现在的东西一定拥有过去的原因，而且拥有将来的结果。印度人常说业力是无感知的（jaḍa），而不是精魂（caitanya）[1]，因此必定有某种精魂使得原因开花结果。为了让植物开花结果，精魂难道不是必不可少的吗？如果我种下种子并及时浇水，那么精魂似乎并不必要。你可以说那里本来就有某种原初的精魂，灵魂自身就是这样的东西，不需要别的东西。耆那教徒与佛教徒不同，他们相信灵魂但并不相信神，他们会说：如果人类灵魂自身就是这样的东西，神的存在还有什么必要性？你们

1　"caitanya" 的意思是灵魂、精神、感觉等，辨喜将其译为 "Spirit"，为了体现这个概念的独特性，译者将其译为 "精魂"。

的逻辑在哪里，道德在哪里？当批评不二论并担心它会产生不道德时，你只需去了解一下印度的二元论教派做的事情。如果不二论的支持者有两万，那么二元论的支持者就也有两万，而且一般说来，二元论的支持者还会更多，因为理解不二论需要更好的头脑，而且不二论者几乎不会对任何东西感到恐惧。那么印度教徒还剩下些什么呢？你不可能援引佛教徒不相信的东西来说服他们。你可以引用吠陀，但他们说自己并不相信这些："我们的三藏（tripiṭaka）讲的跟这不一样，它们无始无终，甚至不是佛陀自己的创造，因为佛陀说自己只是援引它们。它们是永恒的。"他们还可以说："你们的经典是错误的，我们的经典才是真正的吠陀，你们的则是由婆罗门的神职人员编造出来的，所以别再信这些了。"面对这样的说法你们该怎么办？

其实还是有出路的。就拿第一种反驳来说吧，这种反驳是形而上学上的，主张实体和属性是不同的。不二论者则说，实体和属性不是不同的，它们是一回事。你们知道一种古老的解释：绳子被当成了蛇，当你看到蛇时就完全不会看到绳子，绳子消失了。把事物划分为实体和属性是哲学家头脑里一种形而上学式的东西，实际上不会在外部世界中起到什么作用。如果你是一个普通人，就会看到属性，如果你是一位了不起的瑜伽士，就会看到实体，但你无法同时看到这两者。所以佛教徒关于实体和属性的争论只是一种失算，并不是基于事实的。但如果实体没有属性，那么只能有一种实体存在。如果你把灵魂中的属性都抽取出来，并表明这些性质其实存在于心灵中、只是被叠加在灵魂上，就不可能有两个灵魂存在，因为只有属性才能让一个灵魂与另一个灵魂不同。你如何知道一个灵魂与另一个灵魂不同？肯定是出于某些特定的标记或性质。那么，在没有限制的（unqualified）地方怎么可能有区分呢？因此不可能有两个灵魂，只有一，而你们设定的普遍灵魂是不必要的，它就是灵魂。这个一被称作普遍灵魂，也被称作个体灵魂（jīvātman），等等。数论等二元论学派声称灵魂是全能、全在的，但是怎么可能有两个无限者呢？只可能有一个无限者。那么其他东西是怎么回事呢？这个一就是唯一无限的真我，其他一切都是它的显现。佛教徒的论点到这里就停下了脚步，但事情还没有结束。

　　不二论的立场并不只是一种软弱无力的批评。当错误的论点逼得太近时，不二论者会做出批评并把这些论点抛到九霄云外去，但他们也提出了自己的立场。不二论者是唯一提出批评但又并不停留在批评或书本上的人。比如，你可以说宇宙是一个连续运动的东西，在个体（vyaṣṭi）层面，一切都在运动，你和桌子都在运动，运动无处不在；这可以被称作轮回（saṃsāra）或世界（jagat）。在这样的世界中不可能存在个体性，因为个体性意味着不变，而变化的个体性是自相矛盾的，不可能存在。在我们渺小的世界里不可能有个体性这样一种东西，思想、感觉、心灵和身体、人、动物、植物都处在不断变化的状态中。但假设我们把宇宙当作一个整体，它还会改变或移动吗？当然不会。只有与运动较少或完全不动的东西相比，运动才是可能的。因此，作为整体的宇宙是不动的、不变的。只有当成为了宇宙的整体、亲证了

"我就是宇宙"时，你才能成为一个个体。这就是为什么吠檀多主义者说，只要有二存在，恐惧就不会停止。只有当一个人不再看到、感到其他东西，只有当一切都是一时，恐惧才会停止，死亡才会消失，轮回才会消失。不二论告诉我们，人是处于普遍性中的个体，而不是处于特殊性中的个体。只有在成为了宇宙的整体时，你才是不朽的；只有当成为了宇宙时，恐惧和死亡才会消失；只有当这时，你称为宇宙的东西才与你称为神的东西相同一，才与你称为存在和整体的东西相同一。一切会成为一个不可分割的存在，它被当作我们——还有其他与我们处于同样心灵状态的人——看到的丰富多彩的世界。在死亡的时候，做了一些好事并拥有更好心灵状态的人会看到因陀罗界[1]和因陀罗；更高级的人会看到梵界（brahmaloka），完美的人则不会看到任何尘世、天堂或世间。对他们来说，宇宙会消失，取而代之的是梵。

我们能知道这种梵吗？我已经讲过吠陀本集里对无限者的描绘，在这里我们会看到另一面，即内部的无限者。之前的无限者是关于力量的，现在的则是关于思想的。在前一种情况下，人们尝试用肯定性的语言描绘无限者；但在后一种情况下，这种尝试失败了，无限者只能用否定性的语言被描绘。这是宇宙，我们可以承认它就是梵，但我们能够知道它吗？不！不！大家必须清楚地理解这一点。如下疑问会一再浮现：如果这是梵，我们怎么可

1　因陀罗界（svarga）是印度教传说中的七重高级世间之一，是因陀罗居住的地方。

能知道它？——"如何知道知者（knower）？"[1] 知者怎么可能被知道？眼睛可以看到一切，但它们可以看到自身吗？不能。知识其实是一种衰退。雅利安的孩子们啊，你们一定要记住这一点，因为其中有着重要的道理。你们遇到的所有来自西方的诱惑都拥有同样的形而上学基础：没有什么比感觉知识（sense-knowledge）更高级了。在东方，我们的吠陀说，这种知识比事物本身低级，因为它始终是一种限制。当你想知道一样事物时，它会立即被你的心灵限制。我们可以回顾一下珍珠贝形成珍珠的故事，看看知识如何做出限定，如何收集一个东西、把它呈现给意识但并不把它作为一个整体而知道它。所有知识都是如此，而关于无限者的知识难道不也是这样吗？祂是所有知识的实体，是"sākṣi"，也就是见证者，没有祂你就不可能有任何知识，祂没有属性，是我们自己灵魂内整个宇宙的见证者，你难道能够限定祂吗？你如何能知道祂？你能通过什么方法把祂束缚住？一切这样的尝试都是错误的。无限的真我一直在试图看到自己的面孔，而从最低级的动物到最高级的神祇都像镜子一样反射着祂。祂也会尝试采取各种形式，却发现都不合适，直到发现了人类的身体。然后祂才知道这只是有限中的有限，一切都是有限，在有限的东西中不可能有对无限者的任何表达。接着会出现逆向的行进，也就是所谓的弃绝（vairāgya）。"从感官那里后退，不要走向感官！"——这就是弃绝的口号，也是所有道德和福祉的口号。大家必须记住，

---

1 参阅《大森林奥义书》2.4.14。

对我们来说，宇宙在苦行（tapasya）中产生、在弃绝中产生；随着你离感官越来越远，所有形式都会在你面前显现，它们会被依次放置在一旁，直到你发现它们实际上是什么。这就是解脱（mokṣa）。

我们必须理解这种观念——"如何知道知者？知者不可能被知道，因为如果它被知道了就不再是知者。如果你看着自己映在镜子中的眼睛，反射出的东西就不再是你的眼睛，而是另外的东西，只是一种镜像。如果灵魂、普遍者、无限者只是一个见证者，会有什么好的呢？祂不可能像我们一样存活、移动或享受这个世界。人无法理解见证者会如何享受，他们会说："哦，这些印度教徒变得寂静了，这没什么好的，这就是他们所说的见证者！"首先，其实只有见证者才能享受。假设有一场摔跤比赛，谁会享受它呢？是参与比赛的人，还是局外的观众呢？越是作为生活中一切事情的见证者，你就越能享受生活，这就是欢喜（ānanda）。因此，只有成为了宇宙的见证者，你才能获得无限的欢喜，只有这样你才能成为解脱的原人（mukta puruṣa）。只有见证者才能没有欲望地行动，不怀有任何往生天堂的想法，也没有责备或赞美的想法。只有见证者才能享受。

现在来看看道德方面。在不二论中，形而上学方面与道德方面中间有一个东西，那就是摩耶理论。不二论体系中的每个要点都需要花上好几年来理解、花上好几个月来解释，所以请见谅，我们在此只能浅尝辄止。一直以来，摩耶理论都是最难理解的，让我尝试用简单的方式做出解释。它肯定不是一种理论，而是

"deśa kāla nimitta"——空间、时间和因果关系——三种观念的结合，这三者被进一步还原为名色[1]（nāma-rūpa）。假设海洋中有一股波浪，它与海洋的不同仅仅在于名称和形式，这种名称和形式不可能拥有与波浪相分离的存在，只能与波浪一同存在。波浪会消退，但即使波浪中的名称和形式永远消失了，同样数量的水仍然存留在那里。摩耶就这样在你和我、人类和动物、凡人和神祇之间制造差别。实际上，是摩耶使得真我似乎被无数的存在者限制住了，而这些区分只是通过名称和形式产生的。如果抛开名称和形式，一切多样性都会永远消失，你就会成为自己真正的样子。这就是摩耶。

这仍然不是理论，而是对事实的陈述。当实在论者说桌子存在时，他的意思是这张桌子拥有一种自身独立的存在，并不依赖于宇宙中任何其他东西的存在，即便整个宇宙都被毁灭了、消失了，这张桌子还会如现在一样存在着。稍微思考一下就会发现事情不可能是这样。感官世界中的一切都是相互依存的、相对的和相互关联的，一样东西的存在依赖于另一样东西的存在。我们关于事物的知识有三个阶段：首先是每个事物都是个体的、与其他事物相分离；接下来是发现所有事物之间存在着一种关系和关联；最后是发现其实只存在着一，它被我们视为多。无知者关于神的观念是，神居住在宇宙之外的某个地方，也就是说，神的观念是非常人性化的，祂做的不过就是人的事情，只是在程度上要大得

1　"名"即名称，"色"即形式，"名""色"分别是中国古代对"nāma"和"rūpa"的翻译。

多。我们已经看到用几句话就可以证明这种神的观念是不合理、不充分的。接下来的观念是关于一种在任何地方都显现的力量的观念，这是我们在"Caṇḍī"[1]中获得真正的人格化的神的观念，但请记住，这样的神不可能只是一切善良属性的容器。神不可能有两个：一个是上帝，一个是撒旦。神只能有一个，我们要敢于说祂既是好的又是坏的。神只有一个，我们要接受这一点在逻辑上的后果。我们在关于"Caṇḍī"的文献中读到："我们向您致敬，神圣的母亲，您作为和平生活在一切存在者中。我们向您致敬，神圣的母亲，您作为纯洁生活在一切存在者中。"同时我们必须承担把祂称作全能者所带来的一切后果："伽尔吉[2]啊，所有这些都是欢喜；在任何有欢喜的地方都有神圣母亲的一部分。"你们可以按照自己的喜好来使用同一样东西。在同样的光线下，你们可以给一位穷人一百卢比，而另一个人也可以伪造你的签名，但光线对于二者来说都是一样的。这就是第二个阶段。第二个阶段则是：神既不在自然之外也不在自然之内，神、自然、灵魂与宇宙都是可以互换的语词。你们从未看到两个东西，让你迷惑的只是一些形而上学的术语。你们假定自己是一具身体并拥有一个灵魂，但实际上你是这两者。这怎么可能呢？自己试着思考一下吧。如果你们中间有一位瑜伽士，他认为自己是精魂，那么对他

---

1 "Caṇḍī"是雪山神女（Pārvatī，音译"波哩婆提"或"帕尔瓦蒂"）的凶相化身杜尔迦女神（Durgā，也译作"近难母"）的一种形象，代表了性力（śakti），会摧毁邪恶。

2 这里指的是伽尔吉·婆遮揭那维（Gārgi Vācaknavī），相传是出生在公元前七世纪的女哲学家。这段内容可参阅《大森林奥义书》3.6 和 3.8。

来说身体就消失了。一个普通人认为自己是身体，灵性的观念对他来说就消失了。但因为有这样的形而上学观念存在，即人拥有身体、灵魂和所有这些东西，所以你才认为它们同时存在，但其实每个时刻都只有一个东西存在。当你看到物质时就不要谈论神；当你只看到结果时就无法看到原因，当你只看到原因时就无法看到结果。那么世界在哪里？谁把它移除了？

"那个一永远作为意识存在，是绝对的欢喜，超越了所有限制、可比性和性质，是永远自由的，像天空一样无限，没有部分，是绝对者、完美者——这就是梵。智者啊，博学之人啊，它在处于三摩地（samādhi）的智瑜伽士（jñāni）的心中闪耀着。"（《分辨宝鬘》408）

"在自然的一切变化都永远停止的地方，它的思维超越了所有思想，它与一切相等同却又不相等同，它是不可度量的，吠陀宣扬它，它是我们存在的本质，是完美的——这就是梵。智者啊，博学之人啊，它在处于三摩地的智瑜伽士的心中闪耀着。"（《分辨宝鬘》409）

"超越了一切生死，它是无限的一，是不可比拟的，在劫灭（mahāpralaya）时整个宇宙都被大洪水淹没——洪水无处不在，即便面对这样的水，心中也没有一丝波动或涟漪——沉默而平静，一切景象都消失，智者和愚者之间的所有争吵、战争都永远停止——这就是梵。智者啊，博学之人啊，它在处于三摩地的智瑜伽士的心中闪耀着。"（《分辨宝鬘》410）

这会到来的，到那时这个世界也就消失了。

我们已经看到，梵和实在都是未知的、不可知的，这不是在不可知论的意义上，而是说对祂的认知将会是渎神，因为你们已经是祂了。我们已经看到，梵既不是这张桌子又是这张桌子。除去名称和形式，一切真实的东西都是祂，祂就是万事万物中的实在。

"汝即女人、男人、男孩、女孩，汝即那个拄着拐杖的老人，汝即宇宙中的一切。"这就是不二论的主题。再多说几句吧。我们发现，在这里存在着对事物本质的解释，而只有在这里我们才能坚定地抵抗逻辑和科学知识的洪流。在这里，理性最终有一个坚实的基础，而与此同时，印度的吠檀多主义者并没有诅咒之前的阶段，他回顾并祝福它们，知道它们都是真的，只是被错误地理解和陈述了。它们都是同样的真理，只是透过摩耶的玻璃被看到，因此或许被扭曲了——但存在的仍然只有真理。同样的神，无知的人看到祂在自然之外，一知半解的人看到祂渗入宇宙之中，智者则亲证祂就是自己的大我，就是宇宙自身———一切都是一，都是同样的存在、同样的东西，只是透过不同的摩耶的玻璃被看到、从不同的角度被看到、被不同的心灵把握到罢了，所有差异都是这样造成的。不仅如此，一种观点还会导致其他的观点。科学和常识的区别是什么？走在黑暗的街道上，如果那里有什么不寻常的事情发生，我们可以问一位路人事情的原因是什么。如果他总是在外面寻找鬼怪和灵体，那么他十有八九会告诉你是鬼怪引起了这件事情，毕竟，无知的本性就是去结果之外寻找原因。无知的人会说，如果一块石头掉了下来，那就是一个恶魔或鬼魂干的，但有科学头脑的人会说这是自然法则，是万有引力定律。

到处都在发生的科学与宗教之间的争斗究竟是什么呢？从外部进行的解释让宗教受到极大的困扰——一个天使掌管太阳，另一个掌管月亮，如此以至无穷。一切变化都是由精神性的因素引起的，共同之处在于，这些因素都在事物之外。科学的原则就是：要通过事物自身的本性来寻找其原因。随着逐步的发展，科学已经把对自然现象的解释权从灵体和天使那里夺了过来。在关于灵性的事情上，不二论也持类似的立场，因此它是一种最科学的宗教。宇宙并不是由任何位于宇宙之外的神创造的，也不是任何天才的作品。它是自我创造、自我消解、自我显现的，是唯一无限的存在，是梵。"希婆多盖杜啊！汝即那！"

可以看到，除了不二论之外不可能有任何东西会成为科学的宗教。在如今这个仅仅得到部分教育的印度，人们每天都在空谈科学，谈论理性主义和理性，但我希望所有教派的人都可以勇敢地成为不二论者，用佛陀的语言向全世界宣称："为了大家的利益，为了大家的幸福。"如果不这样做，我会认为你是个胆小鬼。如果无法克服自己的胆怯，如果恐惧是你的借口，那就请给予他人同样的自由，不要试图扰乱可怜的崇拜偶像的人，不要把他们称为魔鬼，不要向任何完全不赞同你的人传道。首先要知道自己是胆怯的，如果社会让你感到恐惧，如果自己过去的迷信让你感到恐惧，那么这些迷信难道不会让无知的人更恐惧、更受到束缚吗？这才是不二论的立场：要对他人仁慈。愿上天保佑，让明天在整个世界充满不二论者，不仅在理论上是这样，而且在实际中也是这样。可如果做不到这一点，那就让我们做第二好的事情：让我们向无知之人伸出援手，一步步把他们带到他们能达到的地方。我们要知道印度宗教成长的每一步都是在进步，不是从坏到好，而是从好到更好。

现在还要谈一些关于道德关系的话题。我们的孩子现在可以随意说话，他们不知道从谁那里——天知道是从谁那里——听说不二论会让人变得不道德，因为如果我们都是一、都是神，还需要什么道德呢！首先，这是野蛮人的观点，这些人只服从鞭子。果真如此的话，即便自杀也好过当这样一个只服从鞭子的人。一旦鞭子没有了，你们都会成为恶魔！果真如此的话，你们就都应该被杀掉。他人无法帮助你们，你们必须始终生活在鞭子和棍棒之下，没有救赎，无法逃脱。

实际上，只有不二论能解释道德。每种宗教都宣扬说一切道德的本质是对他人行善。可为什么要这样做呢？我为什么要无私？是因为某个神这样说吗？对我来说祂可能并不存在。是因为某部经典这样说吗？随它去吧，我根本不信这套东西。可如果大家都在宣扬道德，这对我来说意味着什么？每个人都是为了自己，但有某个东西处在最基础的位置上——那就是世界上所有人的道德，至少是大多数人的道德。我为什么应该做个有道德的人？这是不可能有答案的，除非你理解了《薄伽梵歌》中的真理：

"他在任何人中看到自己，在自己中也看到任何人。因此在一切中看到同样的神，他是智者，不再用自我杀死大我。"通过不二论我们可以知道，无论伤害任何人，其实都是在伤害自己，他们都是你。无论知道与否，你都在通过所有的手行动，通过所有的脚行走，你是享受宫殿的国王，你是沦落街头的乞丐，你既在无知者之中也在博学者之中，你既是软弱的人也是强大的人——请知道这些并变得富有同情心吧。这就是为什么我们一定不能伤害他人，为什么我甚至不在乎自己是否会饿死，因为同时有无数的嘴在进食，它们都属于我。所以我不在乎自己会变得怎样，因为整个宇宙都是我的，我同时享受着一切欢喜，有谁能杀死我或宇宙呢？在这里才有道德，只有在不二论中道德才能得到解释。别人会教授道德，但无法给出理由。好了，关于道德的解释就说这么多。

　　我们会获得什么呢？会获得力量。祛除遮在世界上的催眠术般的面纱，不要对人类发出软弱的思想或话语。要知道所有罪过和邪恶都可以用一个词概括，那就是软弱。软弱是一切恶行的推动力，是一切自私的源头，是软弱让人们伤害他人，是软弱让人们显现出不真实的样子。要让大家知道自己是什么，要让大家日夜重复"汝即那"，让大家用吮吸乳汁的力气去吸收"汝即那"的观念。这首先要被听到，然后被思考，由此世界会呈现出之前从未呈现出的样子。[1]我们必须做什么？有人说不二论并不是切实

1　参阅《大森林奥义书》2.4.5。

可行的，并没有在实际的层面上显现出来。在一定程度上的确如此，请记住吠陀中的说法：

"oṃ，这是梵；oṃ，这是最伟大的实在；知道 oṃ 秘密的人会得到任何自己渴望的东西。"[1] 因此首先要知道 oṃ 的秘密：你就是 oṃ。这就是"汝即那"的秘密，只有知道了这一点，任何你想要的东西才都会到来。如果想变得在物质上非常强大，就要相信自己是这样的。我可能只是一个小气泡，你可能是山一样的巨浪，但要知道，对我们来说背景都是无限的海洋，无限的梵是我们力量的宝库，我们可以如自己所愿尽可能多地描绘这个世界，即便我只是气泡而你是山一样的巨浪。请相信自己。不二论的秘密就是：首先要相信自己，然后再相信任何其他东西。在世界历史中你们会发现，只有相信自己的民族才会变得伟大和强大。在每个民族的历史中你们也总是会发现，只有相信自己的人才会变得伟大和强大。一位普通的英国书记员来到了印度，因为资金短缺和其他原因而两次陷入穷途末路；但在遭遇失败时，他相信自己，相信自己生下来就是要做了不起的事情，这个人就是克莱武男爵[2]，帝国的建立者。如果他相信牧师的话并一辈子卑躬屈膝地活着，还念叨着"主啊，我很软弱，我很低级"，他会变成什么样子？会到疯人院去。这些邪恶的教导也会让你变得疯狂。我已经看到这些关于人性软弱的教导正在全世界摧毁着人类。

1　参阅《薄伽梵歌》8.13。辨喜的原文与黄宝生译本差别较大。

2　克莱武男爵（Lord Clive, 1725—1774）是英国的军人和政治家，最初只是东印度公司的低层文员，后来成为英属印度殖民地建立时期的重要人物。

如果我们的孩子以这样的方式被养大，他们变得半疯半癫还奇怪吗？

这是实际方面的教导。请相信自己，如果想要财富，就去创造它们，它们会到来的。如果想变得有理智，就在理智的层面上练习吧，你会成为理智上的巨擘。如果想获得自由，就在灵性的层面上练习吧，你会获得自由和涅槃、永恒的欢喜。但是，在不二论中可能有这样一种缺陷：它在灵性层面上被练习了如此多的时间，却不在其他层面上被实践。现在是时候去实践它了。它不应该只是一种奥秘，不应该只是与僧侣一道在洞穴中、森林里和喜马拉雅山上生活。它必须深入人们的日常生活中；无论在国王的宫殿里、遁世者的洞穴里、穷人的小屋里还是街上的乞丐那里，它都应该被践行。因此，不要为自己是女性或首陀罗（śūdra）而害怕，克里希那说，这种宗教如此伟大，哪怕其中的一小部分都会带来巨大的好处。

因此，雅利安的孩子们，请不要再无所事事了，醒来吧，觉醒吧，不达目的誓不罢休。把不二论付诸实践的时候到了。让我们把它从天空带到大地上，这是我们的天命（dispensation）。古代祖先的声音告诉我们要把它从天空带到大地上，直到它进入社会的每一个毛孔，直到它成为每个人共同的财产，直到它成为我们生活不可分割的部分，直到它渗入我们的血管，融入其中的每一滴血液。

你们可能会惊讶地发现，与我们相比，美国人是更好的实际的吠檀多主义者。我曾站在纽约的海边，看着来自不同国家的移民，他们衣衫褴褛、饱受压迫、毫无希望，不敢看别人的脸，全部财物不过是些破旧的衣服，装在劣质的包裹里。如果看到警察，就会害怕地躲到人行道的另一侧。请注意，这些人在六个月内就会昂首挺胸地行走，穿着整齐，礼貌地看着别人——是什么造成了这些奇妙的差异呢？比如一个人来自亚美尼亚或别的什么地方，饱受压迫，每个人都说他天生就是奴隶，一生都会处于低级的状态，在生活中任人践踏。那里的一切仿佛都在告诉他："奴隶！你是奴隶，一直都是奴隶。你生下来就是毫无希望的，将来也一定是毫无希望的。"甚至周围的空气似乎都在对他低声耳语道："你是毫无希望的，肯定永远都是毫无希望的，一直都是奴隶。"强大的人把他的生命全都压榨干了。当他来到纽约的街道上，遇到一位衣着体面的绅士，还与自己握手，他就会明白衣衫褴褛和穿着体面之间原来并没有什么区别。他继续前进，走进一家餐厅，看到一位绅士在桌边进餐，而他居然可以坐在同一张桌子旁。他四处探寻，发现了新的生活：居然有一个自己可以作为人而生活在人之中的地方。他或许还会去华盛顿，与美国总统握手，还看到来自遥远农村的农民、穷人与总统握手。然后对他来说摩耶之幕就滑落了。他是梵，曾被催眠而以为自己是奴隶和软弱的，现在他觉醒了，站起来发现自己身处人的世界中。我们这个国家是吠檀多的发源地，我们的人民长久以来都处于这样的催眠状态中。触碰他们、与他们坐在一起就会受到污染！他们一出生就是毫无希望的，将来也注定毫无希望！结果就是他们越来越沉沦，滑落到人能滑落到的最底层。在哪个国家人必须与牛睡在一起？不要责怪任何人，不要犯无知者的错误。结果和原因都在这里，应该被责备的是我们自己。勇敢地站起来，自己承担起责任吧！不要把责备扔到别人身上，因为自己才是所遭受的一切苦难的唯一原因。

拉合尔的年轻人啊，要理解这一点，这种巨大的遗传性和民族性的罪过就压在我们肩上，现在这样下去是没有希望的。可以建立数以千计的社团、两千个政治团体、五千个机构，可除非拥有一颗充满同情和爱的、为所有人考虑的心，否则这些都没有用。除非佛陀的心再次来到印度，除非克里希那的教导被付诸实践，否则我们就是没有希望的。大家在继续模仿欧洲人以及他们的社团、团体，但让我告诉你们一个亲眼所见的故事。一群缅甸人被几个欧亚混血人带到了伦敦，在那里被展示。这些欧亚混血人赚走了所有的钱，然后把缅甸人带到了欧洲大陆，让他们在那里自生自灭。这些可怜人完全不懂当地语言，但奥地利的英国领事把他们送到了伦敦。他们在伦敦也是绝望的，一个人都不认识。这时一位英国女士得知了他们的情况，把他们带到自己家，给他们提供自己的衣服、床褥和其他一切，然后给报纸提供了消息。第二天，整个国家都仿佛被唤醒了。很多人踊跃捐助，这些人得到帮助并回到了缅甸。他们的所有政治机构和其他机构的基础都是这种同情心，至少对他们自己来说这是爱的坚如磐石的基础。他们可能并不爱这个世界，缅甸人或许还是他们的敌人[1]，但

1　在十九世纪英国和缅甸曾发生过三次战争，在第三次战争（1885 年）后缅甸正式成为英国的殖民地。

在英国，毫无疑问存在着对自己人民、对正义、对仁慈、对门口的陌生人的伟大的爱。要是不告诉你们我在每个西方国家得到了怎样奇妙和热情的接待，我就是最忘恩负义的人。可在我们这里，心应该被安放在何处呢？我们刚成立一家股份公司，就会陷入尔虞我诈中，结果整个事情都会被彻底搞砸。你们想模仿英国并建立一个伟大的国家，但这样做的基础是什么呢？我们这里的基础只有沙子，结果被建造起来的东西很快就坍塌了。

拉合尔的年轻人啊，我们要再次举起不二论的伟大旗帜，因为除非看到万物之主无处不在，否则人们不可能获得那伟大的爱。展开那面爱的旗帜吧！"起来吧，觉醒吧，不达目的誓不罢休。"再次起来吧，如果不弃绝就什么也没法做。如果想帮助他人，你渺小的自我就必须被抛弃。用基督教徒的话来说："你们不能又事奉神，又事奉玛门。"[1] 要弃绝。你们的祖先为了伟大的事情而放弃了世界，现在也有人为了获得自己的救赎而放弃世界。抛弃一切吧，甚至要抛弃自己的救赎，去帮助其他人。你们一直在说勇敢的话，但重要的不是说，而是去实践你们面前的实际的吠檀多。放弃你们渺小的生命吧，只要这个民族能够存活，成千上万你我这样的人就算饿死又有什么呢？我们的民族在沉沦，无数人的诅咒正落在我们头上——这些人有资格诅咒我们：我们拥有流淌不断的水源，却在他们快要渴死时只让他们喝沟渠里的

---

1 《新约·马太福音》6.24："一个人不能事奉两个主。不是恶这个爱那个，就是重这个轻那个。你们不能又事奉神，又事奉玛门。"玛门（Mammon）是代表财富、贪婪的恶魔。

水；我们拥有充足的食物，却让他们在食物面前饥饿而死；我们对他们高谈不二论，却对他们满怀仇恨；我们发明了世间习俗（lokācāra），却只在理论上空谈大家都是一样的、都与万物之主同一，没有丝毫的实际行动。一定要把这样污浊的观念清除掉："我的朋友，它肯定只能在头脑中，不可能在实践中。""起来吧，觉醒吧。"这渺小的生命逝去了又会怎样呢？无论圣徒还是罪人、富豪还是穷人，每个人都肯定会死。每个人的身体都不会存留下来。起来吧，觉醒吧，要做到完全的真诚。我们在印度的不真诚是令人恐惧的，我们想要的是那种坚忍不拔、让人对一项事业百折不挠的品格。

"让智者责备或赞美吧，让吉祥天女[1]来或走吧，让死亡在此刻或一百年内来临；他的确是没有从正途偏离半步的智者。"起来吧，觉醒吧，随着时间的流逝，我们的全部精力都会在空洞的高谈阔论中耗尽。起来吧，觉醒吧，把微不足道的事情、对微不足道的原则的争吵和争斗抛在一边，这里有一切事业中最伟大的事业，这里有数以百万计的沉沦中的人。当穆斯林第一次进入印度时，这里有多么多的印度教徒啊，可现在他们却少得可怜！他们每天还在变得越来越少，直到完全消失。他们消失倒也罢了，但随着他们的消失，了不起的观念也会消失，这些观念中虽然有缺陷和曲解，但仍然是具有代表性的。与他们一同消失的还有奇妙的不二论，这是一切灵性思想王冠上的明珠。因此，起来吧，觉

1　吉祥天女（Lakṣmī）是毗湿奴的妻子，被认为是象征幸福和财富的女神。

醒吧，伸出你们的双手去保护世界的灵性。首先要在你们自己的国家践行这些。我们并不需要如此多的灵性，只需要把不二论的一小部分带到物质世界中去。首先是面包，其次才是宗教。当可怜的大众挨饿时，我们却想用宗教喂饱他们，但任何教条都不能够消除饥饿。有两种诅咒存在：一是我们的软弱，二是我们充满仇恨的、干涸的心。你们可以谈论数以百万计的教派，让上亿人加入你的教派，可如果你没有心来感受的话，这些就什么都不是。像吠陀教导你的那样去感受他们吧，直到你发现他们都是你自己身体的一部分，直到你亲证你和他们、穷人和富豪、圣徒和罪人都是唯一无限整体的一部分，这就是所谓的梵。

先生们，我已经尝试向你们展现了不二论体系最精妙的要点，现在是时候把它们付诸实践了，不仅要在这个国家这样做，还要在全世界这样做。现代科学的巨锤正在到处粉碎二元论宗教脆弱的基础。二元论者爱咬文嚼字，直到再也无法取得任何进展，毕竟文本可不是印度橡胶；他们不仅在印度试图躲进犄角旮旯保护自己，在欧洲和美国更是如此。我们上述讲到的某些观念一定会从印度走出来，它已经存在于那里了，会成长、增加并让印度文明得以保存。在西方，传统秩序正在消亡，让位给新的秩序，那就是对金钱和玛门的崇拜。我们这种古老而原始的宗教体系比现代的体系更好，比竞争和金钱的体系更好。无论一个国家多么强大，都不可能以竞争和金钱的体系作为根基，而世界历史也告诉我们，任何把这样的东西作为基础的国家都已经消亡了。首先，我们必须阻止这样的浪潮传入印度，所以要向每个人宣扬不二论，以使得宗教可以承受现代科学的冲击。不仅如此，大家还必须帮助他人，我们的思想也会帮助欧洲人和美洲人。但最首要的是，我要再次提醒大家，我们需要的是实际的行动，它的第一步就是前往数以百万计的贫困沉沦的印度同胞那里，向他们伸出援手。记住克里希那的话吧：

"即便在今生，他们也已经征服了相对的存在，心灵牢牢固定在万事万物的相同性（sameness）上，因为神是纯洁的，对所有人都一样；因此，这样的人被说成是存活在神之中。"[1]

---

1 参阅《薄伽梵歌》5.19。黄宝生的译文是："他们的心安于平等，/在这世就征服造化；/梵无缺陷，等同一切，/所以他们立足梵中。"

吠陀宗教的理想

让我们最关心的是宗教思想，也就是灵魂、神和所有与宗教有关的东西。我们将以吠陀本集为例，这是颂歌的合集，是最古老的雅利安文献，更准确地说是世上最古老的文献。其他一些残篇可能在年代上更为久远，但并没有形成书籍，所以不能被称为文献。作为一部合集作品，它是世上最古老的，描绘了雅利安人最初的感受、愿望、关于方式和方法的问题等。在吠陀本集的最开始我们就发现了一种非常奇特的观念：这些颂歌是用来赞美不同神祇的，他们被称为天神，字面意思是发光者。有很多天神，比如因陀罗、伐楼那、密多罗[1]、波罗阇尼耶[2]等。各种充满神话和寓意的形象浮现在我们眼前。比如，因陀罗是雷神，它击打了阻止为人类降雨的大蛇，然后用雷电击杀了大蛇，雨就降下了。人

---

1 密多罗（Mitra）是友爱之神，参阅巫白慧译解《〈梨俱吠陀〉神曲选》中对"密多罗"的解释。

2 波罗阇尼耶（Parjanya）也译作云雨神，参阅巫白慧译解《〈梨俱吠陀〉神曲选》中对波罗阇尼耶的解释。

们很高兴，便用祭祀来崇拜因陀罗。他们燃起一个祭祀的火堆，杀死一些动物，把它们的肉烤熟献给因陀罗。有一种被称为苏摩的很受欢迎的植物，现在没有人知道这到底是什么植物，它已经完全消失了。根据记载我们知道，它被碾碎后会产生一种像牛奶一样的汁水，经过发酵后可以让人如痴如醉。这种苏摩汁也被献给因陀罗，人们自己也喝。有时人和神祇都会喝得酩酊大醉，因陀罗也不例外。据记载，有一次因陀罗喝得太多了，以至于说了一些不着边际的话。伐楼那也是如此，它是另一位非常强大的神祇，用同样的方式保护自己的信徒，信徒们也同样用苏摩酒来赞美它。战神和其他神祇也是如此。但有一种流行的观念使得人们觉得吠陀本集中的神话与其他神话完全不同：与每一个这样的神祇相伴的都是无限的观念。这种无限是抽象的，有时被描述为阿迭多[1]，在另一些时候则被附会在所有其他神祇身上。就以因陀罗为例吧。在一些文献里你们会发现因陀罗是有身体的，非常强大，有时穿着金盔金甲，来到凡间和信徒们一起生活、进食，与恶魔和蛇战斗，等等。而在另一首颂歌里，我们发现因陀罗被赋予了很高的地位，是全在、全能的，可以看到一切存在者的心。伐楼那也是如此，它本是风神，还负责掌管水，就像之前的因陀罗一样；然后我们发现它突然被提升为全在、全能的。我来读一段关于伐楼那最高形式的段落，你们就会理解我的意思。这段话已经被翻译成英文诗歌，所以我就以这种形式

1　阿迭多（āditya）是印度神话中一类神的统称，意为"无缚女神（aditi）之子"，参阅巫白慧译解《〈梨俱吠陀〉神曲选》中对阿迭多的解释。

来读它：

> 全能的万物之主高高在上，仿佛就在身边看着我们的行为；
> 神祇们知道人类所做的一切，虽然人们更乐于掩盖自己的行为；
> 无论站立着的、走动着的还是偷东西的人，都是如此，
> 即便藏在密室里，神祇也可以追踪到。
> 两个人在一起密谋，以为无人知晓，
> 可伐楼那就在那里，知道所有阴谋。
> 大地是它的，无边无际的天空也属于它；
> 它在海洋里休息，对它来说那不过是个小池子；
> 任何远在天边的人都应该想到，
> 即便这样也躲不过伐楼那的追捕。
> 它的间谍从天而降，环绕着这个世界；
> 它们的一千只眼睛扫视着世上最遥远的地方。

还可以举出大量其他类似的例子，神祇们就是这样享有同样的命运：先是在开始时作为神祇，然后被提升到整个宇宙都存在于其中的存在者的概念，可以看到所有人的内心，是宇宙的支配者。在关于伐楼那的故事中还有另一种观念出现，尽管只是萌芽，但很快就被雅利安人的心灵压制住了，那是一种关于恐惧的观念。在另一个地方我们读到，人们因为害怕自己犯的罪而向伐楼那求饶。这样的观念从未被允许播种到印度的土壤里，原因你们随后就会知道，但还是有一些种子开始生根发芽。如你们所

知，这就是所谓的一神论。可以看到，这种一神论很早便传到了印度。在整个吠陀本集中，在最早、最古老的部分，一神论的观念占据了上风，但可以发现，对于雅利安人来说，这种观念是不充分的，因而被作为一种原始的观念抛在一旁，这也是后来印度教徒的看法。当然，在阅读欧洲人写作的关于吠陀的书籍和批判时，印度人会因为这些作者一直只接受一神论的教育而不禁笑起来。最高级的神的理想是人格化的神，那些把这样的观念当作乳汁吸收进去的人，自然不敢按照印度古代思想家的思路去思考；毕竟，就在吠陀本集之后，其中那些充斥着一神论观念的部分就被雅利安人认为是无用的，不值得哲学家和思想家去思考，值得思考的是更加哲学、更具超越性（transcendental）的观念。即便有"整个宇宙都在祂之内""您是所有心灵的守护者"这样的说法，一神论观念对雅利安人来说还是过于人性化了。印度教徒是勇敢的，值得称道的是，他们在所有观念上都是勇敢的思想者，以至于他们思想中的一颗火花也会让西方那些勇敢的思想家感到敬畏。马克斯·穆勒[1]教授说得真好：这些思想家达到了只有他们的肺部还能呼吸而其他人的肺部都会爆裂的高度。这些勇敢的人只听从理性的引导，无论被引到何处，也无论会付出什么代价，他们从不关心最诱人的迷信是否被粉碎，也不关心社会对他们的看法或议论。但只要被认为是正确、真实的东西，他们就会进行宣

1　马克斯·穆勒（Friedrich Max Müller，1823—1900），德国语言学家和印度学家，西方印度学和宗教学的奠基人，一生著译颇丰，翻译出版了六卷本《梨俱吠陀》，还领导翻译了多达五十册的《东方圣典》（*Sacred Books of the East*）。

扬和讨论。

开始讨论古代吠陀智者的这些思辨之前，我们首先可以参考吠陀中几个奇怪的例子。一个奇怪的事实需要得到解释：这些神祇一个接一个地被提升，直到每个神祇都被认为是宇宙的无限的人格神。马克斯·穆勒教授为此创造了一个新的名字，因为这是印度教独有的，那就是"单一主神论"（henotheism）。这不需要太深入的研究就可以得到解释，因为它就在书里写着呢，只需要在这些神祇得到提升的地方再前进几步，我们就可以找到解释。那么问题就来了：印度教的神话为什么如此独特，与其他宗教如此不同？在巴比伦或希腊神话中，我们会发现有一位神祇在努力向上，它占据了一个位置并停留在那里，其他神祇则消亡了。在所有摩洛[1]中，耶和华变得至高无上，成为众神之神，其他摩洛则永远被遗忘了。希腊的众神也是如此，宙斯占据了最多的戏份，成为了宇宙之神，其他神祇都退化为天使。这样的事实在后来还被不断重复。佛教和耆那教都把自己的创立者提升为神明，让其他神祇都居于佛陀或耆那[2]之下。这可以说是一种世界性的进程，但其中还是有一个例外。一位神祇被赞美，其他神祇被暂时说成是服从它的命令的，而被提升到伐楼那位置上的那个人后来又自己提升到最高的位置上。也就是说，他们轮流占据人格化

1　摩洛（Moloch）被认为是上古时期近东地区神明的名号，相传与火祭儿童有关，辨喜在这里使用了复数（Molochs），应该是用来指当时被人们信奉的各种神明。

2　"耆那"（Jina）的字面意思是"胜者"，是耆那教修行所达到的完美状态，相当于佛教中的佛陀。

的神的位置。这种解释就在书里，是一种很宏大的解释，为印度随后的所有思想提供了主题，也将成为整个宗教世界的主题："ekam sat viprā bahudhā vadanti——存在的是一，智者们用不同的名字称呼祂。"在所有关于神祇的颂歌中，被感知到的存在者都是相同的，是感知者做出了那些区分。是颂歌的作者、智者、诗人用不同语言、不同表达赞美同一个存在者。这就是"存在的是一，智者们用不同的名字称呼祂"的意思。由此可以得出了不起的推论。你们中的一些人可能会惊讶地发现，印度是唯一一个从未发生过宗教迫害的国家，那里的人们从未因为宗教信仰而遇到麻烦。有神论者、无神论者、一元论者、二元论者、一神论者都可以不受干扰地生活着。物质主义者也被允许在婆罗门的庙宇前传道，他们反对神祇，甚至反对神本身，四处宣扬说神的观念不过是迷信，声称神祇、吠陀和宗教不过是神职人员为了自己的利益编造出来的迷信。即便这样的主张也可以不受打扰地被宣扬。同样，无论走到哪里，佛陀都在努力把印度教中陈旧的东西扔到一旁去，而他还是得以寿终。耆那教徒也是如此，他们嘲笑神的观念："怎么可能有神存在呢？这不过是迷信。"这样的例子不胜枚举。……印度教徒只经历过外国人对自己的迫害。即便现在，一个显而易见的事实是，很多印度教徒在帮助建立基督教的教会，并竭尽全力在其他事情上帮助基督教徒。从来没有流血事件发生，就连从印度传播出去的其他宗教也是如此，比如佛教。在某些方面，佛教是一种伟大的宗教，但把佛教与吠檀多混同起来是没有意义的，毕竟人们还是可以分得清基督教和救世军[1]之间的区别。佛教中有伟大的、了不起的地方，但这些东西落入了无法保全它们的人的手中。来自哲学家的珠宝落入了一群乌合之众手里，这些人接过了佛教的观念，非常有热情，也有一些了不起的想法，包括伟大的人道主义观念，但毕竟，要想保全这些珠宝，还必须有其他的东西，那就是思想和理智。人道主义的观念一旦落入乌合之众的手里，第一个结果就是会变得堕落，这在哪里都是一样。真正能保全这些珠宝的是学识和理智。佛教作为第一个进行传教的宗教来到了世界上，渗入了当时的整个文明世界，而且从没有人因这个宗教流过一滴血。我们知道在中国佛教徒曾有过怎样的遭遇，有两三个皇帝曾屠杀了很多佛教徒[2]，但在那之后，命运再次眷顾这些佛教徒，一位皇帝甚至提出要为他们进行复仇，但被僧侣们劝阻了。这些都要被归功于那段话，因此我才让你们记住它："所谓的因陀罗、密多罗、伐楼那——存在的是一，智者们用不同的名字称呼祂。"

没有人知道它们是在什么时候被写下的，可能在八千年前，也有些现代学者说可能是在九千年前。这些宗教思辨没有一项是在现代产生的，尽管它们看上去就如同刚被写下来时一样鲜活，

1　救世军（The Salvation Army）于 1865 年在伦敦创立，是一个以军队形式作为框架、以基督教作为信仰的国际性宗教和慈善组织，主要从事街头布道、慈善活动和社会服务。

2　中国历史上重要的灭佛事件有四次，主导者被合称为"三武一宗"，即北魏太武帝、北周武帝、唐武宗和后周世宗，但并不是每次灭佛都发生了屠杀事件，而在后周世宗之后也没有发生大规模的灭佛事件。

甚至更加鲜活，因为在那个遥远的年代，人们还没有达到今天这样的文明。那时的人不会因为与自己的想法不同就割断兄弟的喉咙，不会用鲜血淹没世界，不会像恶魔那样对待自己的兄弟姐妹，不会以人类的名义屠杀整个种族。因此，这些话语在今天的我们看来是鲜活的，是伟大的激励，是赋予我们生命的话语，比它们被写下时还要鲜活："存在的是一，智者们用不同的名字称呼祂。"我们必须明白，无论被称作印度教、佛教、伊斯兰教还是基督教，它们都拥有同一个神，如果一个人贬低任何其他人的宗教，就是在贬低自己的神。

这就是智者们给出的解答。但如我已经说过的那样，这种古老的一神论观念并不能满足印度的心灵。它走得不够远，无法解释可见的世界：世界的支配者当然不能解释这个世界。一个宇宙的支配者并不能解释宇宙，一个外在的支配者同样不行。祂可能是道德上的指导者，是宇宙中最了不起的力量，但并不是对宇宙的解释。我们发现的第一个问题是："宇宙从哪儿来？它是如何产生的？它如何存在？"各种颂歌都在这样的问题上努力探索，而最富诗意、最美妙的表达出现在如下颂歌中：

"那时一切都是虚无，没有空气，也没有天空，什么都没有。是什么覆盖着一切？一切栖息在哪里？那时无死无生，也没有昼夜交替。"[1]

翻译过来后很多诗意的美感就失去了。"那时无死无生，也

1　参阅巫白慧译解《〈梨俱吠陀〉神曲选》中的《有转神赞》，这首颂歌也被称为《无有歌》，参阅姚卫群编译《印度古代宗教哲学文献选编》第3页。

没有昼夜交替。"这段话本来具有优美的音乐性。"祂存在，祂呼吸，祂覆盖着一切，那是神的存在，但祂并没有开始移动。"记住祂的存在是不动的，这是很好的，因为我们会发现这样的观念此后是如何在宇宙学（cosmology）中生根发芽的。根据印度的形而上学和哲学，整个宇宙就是一大团振动或运动，在一个时期这种运动会消退并变得越来越精微，并在这样的状态下维持一段时间。这就是上述颂歌中描述的状态，它就这样不动地存在着，没有振动，当创造开始时，振动就出现了，一切创造都从中产生出来，而那个一在呼吸、在保持平静、是自我维系的，除了祂之外没有任何东西。

"阴暗（gloom）首先存在。"那些到过印度或任何热带国家、见过季风爆发的人就会理解这些语词传递出的威严。我记得有三位诗人曾尝试描述这样的场景。弥尔顿说："没有光，只有可见的黑暗（No light, but rather darkness visible）。"[1] 迦梨陀娑[2] 说："可以用针扎透的黑暗。"但这些都不如吠陀中的描述："阴暗潜藏在阴暗里。"一切仿佛都在燃烧着，酷暑难耐，一连很久都是如此；有一天，天边出现一朵云，不到半小时就笼罩了整个大地，雨如倾盆。创造的原因被说成是意志，这样最初存在的东西就是意志，它开始把自身显现为欲望。这也是应该被记住的，因为我们

---

1 约翰·弥尔顿（John Milton，1608—1674）是英国诗人，这句诗出自他的代表作《失乐园》（*Paradise Lost*）第一卷第 63 行。

2 迦梨陀娑（Kālidāsa）是古印度最具盛名的诗人、剧作家，生活在约公元四五世纪的笈多王朝时期，代表作有叙事诗《罗怙世系》《鸠摩罗出世》、抒情诗《六季杂咏》《云使》等。

发现，这种欲望的观念被说成是我们拥有的一切东西的原因。这种意志的观念是佛教和吠檀多体系的基石，后来又渗入德国哲学，成了叔本华哲学体系的基础。对它的最初表达在如下颂歌里：

欲望首先出现，这是心灵原初的种子。
智者们用智慧在心中寻找，发现了那根纽带，
它就在存在与不存在之间。

这是一种很奇特的表达，诗人最后说："或许祂甚至都不知道。"抛开诗歌方面的价值不谈，在这首颂歌中我们发现，这种对宇宙的追问已经占据了相当大的比重，智者们的心灵已经发展到这样的状态：当时各种常见的答案已经不再令他们满足。可以看到，他们甚至对上述支配者也不满足。在其他颂歌中也有类似的想法，在追问这一切是如何产生的；而正如我们看到的那样，当人们试图找出宇宙的支配者、一位人格化的神时，一位又一位的天神被提升到那样的位置上去。这就是我们现在看到的样子：在各种颂歌中，人们采纳了一个又一个观念，它们被无限地扩展，对宇宙中的一切负责。一个特定的观念被选取出来作为支撑，一切东西都在其中栖息、存在，而这个支撑物也就成为了所有这些东西。对于所有观念来说都是如此。人们把这种方法扩展到生命气上，提升生命气的观念，直到它变得普遍和无限。是生命气在支撑着一切，不仅包括人体，还包括日光和月光，它是推动一切的力量，是普遍的动力。有些这样的尝试很美丽、很富有

诗意，比如"祂引来了黎明"，可以说是对事物奇妙的抒情式刻画。然后，正如我们刚才读到的那样，这种欲望作为创造的原初的种子开始生根发芽，直到成为普遍的神。但是，这些观念还是不能令人满足。

这种观念在这里继续升华，最终被抽象成一种人格。"一开始只有祂存在，祂是万物之主，支撑着整个宇宙，是灵魂的创造者，是力量的创造者，所有神祇都崇拜祂；祂的影子是生命，也是死亡；除了祂我们还能崇拜谁呢？喜马拉雅的雪峰宣告着谁的荣耀？海洋中所有的水宣告着谁的荣耀？"它就这样发展下去，但如刚才所说的那样，这仍然不令人满足。

最终我们发现了一种非常奇特的立场。雅利安人的心灵长期以来都从外部寻找答案，质疑自己能够发现的一切，包括日月星辰。整个大自然最多能教给他们一个人格化的存在者，祂是宇宙的支配者，但不能教授更多的东西了。简言之，从外部世界出发我们只能得到一个建筑师的观念，这就是所谓的设计论。这并不是一个非常合逻辑的论证，其中有一些幼稚的地方，但这也是我们从外部世界中能知道的唯一一点关于神的东西：世界需要一个建造者。但这并不是对宇宙的解释。世界的材料都在祂面前，神想要所有这些材料，而最糟糕的反驳就是：祂一定会受到材料的限制。如果没有相应的材料，建造者就不可能建起一座房子来。因此，祂受到材料的限制，只能做材料允许祂做的事情。这样一来，设计论给出的神不过就是宇宙的有限的建筑师，受到材料的约束和限制，完全不是独立的。雅利安人的心灵已经发现了这一点，其他很多心灵则停留在这一点上。在其他国家，同样的事情也在发生，人类的心灵其实不会永远停留在这一点上，善于思考、善于把握的心灵想得更远，却被落后的心灵绊住了脚，成长受到了阻碍。但幸运的是，这些印度的智者并不是食古不化的，他们想找到解答，而现在我们知道，他们的方法就是放弃外部而转向内部。他们首先想到的是，我们不是通过眼睛和感官在感知外部世界或知道关于宗教的事情，因此，第一个观念就是：发现不足之处，这既是指物理上的也是指道德上的。其中一位智者说，你们不知道这个宇宙的原因，你和我之间有巨大的差别，这是为什么？因为你一直在谈论感觉领域内的东西，满足于感觉对象和单纯的宗教仪式，而我却知道超越一切的原人。

这是我试图向你们展示的灵性观念的发展道路，在此我只能向你们暗示一点其中的另一种因素，因为这与我们的主题无关，所以不能说得太多，那就是：仪式的成长。如果说灵性的观念是按照算术级数成长的话，仪式性的观念就是按照几何级数在成长。陈旧的迷信到目前为止已经发展成大量的仪式，不断壮大着，直到几乎毁掉了印度教的生活。现在仍然如此，这些仪式性的观念渗入了我们生活的每个部分，让我们生下来就变成奴隶。但与此同时，我们发现在最开始就存在着反对仪式扩张的斗争。其中一种反驳是：对仪式的爱，比如在特定的时间进行特定的穿着、以特定的方式进食、装腔作势的宗教表演，都不过是外在的宗教，只有满足于感官、不想超越它们的人才会沉浸于此。这是我们每个人都会面临的巨大困难。在想倾听灵性的声音时，我们的标准至多就是感官；或者，当一个人在几天的时间内听说了关于哲学、神和先验的事物后，就会产生这样的疑问：这些东西能给我带来多少钱？带来多少感官享受？既然他的享受只在感官中，这样的疑问就会自然而然地产生。但我们的智者说，这种对感官的满足，是遮挡在真理和我们之间的面纱不断增厚的原因之一。对仪式的过分执着、对感官的满足以及由此形成的各种理论，在真理和我们之间遮盖了一层面纱。这是另一个伟大的里程碑，我们必须追寻理想直到最后，看看它后来如何发展成吠檀多奇妙的摩耶理论，看看这层面纱如何成为吠檀多真正的解释，看看真理是如何始终存在的，面纱只是暂时遮盖了它。

由此可以发现，古代雅利安思想家的心灵开启了一项新的主题。他们发现，在外部世界的探索不可能提供解答，即便寻求再久也还是会一无所获。于是他们便来到另一种思路上，根据这种思路，对感官、仪式和外在之物的欲望在他们与真理之间遮挡上了一层面纱，这是不可能被任何仪式移除的。他们不得不返回自己的心灵，分析它，在自己心中寻找真理。在外部世界的探求失败了，他们不得不转向内部世界，这样就开启了真正的吠檀多哲学。这就是吠檀多哲学的基石。随着讨论的深入我们会发现，它的所有探究都发生在内部。从一开始他们似乎就在宣称：不要在任何宗教中寻找真理，真理就在人类的灵魂中，是神迹中的神迹，是所有知识的宝库，是所有存在的宝藏——就在灵魂中寻找吧。如果这里没有真理，别处就也没有。他们一步步发现，外在的东西不过是内在东西的昏暗的反射。我们将看到，他们如何把外在于宇宙的支配者这个陈旧的神的观念放进宇宙之内。祂不是外在的神，而是内在的神；祂被带到了人们心里。可以说，祂就在每个人的心中，是我们灵魂的灵魂，是我们之中的实在。

为了正确理解吠檀多哲学的原理，我们需要澄清几个了不起的观念。首先，它不是康德或黑格尔意义上的哲学。它不是一本书，也不是一个人的作品。吠檀多是不同时期由不同人写就的一系列作品的总称。这些著作中有时甚至会有五十种不同的东西存在。它们并没有被恰当地安排，只是作为思想被草草记录下来。有时在毫不相干的东西中会有一些奇妙的想法跳出来。但有一个事实是值得注意的：奥义书中的这些观念一直都在不断进步。在粗糙而古老的语言中，每一位智者心灵的运作都被如实地刻画下来。这些观念最开始是非常粗糙的，但变得越来越精微，直到达到了吠檀多的目标，然后这个目标就会获得一个哲学化的名称。最初人们是在寻找天神，然后开始寻找宇宙的起源，而同样的寻找此时便得到了一个更哲学化的、更清晰的名称——万事万物的统一性——"知道了它，我们就知道了一切。"[1]

1　参阅《剃发奥义书》1.1.3。

吠檀多哲学

哈佛大学哲学系研究生会（Graduate Philosophical Society） 1896 年 3 月 25 日

今天所说的吠檀多哲学实际上包含了印度现存的各种教派，所以其中存在着不同的解释。在我看来，这些解释是逐渐前进的，开始于二元论，终结于不二论。"吠檀多"这个词字面上的意思就是吠陀的终结——吠陀是印度教的经典。在西方，吠陀有时被理解为颂歌和仪式，但现在这些部分几乎都没用了，"吠陀"这个词在印度通常指的就是吠檀多。当我们的任何一位注释者想引用经典中的一段话时，通常都会从吠檀多中引用，这在注释者那里有另一个技术性的名称——权威经典。这个词的意思是"被听到的东西"，虽然包括整个吠陀文献，但主要被用来指奥义书。所有被冠以吠檀多之名的书籍并不都是在吠陀的仪式性部分之后被写就的。例如，《自在奥义书》（*Īśā Upaniṣad*）就构成了《夜柔吠陀》（*Yajurveda*）的第四十章，这是最古老的吠陀之一。还有一些奥义书构成了梵书[1]或仪式性著作的一部分，其他奥义书则是独立的，并不被包括在梵书或吠陀的其他部分中。但我们并没有理由认为它们与其他部分是完全割裂的，因为正如我们知道的那样，其中很多文献已经完全失传，很多梵书都完全消失了。所以这些独立的奥义书很可能本属于某些梵书，只是随着时间的流逝，这些梵书散佚而奥义书却保留了下来。这些奥义书也被称作森林书。

吠檀多实际上构成了印度教的经典，所有正统的哲学体系都必须以它为基础。即使佛教徒和耆那教徒，也会在适用于自己的目的时，引用吠檀多中的段落作为权威。印度的所有哲学流派尽管都声称以吠陀为基础，但都给自己的体系起了不同的名称。最后的体系是广博仙人的体系，比之前的体系更贴近吠陀的教义，而且试图把之前的哲学——比如数论和正理（nyāya）——与吠檀多的原则调和起来。所以它被特别地称作吠檀多哲学，在现代印度，广博仙人的经文[2]已成为吠檀多哲学的基础。这些经文同样被注释者赋予了不同的解释。总体而言，在现在的印度有三类注释者[3]，从他们的解释中产生出三种哲学体系。一是二元论，二是限

1　梵书是吠陀的一部分，附在吠陀本集之后，主题是对吠陀本集的讲解，通常借助神话和传说来解释并指导吠陀仪式，神秘色彩较浓，但也包含着一些关于天文学、几何学等方面的知识。

2　这里指的应当是《梵经》。

3　原编者在这里加了一个脚注，根据这个注释的说法，对经典的注释包括"bhāṣya"（意为"注解""解释"）、"ṭīkā"（意为"评论"）、"ṭippaṇī"（意为"自由的释义或注释"）、"cūrṇi"（意为"对细节的详尽解释"）等，其中除了"bhāṣya"之外，另外三种都是对文本中困难词句的解释。"bhāṣya"不限于注释，而是通过注释阐发注释者自己的哲学体系，被注释的经典文本成了印证这种体系的权威证据。辨喜在这里提到的三类注释者的注释就属于这种情况。

制不二论，三是不二论。当然，二元论者和限制不二论者占据了大多数，不二论者则相对较少。现在我将尝试向你们展现这三种流派包含的思想，但在继续前进之前，我想强调一下：这些不同的吠檀多体系都拥有同样的心理学，那就是数论的心理学。数论的心理学非常接近正理和胜论（vaiśeṣika）的心理学，只是在一些细节上略有不同。

所有吠檀多主义者在如下三点上都是一致的：他们都相信神，都相信吠陀的启示，都相信轮回[1]。之前已经讨论了吠陀，现在来看看关于轮回的信仰。宇宙中的一切物质都来自一种被称作空元素的原初的物质，而无论引力、斥力还是生命都来自一种被称作生命气的原初的力。生命气作用于空元素之上，便创造或投射出宇宙。在一次循环的开端，空元素是静止不动的、未显的。接着生命气开始越来越多地起作用，从空元素中创造出越来越粗大的形式，比如植物、动物、人类、星星等。经过无比漫长的时间后，这种进化会停止，退化会开始，一切都通过越来越精微的形式分解为原初的空元素和生命气，直到一次新的循环开始。还有一种超越了空元素和生命气的东西，因此这二者都可以被消解为第三种东西就是大，也就是宇宙心灵（Cosmic Mind）。宇宙心灵并不创造空元素和生命气，只是把自己变成它们。

我们现在来谈谈关于心灵、灵魂和神的信仰。根据被普遍接受的数论心理学，在感知中——这里让我们以视觉为例——首先

1　这里的"轮回"原文是"circle"，下文中也会视语境将其译为"循环"。

存在的是视觉工具，也就是眼睛。在这些工具——眼睛——背后是视觉器官或根，这指的是视神经及其中枢，而不是外部工具，没有这些器官，眼睛是无法看到东西的。为了形成感知，还需要更多的东西。心灵或意根必须把自己附着在相应的器官上，除此之外，感觉还必须被呈现给理智或觉，那是能起决定作用的、能做出反应的心灵状态。当这种反应从觉中而来时，外部世界和自我性都会随之闪现。然后意志就会出现，但一切仍然是不完整的。每一幅由光的连续律动组成的图像，必须在某个静止不动的东西上才能形成一个整体，同样，心灵中的所有观念也必须聚集并投射在某个相对于身体和心灵而言静止不动的东西上，这个东西就是所谓的灵魂、原人或真我。

根据数论哲学，被称为觉或理智的心灵状态，其实是大或宇宙心灵的产物、变化或某种显现。大发生变化，成为振动的思想，其中的一部分变成了器官，另一部分变成了精微的物质粒子。从所有这些的结合中产生出整个宇宙。在大的背后，数论还设想了一种被称作未显的状态，在其中甚至连心灵的显现都不存在，只有原因存在。它也被称作原质，而超越于原质之上的、永远与原质相分离的就是原人，这是数论的灵魂，是全在的、无属性的。原人并不是行动者（doer）而是见证者（witness）。我们可以通过水晶的例子来理解什么是原人。原人可以被说成是一块没有任何颜色的水晶，在它面前可以放置各种不同颜色的物体，这样它看上去就会变成这些物体的颜色，尽管实际上并非如此。

吠檀多主义者拒斥了数论关于灵魂和自然的观念。他们声称，在灵魂和自然之间有巨大的鸿沟需要填补。数论体系先是来到自然这一侧，然后又立即跳到完全与自然相分离的灵魂这一侧。这些不同的颜色怎么能够作用于那个在本性上是无色的灵魂呢？所以，吠檀多主义者从一开始就断言灵魂和自然其实是一体的。即便二元论的吠檀多主义者也承认，真我或神不仅是宇宙的动力因，也是其质料因[1]。但他们只是采取了这样的说法，并没有真正接受其中的意思，试图以此来逃避由此会导向的结论。他们认为宇宙中有三种存在，即神、灵魂和自然。自然和灵魂可以说是神的身体，在这种意义上我们可以说神和整个宇宙是一体的。但这样的自然仍然永远和各种各样的灵魂彼此不同。只不过在一次循环的开端它们开始显现，而当循环结束时，它们就变得非常精微，存留在精微的状态中。

不二论吠檀多主义者拒绝这样的灵魂理论，而且几乎整个奥义书都在支持他们，他们可以把自己的哲学完全建立在奥义书的基础上。所有奥义书都有同一个主题："通过知道一块黏土，我们就知道了宇宙中所有黏土的本性；那么，通过知道什么，我们就知道了整个宇宙自身呢？"[2]不二论者的观念是：把整个宇宙概括为一，这个一其实就是宇宙的整体。他们声称，宇宙整体就

1　"质料因"（material cause）和"动力因"（efficient cause）是来自亚里士多德的概念。这里的"因"严格来说并不是现在所说的原因，不是相对于结果而言的，而是在事物的运动变化中所涉及的因素。质料因指事物在变化中保持不变的质料或材料，动力因指推动事物开始运动变化的东西。除此之外，亚里士多德还提出了形式因和目的因，合称"四因"。

2　参阅《歌者奥义书》6.1.4。

是一，是以各种形式显现自身的存在者。不二论者承认数论所说的自然的存在，但主张自然就是神。是这个存在转化成了所有这一切——宇宙、人类、灵魂和一切存在的东西。心灵和大都不过是那个存在的显现。但由此便出现了一个困难：这不就是泛神论（pantheism）吗？不变的存在（它是绝对者，是不可改变的）如何可能变成可变的、易腐坏的东西呢？不二论者在这里采用了一种理论，即表面上的显现（vivartavāda）。在二元论和数论看来，整个宇宙都是原初自然的进化。在某些不二论者和二元论者看来，整个宇宙是从神进化来的。在追随商羯罗的不二论者看来，整个宇宙则是神的表面上的进化。神是宇宙的质料因，但并非真的如此，只是看上去如此。最著名的就是关于绳子与蛇的例子，绳子看上去像是蛇，但并非真的如此。绳子不会真的变成蛇。同样，整个宇宙就是那个存在，它是不变的，我们看到的一切变化都只是表面上的。这些变化是由"deśa kāla nimitta"——也就是"空间—时间—因果关系"——引起的，或者从更高的角度概括说，是由名色引起的。我们通过名称和形式把一个东西同另一个东西区分开。一切差异不过是由名称和形式引起的，实际上一切东西始终都是一。吠檀多主义者还说，并不是有些东西是现象（phenomenon）、有些东西是本体（noumenon）。绳子只是在表面上变成蛇，当妄想消失时，蛇也就消失了。如果一个人是无知的，他看到的就是现象而不会看到神；当他看到了神，整个宇宙对他来说也就完全消失了。无知或摩耶是所有这些现象的原因，也就是说，绝对者、不变者被当成了显现出来的宇宙。摩耶并不是绝对的零或非存在，它的定义应该是既不是存在又不是非存在。它不是存在，因为只有绝对者、不变者才是存在的，在这个意义上摩耶并不存在。同时，它又不能被说成是非存在，因为否则的话它就不可能产生任何现象。所以它既不是存在又不是非存在，在吠檀多哲学中这被称作难以言传的（anirvacanīya）。摩耶其实就是宇宙真正的原因，它把名称或形式叠加在梵或神之上，由此产生出物质，物质似乎又被转变为所有这一切。对不二论者来说，并不存在留给个体灵魂的地位。他们认为，个体灵魂其实是由摩耶创造的，实际上并不存在。如果始终只有唯一的存在，怎么可能我是一个存在而你是另一个存在呢？我们都是一，而邪恶的原因就是对二元性的感知。一旦我开始感到自己与宇宙相分离，首先出现的就是恐惧，然后便是苦难。"在听到另一个人、看到另一个人的地方，一切都是渺小的；在不听到另一个人、不看到另一个人的地方，才有最伟大的东西，那就是神。那里有完美的幸福，在渺小中则并不存在幸福。"

根据不二论哲学，物质的分化、形形色色的现象在一段时间内遮盖了人的真实本性，但这种本性其实从未改变。从最低级的蠕虫到最高级的人类，都有着同样的神圣本性。蠕虫是神性被摩耶遮盖较多的形式，人类则是神性被摩耶遮盖最少的形式。一切东西的背后都存在着同样的神性，由此便产生出道德的基础：不要伤害其他存在者。要像爱自己一样爱每一个存在者，因为整个宇宙都是一。伤害他人就是在伤害自己，而爱他人也就是在爱自己。由此也产生出不二论的道德原则，这被概括在一个词中——

自我弃绝（self-abnegation）。不二论者说，渺小的人格化的自我是一切苦难的原因，这个渺小的自我让我与其他存在者不同，带来了仇恨、嫉妒、苦难、挣扎和所有其他的恶。如果摆脱了这样的观念，所有挣扎都会停止，所有苦难都会消失，所以它是要被放弃的。我们必须始终准备好去为了哪怕最低级的存在者献出自己的生命。如果一个人已经准备好去为了一只小虫子献出自己的生命，就实现了不二论者想要达到的那种完美；在他做好这种准备的那一刻，无知的面纱就会从眼前滑落，他就会感受到自己的本性。即便在今生，他也会感到自己与宇宙是一体的，整个现象世界对他来说会消失，他会亲证自己究竟是什么。但只要身体的业还在，他就还会存活下去。此时面纱已经滑落，但身体还会存续一段时间，这样的状态被吠檀多主义者称作生解脱者（jīvanmukta）。一个人可能曾被海市蜃楼迷惑，有一天海市蜃楼消失了，如果下次海市蜃楼再出现，他就不会再被迷惑了。在海市蜃楼第一次消失之前，他无法区分实在与妄想。可一旦这种妄想被打破，虽然眼睛和器官还在工作让他还会看到各种图像，但他不会再被迷惑了。一旦捕捉到真实世界与海市蜃楼之间的精微差别，后者就无法再迷惑他了。同样，当吠檀多主义者亲证了自己的本性后，整个世界对他来说就消失了。世界还会再回来，但不再是之前那个充满苦难的世界了。苦难的牢狱变成了存在—知识—欢喜（saccidānanda），实现这一点就是吠檀多哲学的目标。

作为文明因素的吠檀多

英国里奇韦花园（Ridgeway Gardens）艾尔利小屋（Airlie Lodge）

如果一个人只能看到事情粗大的那一面，他就只能在印度看到一个被征服的、充满苦难的民族，但其实这个民族里满是梦想家和哲学家。人们很容易忽视，在灵性领域内，印度几乎征服了全世界。毫无疑问的是，西方的心灵——它们往往过于活跃——能够从东方的内省和冥想习惯中获益，而东方的心灵也会从更多的活跃和能量中获益。但我们还是必须要问：当其他很多民族都消亡的时候，是什么力量让印度和犹太这样多灾多难的民族（要知道，世上所有伟大的宗教都起源于这两个民族）生存了下来？只能是灵性的力量。印度人虽然默默无闻，但仍然存留了下来，犹太人的数量则比他们生活在巴勒斯坦时还要多。印度的哲学渗透到了整个文明世界，还在继续调整和渗透着。在古代也是如此，她的贸易在欧洲人到来之前就到达了非洲沿岸，她与世上的其他文明开放交流，这可以修正人们关于印度人从未走出过自己国家的错误看法。

同样令人印象深刻的是，印度曾多次被外部势力占领，而每次占领都是外部势力在历史上的转折点，它们获得了财富、繁荣、统治权和灵性观念。西方人习惯于衡量自己可以占有和享用多少东西，东方人则似乎喜欢采用相反的方式，衡量自己能够在多么低的程度上拥有物质财富。在吠陀中我们可以追踪到古人寻找神的那种努力，在这种寻找的过程中，人们经过了各种不同的层次：首先是祖先崇拜，然后是对火神阿耆尼（Agni）、雷神因陀罗和众神之神伐楼那的崇拜。我们发现，在所有宗教中都有这种从很多神祇到唯一之神的观念的成长，其中的真正含义是：祂是部落诸神祇的首领，创造了世界，支配着它，可以看透每个人的内心。这种成长阶段都是从多神教到一神教，但这种拟人化的观念并不能让印度教徒满足，他们是追求神性的，而这样的观念过于人性化了。因此，他们最终放弃了在感官和物质的外部世界中寻找神，而把注意力转向内部世界。内部世界存在吗？它是什么？其实它就是真我，就是人的大我，是个人唯一可以确定的东西。如果一个人知道了自己，也就知道了宇宙，别无他途。在最初——甚至在《梨俱吠陀》中——同样的问题就以另一种形式被提出："谁——或什么——是从一开始就存在的？"这个问题逐步被吠檀多哲学解答了。真我存在，也就是说，我们所说的绝对者、普遍灵魂、大我，是一切东西从一开始就具有的、现在和将来都会得以显现的力。

在解决这个问题的同时，吠檀多哲学家也发现了伦理的基础。尽管所有宗教都教导伦理的准则，比如"不可杀人，不可偷盗，不可贪婪，或有别的诫命，都包在爱人如己这一句话之内了"[1]，等等，但没有一个宗教给出相应的理由。为什么不应该伤害他人呢？对这个问题并不存在一个令人满意或决定性的答案，直到不满足于这些教条的印度教徒通过形而上学思辨推动了它的发展。他们说，真我是绝对的、遍在的，因此是无限的。不可能存在两个无限者，因为它们会相互限制对方而变得有限。每个个体灵魂也都是普遍灵魂的一个部分，这个普遍的灵魂是无限的。因此伤害他人也就是在伤害自己。这是所有伦理准则之下的基本的形而上学真理。人们通常相信，在走向完美的过程中，一个人是从错误走向真理的；而当他从一种思想走向另一种思想时，必然要拒斥前一种思想。但是，错误不可能导向真理。真正的情况是：灵魂穿过各种不同的阶段，从真理到真理，每个阶段都是正确的，是从较低级的真理走向更高级的真理。这可以用如下例子来说明。假设一个人在朝向太阳旅行，在前进途中的每个阶段都拍摄一张太阳的照片。当他到达真正的太阳时，第一张和最后一张照片之间会有多大的差别啊！尽管这些照片彼此差距很大，却都是真的，只是由于时空条件的不同而显得有差异。正是对这种真理的认知，使得印度教徒能够把握到从最低级到最高级的、所有宗教的普遍真理，也使得他们成为唯一没有宗教迫害的民族。有时一位穆斯林圣徒的圣地被穆斯林遗忘了，却被印度教徒崇敬

---

1 《新约·罗马书》13.9。

着！有很多这样的例子可以表明同样的宽容精神。

东方的心灵在达到这样的目标之前是不会满足的，这也是全人类追寻的目标，即统一性。西方的科学家在原子或分子中寻求统一性，一旦找到了，也就没有什么进一步的东西需要去发现了；同样，一旦发现了灵魂或大我——也就是真我——的统一性，我们也就无法再前进了。这时我们就会明白，感觉世界中的一切都是唯一实体的显现。科学家假定原子既没有宽度也没有长度，可当它们组合到一起时，就会成为广延、长度和宽度的原因，在这种情况下，他们就会认识到形而上学的必要性。在一个原子作用于另一个原子时，某种媒介是必需的。这种媒介是什么呢？肯定是第三个原子。如果是这样，这个问题就仍然没有得到解答，毕竟这两个原子又是如何与第三个原子发生作用的呢？这是显而易见的反证法。在所有物理学的必要假设中也有这样的矛盾存在：一个点既没有部分又没有大小，一条线有长度却没有宽度，这些都是既不能被看到也不能被设想的。为什么？因为它们不在感觉的范围内，而是形而上学概念。可以看到，最终是心灵把各种形式给予了我们的感知。当看到一把椅子时，我感知到的并不是外在于眼睛的真实的椅子，而是一个外在的东西加上形成的心像（mental image）。这样，即便物理主义者最终也会被带向形而上学。

吠檀多的精神与影响

波士顿

在进入今天下午的讨论之前，既然有机会，能否允许我说几句表示感谢的话？我已经在你们中间生活三年了，几乎走遍了整个美国，现在即将返回自己的祖国，所以应该利用这个机会在"美国的雅典"表达自己的感激之情。在第一次来到这个国家的时候，仅仅过了几天我就以为自己可以写出一本关于这个国家的书。但三年后，我却发现自己一页都写不出来。另一方面，我在各个国家旅行时发现，在衣着、饮食和礼仪细节等表面上的差异之下，人毕竟都是人；了不起的人类本性在各个地方都呈现出来。我想用几句话总结一下我在这里的所有经历。在美国这片土地上，没有人关心一个人的特殊性。只要是一个人，这就足够了，人们就会把他放进自己的心里，这是我在任何其他国家都没有见过的事情。

我代表印度的一种哲学来到这里，它被称作吠檀多。它非常、非常古老，是从被称作吠陀的古代雅利安文献中脱胎而来的。它仿佛是所有思辨、体验和分析结出的花朵，体现在大量的文献中，人们花了几个世纪的时间收集和整理这些文献。吠檀多哲学有一些特点。首先，它是完全非个人化的，不起源于任何一个人或先知，不以任何个人为中心。但它并不反对那些以特定个人为中心的哲学。在后来的印度，其他哲学和体系都是以某个人为中心产生的，比如佛教，还有现在的很多教派。它们都拥有一个教徒们忠于的领导者，就像基督教和伊斯兰教那样。但吠檀多哲学处于所有这些教派的背景中，吠檀多同世上的任何体系都不存在争斗或对立。

它有一条原则，而且认为世上的所有宗教都拥有这条原则：人是神圣的，我们在周围看到的一切都是神圣意识的产物。人类本性中任何强大、善良、有力的东西都是那种神圣性的产物，尽管这在很多人那里是潜在的，但从本质上说，人与人之间并没有什么差别，大家都是神圣的。这就好比一片无限的海洋，你和我都是其中的浪花，从海洋中产生出来；每个人都在竭尽全力显现那无限者。所以，我们天生都潜在地拥有存在、知识、欢喜的无限海洋，这是我们真正的本性。我们之间的差别是由显现那种神圣性的力量上的差异引起的。因此吠檀多宣称，每个人不应该被视为他显现出来的东西，而应该被视为他代表的东西。每个人都代表了那种神圣性，所以每位老师都应该通过召唤人心中的神圣性而不是谴责人来帮助大家。

吠檀多还主张，我们在社会中、在每一个行动层面上看到的巨大能量其实都来自我们之内；因此被其他教派称为启示的东西，却被吠檀多称作人的呼出（expiration）。与此同时它并不与其他教派争论，不与那些不理解人的神圣性的人争吵。无论有意识地还是无意识地，每个人都在努力让这种神圣性展开。

人像是一根有无限可能性的弹簧，被卷在一个小盒子里，一直在努力展开自己。我们看到的一切社会现象其实都是这种努力的结果。但我们周围一切的竞争、争斗和邪恶并不是这种展开的原因或结果。正如我们的一位伟大的哲学家所说：在进行灌溉时，水库在更高的地方，水试图流进田地，却被一扇闸门挡住了。只要闸门被打开，水就会凭借自己的本性冲下去；其间如果有尘土或污垢挡在路上，就会被水冲走。[1]但尘土或污垢并不是人类神圣本性展开的原因或结果。它们是一些并存的东西，因此是可以补救的。

吠檀多宣称，这样的观念在印度和印度之外的任何宗教中都可以找到；只不过，在一些宗教中它是通过神话被表达的，在另一些宗教中则是通过象征被表达的。吠檀多声称，无论多么伟大，所有宗教上的启示、所有神圣人类的显现，都是人类本性中无限的一体性的表达；我们所说的道德伦理、对他人行善也都是这种一体性的显现。有时每个人都会觉得自己与宇宙是一，而无论是否知道这一点，他都会做出相应的表达。这种对一体性的表达就是所谓的爱与同情，是一切道德伦理的基础。这在吠檀多哲

1　参阅《瑜伽经》4.3。

学中被概括为著名的格言："汝即那"。

这是对每个人的教导：你与普遍的存在者是一，因此每个存在的灵魂都是你的灵魂，每个存在的身体也都是你的身体；伤害任何人就是在伤害你自己，爱任何人也就是在爱自己。一旦有一股仇恨之流被投向外部，无论伤害到谁，其实也都会伤害到你自己；而如果是爱从你那里被投射出，就一定会返回你那里。因为我就是宇宙，宇宙就是我的身体。我是无限者，只是尚未意识到这一点；但我正在努力获得对无限者的意识，当关于无限者的意识完全浮现时，我就达到了完美。

吠檀多另一个奇特的观念是：在宗教思想中我们必须允许无限的变化，而不是试图让每个人都站在同一个点上，因为大家的目标是相同的。正如吠檀多主义者在充满诗意的语言中表达的那样："许多河流从不同的山上滚滚而下，或弯曲或笔直，最终都汇入大海；同样，不同的信条和宗教从不同的立场出发，经过或曲折或顺利的过程，最终都汇入您。"

我们发现，这种最古老的哲学直接影响了世上第一个传教的宗教——佛教，而且通过亚历山大学派、诺斯底派和中世纪的欧洲哲学家间接地影响了基督教。随后它还影响了德国的思想，几乎在哲学和心理学领域掀起一场革命。但这种巨大的影响几乎是在不知不觉中被给予世界的。正如温柔的露水在夜间出现，滋养了所有植物，这种神圣的哲学也在不知不觉中缓慢地传播到全世界，为人类带来福祉。人们从不用刀剑来传播这种宗教。作为世上传播最广泛的宗教之一，我们在佛教中发现了伟大的阿育王留下的碑文，记录了传法者如何被派往亚历山大、安条克[1]、波斯和中国，还有当时世上所有文明的地区。在基督降生前三百年，佛教徒就告诉大家不要蔑视其他宗教："所有宗教的基础都是一样的，要尽可能帮助大家、教导大家，但不要伤害任何人。"

因此在印度从来没有任何宗教迫害，只有印度人对世上所有宗教都怀有尊敬。他们在希伯来人被赶出自己的家园时为一部分人提供庇护，由此马拉巴尔海岸[2]的犹太人才得以幸存。在另一个时期，他们接纳了波斯人的移民，当时其他波斯人几乎都被消灭了，这些波斯人的后代一直存留到今天，成了我们的一部分，被我们爱着，就是现代孟买的帕西人。[3]还有一些基督教徒声称是随着耶稣门徒之一的圣多马（St. Thomas）而来的，他们被允许在印度定居并保留自己的观点，现在在印度甚至还有他们的据点。这种宽容的精神没有消亡，也不可能消亡。

这就是吠檀多给予我们的一项伟大教导。要知道：无论有意识地还是无意识地，我们都在努力朝向同样的目标，何必如此急躁呢？如果一个人走得慢一些，也不用急躁，不要咒骂他、鄙视他。如果我们睁开眼睛，心得到了净化，同样的神圣性就会开始运作，会在每个人心中展开并得到显现。只有这时我们才有资格去宣扬人与人之间的手足之情。

一旦达到了最高级的状态，他就不会再看到男人或女人，不

1　安条克（Antioch）是中东地区的一座古城，遗址位于现在土耳其的安塔基亚（Antakya）。

2　马拉巴尔海岸（Malabar Coast）是印度次大陆西南海岸线上的狭长地带。

3　帕西人（Parsees）是从波斯迁徙到印度的一个信仰琐罗亚斯德教的民族。

会再看到教派或信条，不会再看到肤色、出生或各种差异，而是会超越所有这些并发现那种神圣性，那才是每个人背后真正的人。只有这样他才会达到普遍的手足之情，才会成为一个吠檀多主义者。

这就是吠檀多的一些实际的历史影响。

术语表

现代梵语本来是由天城体（devanāgarī）书写的，但在国际上通常会被转写为拉丁字母，以方便阅读和印刷。梵语的转写方法不止一种，很多出版物的转写都不规范。因此，译者在此统一采用国际上通行的"国际梵语转写字母"（International Alphabet of Sanskrit Transliteration，缩写为 IAST）进行转写，以方便大家查阅。一些梵语术语后的括号内的英文是辨喜的翻译。

此外，梵语本身没有大小写字母之分，但出于拉丁字母的习惯，译者对人名、书名和地名采取了首字母大写，以方便读者识别。

一般性的印度哲学概念：

six darśanas	六派哲学
sāṃkhya	数论（又译：僧佉）
yoga	瑜伽
vaiśeṣika	胜论
nyāya	正理
vedānta	吠檀多

jñāna yoga	智瑜伽
jñāni/ jñāna yogi	智瑜伽士
rāja yoga	王瑜伽
rāja yogi	王瑜伽士
bhakti yogi	奉爱瑜伽士
karma yogi	业瑜伽士
brahman	梵
sthūla śarīra	
(the gross body)	粗大身
sūkṣma śarīra/ liṅga śarīra	
(the fine body)	精微身
ātman (Self)	真我（在翻译 Self 时译为：大我）
pratyagātman	
(individual ātman)	个体的真我（又译：内在自我）
advaita	不二论
viśiṣṭādvaita	
(qualified monism)	限制不二论
jīva	个我
jīvātman	个体灵魂
jīvanmukta	生解脱者
saccidānanda	存在—知识—欢喜
viveka	分辨力
māyā	摩耶（又译：幻）

tat tvam asi

（Thou art That）   汝即那

kṣaṇikavādin   刹那生灭论者

vijñāna   识

nirvāṇa   涅槃

Jina   耆那

nāma（name）   名

rūpa（form）   色

caitanya（Spirit）   精魂

数论与瑜伽哲学概念：

puruṣa   原人（又译：神我）

mukta puruṣa   解脱的原人

prakṛti（nature）   原质（又译：原初物质、自性）

avyakta   未显

tattva（element）   元素、谛

guṇa   性质（又译：性、德）

sattva   悦性（又译：善性、喜性、萨埵）

rajas   激性（又译：动性、忧性、罗阇）

tamas   惰性（又译：暗性、多磨）

mahat（intelligence）   大

ahaṃkāra（egoism）   自我意识（又译：我慢）

buddhi（intellect）   觉（又译：菩提）

prāṇa	生命气（又译：气息、呼吸）
ākāśa（ether）	空元素（又译：以太、虚空、空、空界、空间、阿卡夏）
vāyu	风元素
tejas	火元素
āpas	水元素
bhūta（external element）	外部元素
tanmātra （fine materials）	精微元素（又译：唯、精细成分）
indriya（sense-organ）	根
manas（mind）	意根（又译：心根、末那）
antaḥkaraṇa	内在器官（又译：内在感官、内官、内作具）
vṛtti	心念（又译：心的活动）
citta（mind-stuff）	心质
prāṇāyāma	调息（又译：呼吸控制法）
samādhi	三摩地（又译：入定、三昧）
saṃskāra（impression）	潜印象（又译：行）

与宇宙有关的哲学概念：

deśa（space）	空间
kāla（time）	时间
nimitta（causation）	因果关系

yadidaṃ kiṃca

（whatever in this universe）　　　　宇宙中的一切

samaṣṭi（universal）　　　　　　　总体、总和、普遍者

vyaṣṭi（particular）　　　　　　　个体

paramātman

（universal Soul，the Lord，

God of the universe）　　　　　　普遍灵魂、万物之主

sākṣi（the witness）　　　　　　　见证者

vibhū　　　　　　　　　　　　全能的

aṇu（infinitely small）　　　　　　无限小的

jāti（species）　　　　　　　　　物种

pariṇāma　　　　　　　　　　　变化

prakṛtyāpūrāt（infilling of nature）　自然的填充

saṃkucita（contracted）　　　　　收缩

saṃkoca（shrinking）　　　　　　收缩

vikāsa（expanding）　　　　　　扩张

saṃsāra　　　　　　　　　　　轮回

jagat　　　　　　　　　　　　世界

kalpa　　　　　　　　　　　　劫

pralaya/ mahāpralaya

（the end of a cycle）　　　　　　劫灭

ānīdavātaṃ

（existed without vibration）　　　没有振动地存在着

vāta	空气、运动
spandana（vibration）	振动
ejati/eja（vibrate）	振动、波动
sṛṣṭi（projection）	投射
niḥsṛtam（projected）	被投射出的
jaḍa（insentient）	无感知的
anirvacanīya（inexpressible）	难以言传的
adhyāsa（superimposition）	叠加
vivartavāda（apparent manifestation）	表面上的显现

文化和生活概念：

veda	吠陀
saṃhitā	本集
āraṇyaka	森林书
purāṇa	往世书
tripiṭaka	三藏
śruti	权威经典
śastra	圣典
bhāṣya	注解
sūkta	颂歌
śloka	颂

karma kāṇḍa	仪式部分
jñāna kāṇḍa	智慧部分
upāsanā kāṇḍa	崇拜部分
īśvara	自在天
deva（god）	天神
rahasya	奥秘
prasthāna	源头
adhikārabheda	求同存异
guru	上师
vairāgya	
（renunciation）	弃绝（又译：离欲、不动心）
tapasya	苦行
mokṣa	解脱
brahmaloka	梵界
svarga	因陀罗界
vaikuṇṭha	毗湿奴界
loka	世间
lokācāra（usage）	世间习俗
kali yuga	争斗时代
brahmin	婆罗门性
kṣatriya	刹帝利性
śūdra	首陀罗
kumbhakāra	陶工

ghaṭa	陶罐
madgu	水鸟
vīṇā	维纳琴（又译：印度七弦琴）

专有名词：

Ṛgveda	《梨俱吠陀》
Yajurveda	《夜柔吠陀》
Bṛhadāraṇyaka Upaniṣad	《大森林奥义书》（又译：《广林奥义书》）
Chāndogya Upaniṣad	《歌者奥义书》
Īśā Upaniṣad	《自在奥义书》
Kaṭha Upaniṣad	《伽陀奥义书》
Muṇḍaka Upaniṣad	《剃发奥义书》
Bhagavad Gītā	《薄伽梵歌》
Vivekacūḍāmaṇi	《分辨宝鬘》
Manusmṛti	《摩奴法论》
Dakṣiṇāmūrtistotram	《湿婆赞美诗》
Mitra	密多罗
Varuṇa	伐楼那（又译：波楼那、婆楼那）
āditya	阿迭多
Indra	因陀罗
Parjanya	波罗阇尼耶
Yama	阎摩（又译：阎罗）
Soma	苏摩

Agni	阿耆尼
Kṛṣṇa	克里希那（又译：奎师那、黑天）
Lakṣmī	吉祥天女
Caṇḍī	杜尔迦女神的一种形象
Arundhatī	阿兰达蒂
Kapila	迦毗罗
Vyāsa	广博仙人（又译：毗耶娑）
Gautama	乔达摩
Patañjali	帕坦伽利（又译：钵颠阇利）
Kālidāsa	迦梨陀娑
Śaṅkara	商羯罗
Rāmānuja	罗摩奴阇
Madhva	摩陀婆
Vallabha	婆尔罗巴（又译：伐拉婆）
Caitanya Mahāprabhu	柴坦尼亚·摩诃巴布
Śvetaketu	希婆多盖杜
Āruṇi	阿卢尼仙人
Pañcāla	般遮罗国
Pravāhaṇa Jaivali	波罗婆诃那·遮婆利
Jabālā	贾芭拉
Satyakāma	萨谛耶迦摩
Upakosala Kāmalāyana	乌波憍萨罗·迦摩罗耶那
Nārada	那罗陀

Sanatkumāra	永童仙人（又译:萨那特鸠摩罗）
Naciketa	那吉盖多
Yājñavalkya	耶若伏吉耶
Maitreyī	梅怛丽依
Gārgi Vācaknavī	伽尔吉·婆遮揭那维
Kurukṣetra	俱卢之野
Arjuna	阿周那

图书在版编目（CIP）数据

古老智慧的现代实践：辨喜论吠檀多 /（印）斯瓦米·维韦卡南达（辨喜）著；张励耕译. —北京：作家出版社，2023.3
（瑜珈奥义丛书）
ISBN 978-7-5212-1722-3

Ⅰ.①古…　Ⅱ.①斯…　②张…　Ⅲ.①吠檀多—研究　Ⅳ.① B351

中国版本图书馆 CIP 数据核字（2021）第 272493 号

古老智慧的现代实践：辨喜论吠檀多

作　　者：[印] 斯瓦米·维韦卡南达（辨喜）
译　　者：张励耕
责任编辑：方　叇
装帧设计：孙惟静
出版发行：作家出版社有限公司
社　　址：北京农展馆南里 10 号　　　邮　　编：100125
电话传真：86-10-65067186（发行中心及邮购部）
　　　　　86-10-65004079（总编室）
E-mail:zuojia @ zuojia.net.cn
http://www.zuojiachubanshe.com
印　　刷：北京盛通印刷股份有限公司
成品尺寸：146×203
字　　数：213 千
印　　张：10.625
版　　次：2023 年 3 月第 1 版
印　　次：2023 年 3 月第 1 次印刷
ISBN　978-7-5212-1722-3
定　　价：59.00 元